110 GRÜNDE, POLIZIST ZU SEIN

Ann-Kathrin Richter
und Henry Haack

110 GRÜNDE, POLIZIST ZU SEIN

Eine Hommage an den
schönsten Beruf der Welt

Aktualisierte und erweiterte Neuausgabe
mit elf Bonusgründen

SCHWARZKOPF & SCHWARZKOPF

INHALT

**VORWORT ZUR NEUAUSGABE:
STEIGEN SIE EIN UND ÜBERNEHMEN SIE** 9

1. POLIZIST, KEIN BERUF, SONDERN EINE BERUFUNG 13
Weil ein Kindheitstraum wahr wird – Weil das Beamtentum ein Segen ist (Teil 1) – Weil die Polizei einen krisensicheren Arbeitsplatz bietet – Weil Polizisten nicht nur Schreibtischtäter sind – Weil Ausbildung und Studium hervorragend bezahlt werden – Weil das Beamtentum ein Segen ist (Teil 2) – Weil Polizisten gut alimentiert werden – Weil für Polizisten der Gerichtssaal zur dritten Heimat wird – Weil bei der Polizei auch Frauen mitmischen (Teil 1) – Weil Polizist sein ein Fulltime-Job ist (Teil1) – Weil Polizisten ihr Hobby zum Beruf machen können – Weil bei der Polizei auch Frauen mitmischen (Teil 2) – Weil es bei der Polizei gute Aufstiegschancen gibt – Weil man bei der Polizei einen Blick in die Sterne werfen kann – Weil Polizist sein ein Fulltime-Job ist (Teil 2)

2. DEIN FREUND UND HELFER 45
Weil ein Kinderlächeln die größte Belohnung ist – Weil die Jagd nach Übeltätern nicht alles ist – Weil man anderen eine kleine Freude machen kann – Weil Polizisten Leben retten – Weil die Polizei Hand in Hand mit anderen Institutionen zusammenarbeitet – Weil man anderen Menschen helfen kann – Weil die Polizei Familien wieder zusammenführt

3. EINE GROSSE FAMILIE 61
Weil die eigene Familie stolz auf einen ist – Weil die Polizei eine große internationale Familie ist – Weil man im Streifenwagen seine Traumfrau kennenlernt – Weil man keine Feinde mehr braucht, wenn man Kollegen hat – Weil die Polizei ein familienfreundlicher Arbeitgeber ist – Weil Polizisten zusammen durch dick und dünn gehen

4. DER MENSCH HINTER DER UNIFORM 75
Weil Polizisten jederzeit bereit sein müssen zu schießen – Weil Polizisten einen hohen Gerechtigkeitssinn haben – Weil Polizisten die besseren Liebhaber sind – Weil man die Farbplaketten auf den Kennzeichen liebt – Weil Polizisten die »besseren« Autofahrer sind – Weil Polizisten wirres Zeug reden – Weil Polizisten die besseren Verbrecher sind – Weil Polizisten ein spezielle Spezies sind

5. DAS GEWISSE ETWAS 93
Weil Polizisten eine Waffe tragen – Weil lebensältere Polizisten einen Pollator fahren dürfen – Weil man eine Uniform trägt – Weil man anderen ein Knöllchen schreiben kann – Weil Polizisten morgens die ersten frischen Brötchen ergattern – Weil ein Polizist einen Zahlstreit im Bordell schlichten kann – Weil Polizisten in die »heiligen vier Wände« fremder Leute blicken können – Weil Polizisten sich jederzeit in den Dienst versetzen können – Weil man sich immer zweimal im Leben sieht – Weil man eine Menge Equipment am Gürtel trägt – Weil man »umsonst« Bahn fahren kann – Weil man täglich neue »Fachbegriffe« lernt – Weil man ein gern gesehener Nachbar und Mieter ist – Weil Polizisten regelmäßig kostenlos vom Arzt durchgecheckt werden – Weil man am Stau vorbeifahren kann – Weil man fremde Grundstücke betreten darf – Weil man hinter die Kulissen gucken kann – Weil man als Polizist(in) nicht ständig lächeln muss

6. AN- UND HERAUS-FORDERUNGEN 131
Weil TEAMWORK bei der Polizei großgeschrieben wird (Teil 1) – Weil man auch mal länger machen »darf« – Weil Konfliktfähigkeit gelernt sein will – Weil die Polizei Grundsätze hat – Weil TEAMWORK bei der Polizei großgeschrieben wird (Teil 2) – Weil neben dem Arbeitgeber auch Donuts und Kaffee die körperliche Fitness fördern – Weil man Schichtdienst hat

7. IM EINSATZ **149**
Weil Polizisten immer ein Affenkotelett dabeihaben sollten – Weil kein Tag wie der andere ist – Weil Polizisten Verbrecher fangen – Weil die Karnevalstage mit dem richtigen Outfit »a Mordsgaudi« sind – Weil es immer schlimmer geht – Weil das Funkgerät des Polizisten liebstes Stück ist – Weil selbst Aliens Angst vor unserer »modernen« Technik haben – Weil Polizisten gerne ihren Status durchgeben – Weil »dies das Ananas« – Weil man die Polizei für ein Taxiunternehmen hält – Weil das Verbrechen niemals schläft – Weil Murphys Gesetz auch für Polizisten gilt – Weil Polizisten andere Leute einsperren dürfen – Weil vielleicht doch jeder eine Leiche im Keller hat – Weil Polizisten auch im »bürgerlichen Gewand« unterwegs sind

8. MÄDCHEN FÜR ALLES **185**
Weil Polizisten auch Autoren sind – Weil die Auskunft die Aufschrift »Polizei« trägt – Weil Polizisten auch Seelenklempner sind – Weil Polizisten Fachanwälte für alle Rechtsfragen sind – Weil man eine wandelnde Landkarte ist – Weil Polizisten fotografisches Talent und künstlerische Fähigkeiten besitzen – Weil Polizisten als Seelenklempner auch mit dem Tod konfrontiert werden – Weil Polizisten als Agenten in die Fußstapfen von Sherlock Holmes treten – Weil Polizisten auch Reporter sind

9. DIE RENNLEITUNG AUF DEUTSCHLANDS STRASSEN . **205**
Weil Polizisten mit Horn und Blaulicht durch die Straßen rasen dürfen – Weil sich Autofahrer immer ertappt fühlen – Weil Verkehrssünder (fast) alles tun, um einer Strafe zu entgehen – Weil Polizisten mit der Laserpistole rumballern dürfen – Weil der Verkehr sich nicht von alleine regelt – Weil nicht nur durch die Polizei Straßen gesperrt werden – Weil manche (Ausreden) einfach gut sind – Weil Verfolgungsjagden der pure Adrenalinkick sind – Weil man als Polizist eine Anhaltekelle hat – Weil man als Polizist Straßen sperren darf – Weil das Blaulicht eine faszinierende Wirkung hat

10. KAUM ZU GLAUBEN … **231**
Weil auch mal der Mond geklaut wird – Weil Polizisten für Stripper gehalten werden – Weil man andere beim In-der-Nase-Bohren beobachten kann – Weil Polizisten ständig etwas zu lachen haben (Teil 1) – Weil manche dümmer sind, als die Polizei erlaubt – Weil dem Promillewert nach oben keine Grenzen gesetzt sind – Weil es anders kommt, als man denkt – Weil Trunkenbolde lustige Dinge tun (Teil 1) – Weil manche sich um Kopf und Kragen reden – Weil täglich Märchenstunde ist – Weil Trunkenbolde lustige Dinge tun (Teil 2) – Weil der Bürger einem seine Arbeit jeden Tag aufs Neue erklärt – Weil Polizisten ständig etwas zu lachen haben (Teil 2) – Weil es einfach der schönste und fesselndste Beruf der Welt ist

11. DIE 11 BONUSGRÜNDE **269**
Weil die Polizeifamilie am Ende eben doch zusammenhält – Weil man immer der Sündenbock sein darf – Weil alles Formsache ist – Weil Polizisten keine Abzocker sind – Weil Dankbarkeit Kraft gibt – Weil Einsätze unter die Haut gehen – Weil alles eine Sache der Perspektive ist – Weil die Gewohnheit schon immer über den gesunden Menschenverstand gesiegt hat – Weil Bernd Stromberg Realität wird – Weil die Polizei immer Reserven hat – Weil man auch mal stundenlang »nichts« tun muss

NACHWORT:
GIBT ES EINEN GRUND, KEIN POLIZIST ZU SEIN? **292**

DANKE **294**

Vorwort zur Neuausgabe

STEIGEN SIE EIN UND ÜBERNEHMEN SIE

»Ich schwöre, dass ich das mir übertragene Amt nach bestem Wissen und Können verwalten, Verfassung und Gesetze befolgen und verteidigen, meine Pflichten gewissenhaft erfüllen und Gerechtigkeit gegen jedermann üben werde. So wahr mir Gott helfe.«

»Die Würde des Menschen ist unantastbar. Sie zu achten und zu schützen ist Verpflichtung aller staatlichen Gewalt ...« (1. Satz Artikel 1 Grundgesetz)

Sind Polizisten Übermenschen? Oder sind es doch nur Leute wie Sie oder Ihr Nachbar?

Auf jeden Fall sind es Menschen, die eine Entscheidung in ihrem Leben getroffen haben. Sie haben sich entschieden, ihre Mitmenschen zu beschützen, ihnen zu helfen und für Gerechtigkeit zu sorgen.

Polizisten übernehmen damit eine Menge Verantwortung, ernten in der heutigen Zeit dafür aber wenig Anerkennung und Respekt. Stattdessen werden sie nicht selten als Fußabtreter und Sündenbock missbraucht. Ob Terror, sexuelle Massenübergriffe in »Sex-Mobs«, die Flüchtlingskrise oder eine deutliche Steigerung der Einbruchskriminalität – die aktuellen Geschehnisse machen deutlich, dass eine funktionierende Polizei zwingend notwendig ist. Die steigenden Anforderungen und die zunehmende Gewalt gegenüber Polizisten machen deshalb in den nächsten Jahren sowohl in der Personalpolitik als auch im Einsatzverhalten eine Veränderung erforderlich. Obwohl dies nicht das Thema unseres Buches sein soll, werden wir die aktuelle Lage der Polizei am Ende des Buches mit einigen Gedankenanregungen nochmals aufgreifen.

Kein Wunder also, dass gerade in der heutigen Zeit das Berufsbild eines Polizisten für viele kein erstrebenswertes Ziel mehr zu sein scheint.

Im Bewusstsein über genau diese Problematik ist es unser Anliegen, in diesem Buch explizit die positiven Seiten des Polizeiberufes hervorzuheben und deutlich zu machen, wie wichtig dieser Beruf ist. Sie werden sehen, warum der Beruf des Polizisten trotz aller widriger Umstände der schönste Beruf der Welt ist und es sich lohnt, diese Chance zu ergreifen. Wir wollen Sie ermutigen, sich mit dem fesselndsten Beruf der Welt näher zu beschäftigen.

Zudem soll diese Hommage aber auch allen Kolleginnen und Kollegen für ihren wichtigen gesellschaftlichen Beitrag danken.

Sie werden keine rechtliche Abhandlung vorfinden, sondern auf humorvolle, aber teils auch auf ernste Art und Weise in unser Polizeileben entführt. Nehmen Sie im Streifenwagen auf dem Beifahrersitz Platz und erleben Sie hautnah unsere täglichen Einsätze, die wir unter anderem in gemeinsamen Schichten zusammen erlebt haben. Dabei werden nicht nur Polizeiinteressierte auf ihre Kosten kommen, auch viele Kolleginnen und Kollegen werden sich in den kleinen Anekdoten wiederfinden.

»110 Gründe?! Niemals bekommt ihr die zusammen!«, war die erste Reaktion einiger Kollegen auf dieses Projekt. Vielleicht werden auch Sie denken, was sollen die beiden Jungspunde in ihrer kurzen Dienstzeit schon erlebt haben? – Einiges! Unsere wenigen Erfahrungsjahre haben genug zu bieten, um 110 Gründe mit spannenden und lustigen Geschichten zu füllen.

Und wir setzen mit dieser Neuausgabe dem Ganzen sogar noch mal ein Blaulicht oben drauf. Als wären 110 Gründe nicht schon genug, hat uns nun nach weiteren zwei Jahren dieser Beruf so sehr inspiriert, dass wir zusätzliche 11 Bonusgründe – mit teils sehr emotionalem Inhalt – in den »Gesetzestext« haben aufnehmen lassen.

Wir empfehlen Ihnen, dieses Buch knöllchenweise zu bezahlen und sich so nicht von der Ironie verhaften zu lassen. Ein Gesamtkonsum des Buches könnte sonst vielleicht zu einer »Blaulichtsucht« führen.

Damit uns unsere Gleichstellungsbeauftragte nicht direkt in den Nacken springt, weisen wir an dieser Stelle noch darauf hin, dass wir um der Lesbarkeit willen häufig auf die Formulierung der weiblichen Form verzichtet haben. Trotzdem sind damit natürlich auch Polizistinnen gemeint.

Zu guter Letzt sei noch darauf hingewiesen, dass eventuelle Ähnlichkeiten mit Personen oder Einsätzen natürlich rein zufällig und nicht beabsichtigt sind.

»Ann-Kathrin und Henry, Einsatz für euch. Der Mond wurde geklaut … Nehmt direkt euren neuen Kollegen mit …«

»Verstanden, wir übernehmen.«

Der Dienst ruft. Steigen Sie ein und beginnen Sie die Ermittlungen. Der geklaute Mond findet sich schließlich nicht von alleine wieder …

Ann-Kathrin Richter und Henry Haack

KAPITEL 1

POLIZIST, KEIN BERUF, SONDERN EINE BERUFUNG

1. GRUND

Weil ein Kindheitstraum wahr wird

Pilot, Tierärztin, Astronaut, Feuerwehrmann oder auch Polizist – fast jedes Kind träumt davon, einmal einen solchen Beruf auszuüben.

»Wenn ich groß bin, dann möchte ich mal Polizist werden. Mit einem schnellen Polizeiauto.«

So oder zumindest so ähnlich muss ich mich damals als kleiner Stöpsel meiner Mutter gegenüber geäußert haben, als in der Stadt ein Polizeiwagen mit Tatütata an uns vorbeigerast ist. Wenn man ihr glauben kann, soll ich danach häufig den ganzen Tag nur noch Polizei gespielt und böse Leute »gefangen« haben. Meine armen Geschwister! Zum Glück scheinen sie durch mich nie längerfristig gefesselt worden zu sein. Zumindest sind sie noch auf freiem Fuß.

Wie sagt man so schön, früh übt sich – mit Erfolg. Vor sieben Jahren ist mein Kindheitstraum nun wahr geworden. Ich bin Polizist. Auch wenn nicht immer alles ganz so einfach ist, wie ich es mir als Kind vorgestellt hatte – so kamen in meinen damaligen Vorstellungen beispielsweise keine rechtlichen Hürden oder bürokratischer Papierkram vor –, sind meine Berufsträume grundsätzlich in Erfüllung gegangen. Ich kann mit einem schnellen Auto (auch wenn VW und BMW kein Lamborghini sind) mit Blaulicht und Musik an allen vorbeifahren, Verbrecher fangen, habe Handschellen, eine Pistole, darf Strafzettel verteilen und die Straße mit Blinklicht absperren. Welches Kind wäre da nicht glücklich?

Wenn man sich als Kind nicht zwischen Pilot und Polizist entscheiden kann, kein Problem! Bei der Fliegerstaffel der Polizei werden als Hubschrauberpilot sogar beide Träume gleichzeitig wahr.

Als ausgebildeter Rettungssanitäter in einer Einsatzhundertschaft – das sind die mit den grünen Einsatzanzügen und den Helmen –

kommt auch der Berufswunsch mit medizinischen Neigungen nicht zu kurz. So lassen sich, wie Sie noch feststellen werden, neben dem Piloten oder einem Arzt auch eine Vielzahl weiterer Berufe perfekt mit dem eines Polizisten verknüpfen. Zugegeben, die Wahl zwischen Feuerwehrmann und Polizist fällt da schon schwerer. Möchte man lieber Feuer oder doch das Verbrechen bekämpfen? Egal wie man sich entscheidet, am Ende arbeiten Feuerwehr und Polizei in den Einsätzen sowieso Hand in Hand zusammen.

Wer also lieber gegen das Verbrechen kämpft, hat als Polizist die beste Entscheidung getroffen, um seinen Kindheitstraum wahr werden zu lassen.

2. GRUND

Weil das Beamtentum ein Segen ist (Teil 1)

Eines vorweg: Beamter eines Landes oder des Bundes zu sein, ist toll. Jeder, der sagt, es hätte zu viele Nachteile, ist entweder neidisch oder hat sich mit dem Thema noch nicht richtig beschäftigt. Lassen Sie uns daher einmal schauen, was es wirklich bedeutet, ein Beamter zu sein:

Neben dem berühmten »Beamtenmikado« – wer sich zuerst bewegt, hat verloren – und einer damit einhergehenden ständig unterstellten »Steuergeldverschwendung« sollten Sie einige wahre Dinge über »Beamte« wissen.

Auch wenn bei vielen die Themen »Geschichte« und »Recht« als trockener und langweiliger Stoff verschrien sind, so stellen sie im Beamtentum doch die Quelle der Glückseligkeit dar.

Das Wort »Beamter« klingt nicht nur uralt, es ist es auch. Die Ursprünge des Beamtentums fanden sich bereits zu Beginn des Staatenwesens im alten Ägypten und dem Römischen Reich. Schon dort war das besondere Treueverhältnis zwischen dem »Dienstherrn«

– früher der Herrscher und heute der Bund oder das Bundesland –
und dem Beamten charakteristisch. Im Gegenzug für seine Treue
wurde der Beamte bis an sein Lebensende von seinem Dienstherrn
angemessen unterhalten. Das andere und ebenfalls bis heute bestehende wesentliche Merkmal des Beamtentums ist die hierarchische Ordnung. Dabei besteht eine klare Struktur der Befehlsgewalt zwischen Vorgesetzten und Untergebenen. Wenn der Chef
der Meinung ist, dass alle Batterien auf der Wache beschriftet und
nummeriert werden sollen, dann wird es so gemacht. Auch wenn
man seine Zweifel an der Sinnhaftigkeit einer solchen Maßnahme
selbstverständlich anmerken kann – im Beamtentum nennt man
das »Remonstrieren« (seine Einwände mitteilen) –, so hat man die
Weisung trotzdem zu befolgen. Vollständigkeitshalber sei noch erwähnt, dass das natürlich nicht gilt, wenn man damit eine Straftat
begehen würde.

Bevor wir zu den Vorteilen und Vorzügen eines Beamten kommen, sei natürlich auch die Kehrseite der Medaille mit den sogenannten »Nachteilen« oder, wie man richtigerweise sagen müsste,
den sich aus dem Beamtenverhältnis ergebenden Pflichten erwähnt.
Neben einer Treuepflicht haben wir eine Gehorsams- und Dienstleistungspflicht.

Die Treuepflicht – nicht zu verwechseln mit der Ehe – beginnt
mit dem Ablegen eines Diensteides. Ich kann mich noch sehr genau an diesen beeindruckenden Moment erinnern. In einer mit
Tausenden von Angehörigen gefüllten Arena habe ich zusammen
mit 1.099 anderen Anwärtern in der Mitte jenes Stadions gestanden
und voller Stolz im Beisein des Innenministers meinen Diensteid
gesprochen.

»Ich schwöre, dass ich das mir übertragene Amt nach bestem
Wissen und Können verwalten, Verfassung und Gesetze befolgen und verteidigen, meine Pflichten gewissenhaft erfüllen und
Gerechtigkeit gegen jedermann üben werde. So wahr mir Gott
helfe.«

Es war ein überwältigendes Gefühl.

Mit dem Leisten des Eides habe ich mich damals sowohl zur freiheitlich-demokratischen Grundordnung bekannt, als auch dazu, für diese uneigennützig einzustehen.

Eine Gehorsamspflicht klingt zwar streng und militärisch, ist aber durchaus sinnvoll und auch notwendig. Gemeint ist damit, rechtmäßigen dienstlichen Anordnungen von Vorgesetzten Folge zu leisten und die persönliche Verantwortung für die Rechtmäßigkeit der getroffenen Maßnahmen zu tragen. Auf gut Deutsch ist jeder Polizist letzten Endes für sein Handeln verantwortlich. Den Kopf ausschalten und Befehle befolgen zählt also nicht. Ein Beispiel für die Gehorsamspflicht wäre die oben erwähnte Geschichte mit der Nummerierung der Batterien. Machen wir daher einen Haken hinter die Gehorsamspflicht.

Unter einer Dienstleistungspflicht versteht man die volle Hingabe für den Beruf, eine gewissenhafte Pflichterfüllung und auch das Einhalten von Dienstzeiten. Weiterhin fällt darunter auch die Pflicht, eine entsprechende Dienstkleidung – bei der Polizei die Uniform – zu tragen. Aber mal ehrlich, eine Uniform tragen macht Spaß und ist der Traum von vielen. Und so ist es für mich keine lästige Pflicht, sondern eine Ehre.

Das alles mag im ersten Moment vielleicht nach sehr vielen Vorschriften klingen, wird aber in leicht abgewandelter Form doch auch von Arbeitnehmern in der freien Wirtschaft erwartet. Welchem Arbeitgeber gefällt es schon, wenn man es mit der Pünktlichkeit oder der Arbeitskleidung nicht so genau nimmt?

Vielleicht etwas gewöhnungsbedürftig ist die Tatsache, dass ein Polizist eine »Residenzpflicht« hat. Gemeint ist damit, dass er seine Dienststelle innerhalb einer gewissen Zeit erreichen muss. Doch auch diese Anforderung erfüllt meist jeder direkt von selbst. Sie werden sich wohl nur in Ausnahmefällen einen Arbeitsplatz suchen, zu dem man erst drei Stunden fahren muss. Der kleine Unterschied ist hier allerdings, dass man im Falle einer Versetzung zu einer anderen Polizeidienststelle eventuell auch zeitnah seinen Wohnsitz ändern muss.

Jetzt aber genug der trockenen Worte. Sie werden später sehen, dass es einfach toll ist, Beamter zu sein.

3. GRUND

Weil die Polizei einen krisensicheren Arbeitsplatz bietet

Ausnahmslos jede Polizeibehörde in Deutschland wirbt mit einem krisensicheren Arbeitsplatz. Doch was ist damit gemeint? Ist der Arbeitsplatz wirklich so sicher?

Weltwirtschaftskrise, Stellenabbau und Insolvenz – bei diesen Worten zuckt ein Arbeitnehmer in der freien Wirtschaft unwillkürlich zusammen. Ein Polizeibeamter hingegen nimmt diese Wörter zur Kenntnis, genießt einen Schluck Kaffee und kann sich dann wieder gelassen seiner Arbeit widmen. Er braucht sich weder Sorgen um seinen Arbeitsplatz noch um fehlende Beschäftigung zu machen. Sein Arbeitgeber, das Land beziehungsweise der Bund, geht wohl als eines der letzten »Unternehmen« pleite. Und für seine Daseinsberechtigung sorgen die Menschen mit ihrem Verhalten sowieso von selbst. Es ist äußerst unwahrscheinlich, dass plötzlich alle Fachkräfte für spontane Eigentumsübertragung (Diebe) den Unterschied zwischen »dein« und »mein« lernen, wir mit unseren motorisierten Blechschüsseln keine Unfälle mehr bauen oder ein gewaltfreies Miteinander zelebrieren. Es wird immer jemanden geben müssen, den man in der Not anrufen kann. Stellen Sie sich vor, Sie wachen nachts auf, und Räuber Hotzenplotz poltert mit Taschen voll mit Ihren Wertsachen durch das Haus. Wen würden Sie anrufen, wenn es die Polizei nicht gäbe? Und mal angenommen, die Polizei würde wirklich nicht mehr benötigt werden, so steckt in der Berufsbezeichnung »Polizeivollzugsbeamter« immer noch das

Wörtchen »Beamter« – wieder ein Grund, der für das Beamtentum (Unkündbarkeit!) spricht. Allerdings wäre es auch gelogen zu sagen, dass ein Polizist von einer schlechten Finanzlage des Staates verschont bliebe. Natürlich werden auch bei Beamten Einsparungen gemacht. Unsere Alimente, also unser Gehalt, bekommen wir aber trotzdem.

In unserem Technologiezeitalter werden in vielen Branchen inzwischen die menschlichen Arbeitskräfte durch Maschinen ersetzt – aus Kostengründen, versteht sich. Versuchen Sie sich das einmal bei der Polizei vorzustellen: Räuber Hotzenplotz räumt im Erdgeschoss Ihr Haus aus, und Sie wählen im 1. Obergeschoss die »110«. Eine Bandmaschine meldet sich am anderen Ende der Leitung:

»Notruf der Polizei. Wenn es bei Ihnen brennt oder Sie einen Rettungswagen benötigen, legen Sie bitte auf und wählen die Telefonnummer 112. Drücken Sie die 1, wenn Sie einen Verkehrsunfall melden möchten. Haben Sie jemanden in hilfloser Lage gefunden oder machen Sie sich um einen Angehörigen Sorgen, dann drücken Sie die 2. Möchten Sie eine Schlägerei, eine Körperverletzung oder einen Fall von häuslicher Gewalt melden, drücken Sie die 3. Wählen Sie die 4, wenn Sie bedroht werden oder einen Streit haben. Für einen Diebstahl drücken Sie die 5. Für einen Randalierer wählen Sie die 6. Wenn Sie ein anderes Anliegen haben, drücken Sie die 7.«

Nachdem Sie nun die 5 gewählt haben und der Einbrecher inzwischen vor Ihnen steht, ertönt folgende Ansage:

»Vielen Dank. Zur Zeit sind alle Mitarbeiter im Gespräch. Der nächste freie Einsatzsachbearbeiter ist bereits für Sie reserviert. Bitte haben Sie einen Moment Geduld.«

Leider kann ein Anrufbeantworter nicht zwischen dringenden und weniger akuten Anliegen unterscheiden. Da ist es doch gut zu wissen, dass sich bei der Polizei immer direkt persönlich jemand um Ihr Anliegen kümmert.

Natürlich hat auch der technische Fortschritt Einzug bei der Polizei gehalten. Die heutige Computer- und Funktechnik ermöglicht uns ein deutlich höheres Maß an Sicherheit. Diese Systeme nehmen uns aber nicht die Arbeit ab, sie helfen uns lediglich dabei.

Die Institution Polizei war, ist und wird in einem funktionierenden Rechtsstaat nie wegzudenken sein.

4. GRUND

Weil Polizisten nicht nur Schreibtischtäter sind

Sehr früh war für mich klar: In meinem Beruf möchte ich keine reine »Schreibtischtäterin« werden, sondern unterwegs sein und mit vielen Menschen in Kontakt kommen. Mit meinem Job als Polizistin im Streifendienst habe ich genau das erreicht. Nach kurzer Zeit wurde mir klar, dass es für mich eigentlich die Mischung zwischen Büroarbeit und Außendienst ausmacht. Zwar sitzen Polizisten im Streifendienst eine geraume Zeit im Auto und zum Fertigen des Papierkrams auch hinter dem Schreibtisch an Computerbildschirmen, dennoch verbringen wir einen Großteil der Arbeit draußen an der frischen Luft und können das Wetter in vollen Zügen – vorzugsweise beim Regeln des Straßenverkehrs im strömenden Regen zur Nachtzeit – genießen. Aber mal im Ernst, es bereitet mir eine große Freude, täglich neue Leute mit ihren unterschiedlichen Charakteren kennenzulernen und ihnen zu helfen. Zudem lernt man seine Stadt richtig gut kennen. Auch wenn man nach ein paar Jahren denkt, man hätte bereits alles gesehen, so finden sich hier und da immer noch ein paar schöne Örtlichkeiten, die man privat wahrscheinlich nie gesehen hätte. So lässt sich der Partnerin oder dem Partner zwischendurch ein anerkennendes Lächeln entlocken, wenn man sie oder ihn immer wieder zu neuen unbekannten romantischen Orten in der eigenen Stadt entführen kann.

Natürlich gibt es bei der Polizei nicht nur die Kollegen, die Unfälle und Anzeigen auf der Straße aufnehmen. In der sogenannten

Sachbearbeitung der Verkehrs- und Kriminalkommissariate sind viele Kollegen (unsere Profiermittler) beschäftigt, die für die weitere Bearbeitung der aufgenommenen Anzeigen und Berichte zuständig sind. In den Vernehmungen decken sie die dreisten Lügen der Übeltäter auf und führen weitere Ermittlungen à la *Criminal Minds* durch. Nach Abschluss der Ermittlungen wird der gesamte Vorgang bei Strafanzeigen der Staatsanwaltschaft oder bei Verkehrsordnungswidrigkeiten der Bußgeldstelle »abverfügt«, sodass es am Ende zu einer Verhandlung und gegebenenfalls einer Verurteilung kommen kann. Im ersten Moment mag es vielleicht ein bisschen nach reinem Papierkrieg klingen, trotzdem hat es seinen ganz eigenen Charme. Innerhalb des Kollegenkreises ist es ein offenes Geheimnis, dass fast jeder Streifenbeamte den Wunsch hegt, künftig einen »Bürojob« im Tagesdienst zu ergattern und/oder in einem Kommissariat zu arbeiten. Dies ist theoretisch auch ohne Weiteres möglich. Womit wir beim nächsten Vorteil des Polizistendaseins sind: Das Tätigkeitsfeld innerhalb der Polizei lässt sich nämlich meist sehr gut an die momentanen privaten Bedürfnisse anpassen. So kann man, sofern gewünscht, in seinem Berufsleben viele verschiedene Tätigkeiten ausüben. Angefangen vom normalen Streifendienst über den Verkehrssektor mit dem Verkehrsdienst, welcher unter anderem auf Schwerlast-, Geschwindigkeits- und technische Kontrollen sowie die Bekämpfung von Hauptunfallursachen spezialisiert ist, der Verkehrsunfallsachbearbeitung und der Verkehrserziehung (»Verkehrspräventionsarbeit«) bis hin zur »K-Schiene«. Die Arbeit der Kriminalpolizei erstreckt sich in den verschiedenen Kriminalkommissariaten über die unterschiedlichsten Fachbereiche wie Jugendkriminalität, Sexual- und Gewaltdelikte, Computerkriminalität oder Betrugsdelikte. Neben diesen Kommissariaten hat die Polizei aber auch eine dauerhaft besetzte Kriminalwache, die alle »Krimi«-Tatorte aufnimmt und mit dem Pinsel nach Spuren absucht.

Büro muss eben nicht immer nur langweilig und staubig sein.

Aber Achtung: Die Stellen der »Schreibtischtäter« sind begrenzt und heiß begehrt! Der Großteil der Polizisten arbeitet, wie wir sagen, auf der Straße, um allen Notrufen und Anliegen gerecht zu werden.

5. GRUND

Weil Ausbildung und Studium hervorragend bezahlt werden

Schon lange vor dem Ende der Schulzeit gilt es, sich mit seiner Zukunft und der Berufswahl zu beschäftigen. Möchte man lieber eine Ausbildung machen und direkt Geld verdienen, oder sollte man doch studieren? Allerdings müsste man während des Studiums, welches ja schon mal ein paar Jahre dauern kann, nicht nur Geld für den Lebensunterhalt zahlen, sondern oftmals auch noch Gebühren für das Studium selbst. Ein Studium hätte also eine Konsequenz: Ebbe im Geldbeutel – zumindest für die nächsten Jahre.

Wie sagt man so schön: »Wer die Wahl hat, hat die Qual.«

Und so stand auch ich vor einigen Jahren vor der Wahl. Am liebsten hätte ich studiert und gleichzeitig Geld verdient, ohne mich neben dem Studium noch totschuften zu müssen.

»Geht nicht«, sagen Sie? – Geht doch. Und zwar bei der Polizei! Viele Bundesländer bieten inzwischen für den gehobenen Dienst ein duales Studium mit integrierter Ausbildung und einem ganz entscheidenden Vorteil an: Sie werden ab dem ersten Tag Ihres Studiums bezahlt. Während andere für ihr Studium löhnen, gibt es bei der Polizei für das Studieren Bares. Zusätzlich erhalten Sie direkt den Status eines Beamten mit all seinen Vorteilen.

Früher führte an der Ausbildung bei der Polizei im mittleren Dienst kaum ein Weg vorbei. Seit einigen Jahren haben viele Bundesländer im Bereich der Polizei den mittleren Dienst abgeschafft. Neue Polizeibeamte werden nur noch im gehobenen Polizeidienst eingestellt und müssen ein Studium mit integrierter Ausbildung durchlaufen. Während man dabei bisher ein Diplom als Verwaltungsfachwirt erworben hat, wurde kürzlich auf ein international anerkanntes Bachelorstudium umgestellt. Nach drei Jahren Studium an einer Fachhochschule bekommt man nach einem erfolgreichen Abschluss nun den Titel Bachelor of Arts in – Achtung klingt komisch – »Polizeivollzugsdienst« beziehungsweise »Police Service« verliehen und wird zum Polizeikommissar ernannt.

Während der drei Jahre erhöht sich das Gehalt jährlich um ein paar Euro. Wer kann schon direkt nach dem Schulabschluss von sich behaupten, monatlich um die 1.000 Euro netto zu verdienen?

Um fair zu bleiben: Einige Ihrer alten Mitschüler werden nach dem Abschluss des Studiums und ein paar Jahren im Beruf in der freien Wirtschaft mehr im Monat verdienen als Sie. Dafür müssen Ihre ehemaligen Klassenkameraden im Gegensatz zu Ihnen als Beamter verhältnismäßig deutlich mehr Steuern zahlen, wodurch am Ende gar nicht mehr so viel für den eigenen Geldbeutel übrig bleibt. Außerdem muss man Ihren Vorsprung erst mal aufholen. Sie haben schließlich schon ordentlich Geld verdient, während die anderen nur bezahlen mussten.

So toll sich damals auch die Pläne meiner Mitschüler angehört haben und man mich als potenzielle Beamtin zum Teil auch belächelt hat, auf dem Ehemaligentreffen sah die Situation dann schon ganz anders aus. Voller Neid auf mein Einkommen und meinen festen Job, erzählten sie nur von Geld- oder Kündigungssorgen und einem 14-Stunden-Arbeitstag. Bei den wenigsten war der Plan aufgegangen.

Es spricht also viel dafür, zumindest einmal einen Blick auf das Studium bei der Polizei zu werfen.

6. GRUND

Weil das Beamtentum ein Segen ist (Teil 2)

Warum bin ich trotz meiner in Teil 1 erwähnten Pflichten froh und stolz, ein Beamter meines Bundeslandes zu sein?

Beginnen wir mit dem wohl wichtigsten Argument, der Fürsorgepflicht meines Dienstherrn. Diese umfasst neben meiner Besoldung – darauf kommen wir später noch einmal zu sprechen – auch die medizinische Fürsorge (Krankenversicherung). Diese wird für Polizisten in einigen Bundesländern mit der »freien Heilfürsorge« abgedeckt und übernimmt in der Regel alle entstehenden Krankheitskosten. Zusätzlich wird Polizeibeamten noch »Beihilfe«, eine Art finanzielle Unterstützung für Krankheits- und Pflegekosten für alle über die Heilfürsorge hinausgehenden Leistungen, gewährt. Werde ich also krank, lege ich einfach meine Karte auf den Tresen der Arztpraxis und werde, ohne dass ich mich um weitere Dinge kümmern müsste, versorgt.

Ein weiterer klarer Vorteil liegt in der Pension. Als Beamter schaut man sich gemütlich die Rentendiskussion an und schmunzelt darüber. Mit dem Ausscheiden aus dem aktiven Dienst und dem Erreichen des Pensionsalters muss der Dienstherr weiterhin für das Wohl des Beamten sorgen. Mein Bundesland hat mich also auch noch als alten Polizeigreis am Bein, wenn ich mit meinem »Pollator« – den werden sie noch kennenlernen – durch die Nachbarschaft patrouilliere.

Als Beamter bin ich zudem eigentlich »unkündbar«, sodass mein Dienstherr bis an mein Lebensende für mich sorgen muss. Sofern ich keine goldenen Löffel klaue oder eine andere Straftat begehe, für die ich mit mehr als einem Jahr Knast verurteilt werde, kann mich das Land beispielsweise nicht aus Gründen der Sparpolitik rauswerfen. Dies impliziert – wieder ein schönes Wort, auf das man bei rechtlichen Abhandlungen im Studium immer wieder stößt – auch eine Art Berufsunfähigkeitsversicherung. Sollte ich berufsunfähig werden, muss der Dienstherr eine adäquate Lösung und Position für mich finden. Und sei es als Beamter in der Poststelle. Ein kleiner persönlicher Tipp für alle angehenden Polizisten: Informiert euch trotzdem über eine private zusätzliche Berufsunfähigkeitsversicherung!

Neben der Unkündbarkeit kommt ein weiteres nettes Feature dazu: das Sabbatjahr. Es besteht unter gewissen Voraussetzungen die Möglichkeit, für ein komplettes Jahr seinen Job als Schutzmann ruhen zu lassen und sich anderen Dingen zu widmen. Nach dem Ende des Jahres kann man dann nahtlos wieder an seine vorherige Berufsausübung anknüpfen. Natürlich wird effektiv für die intern als »Pausenjahr« betitelte Zeit kein Lohn gezahlt.

Der soziale Status eines Beamten ist ebenfalls nicht zu verachten. Wenn auch gefühlt der Respekt gegenüber Polizeibeamten nachlässt, so genießen wir dennoch ein sehr hohes Ansehen in der Bevölkerung. Man verbindet mit einem Beamten neben Donuts und Kaffee meist ein gesichertes Einkommen, einen guten Bildungsabschluss und ein geregeltes Leben. Gleichzeitig geht man auch von einem respektvollen Umgang mit seinen Mitmenschen aus.

Dass es noch einige weitere Gründe gibt, das Beamtentum zu lieben, werden die im Buch angeführten »Aufklärungsmaßnahmen« zeigen. Doch allein die bisherigen Gründe reichen ja eigentlich schon aus, das Leben eines Beamten zu lieben. Oder nicht?!

7. GRUND

Weil Polizisten gut alimentiert werden

Ich kann mir die großen Fragezeichen in Ihren Augen vorstellen. Was ist denn »alimentiert«? Ich dachte, Beamte werden besoldet?

Um die Fragen direkt zu beantworten: Ja, wir werden besoldet beziehungsweise von unserem Dienstherrn angemessen unterhalten. Und nichts anderes bedeutet es, alimentiert zu werden. »Aliment« bedeutet so viel wie »Unterhalt«. Der feine Unterschied zu einem Gehalt, welches man ja als Arbeitnehmer bekommt, ist der, dass wir nicht für unsere geleistete Arbeit bezahlt werden. Stattdessen bekommen wir unser Geld bereits im Voraus für die alleinige Bereitstellung unserer Arbeitskraft. So befindet sich der Sold für den kommenden Monat bereits am Ende des Vormonats auf unserem Konto. Da wir ja bereits das Geld bekommen haben, könnte man jetzt schlussfolgern, dass wir eigentlich nicht arbeiten müssten und auf der faulen Haut liegen könnten. Es ist zwar nicht auszuschließen, dass einige schwarze Schafe es wahrscheinlich genau so machen, aber durch das Ableisten unseres Diensteides – Sie erinnern sich – sind wir, wie auch unser Dienstherr, eine Verpflichtung eingegangen. Wir schworen, alles in unserer Kraft Stehende zu tun, um die uns gestellten Aufgaben nach »bestem Wissen und Gewissen« zu erfüllen – die sogenannte »gewissenhafte Pflichterfüllung«. Somit ist es theoretisch ausgeschlossen, einfach nicht zu arbeiten und trotzdem die »Kohle« zu kassieren.

Neben unserem Grundgehalt gibt es für die verheirateten Kollegen und Kolleginnen noch einen kleinen Geldbonus on top. Dieser schlägt auf dem Konto mit einem Plus von knapp 100 Euro zu Buche und wird ab dem Moment gezahlt, wo der Bund der Ehe eingegangen wird. Dieser »Geldsegen« ergibt sich aus der Verpflichtung unseres Dienstherrn, uns und damit auch Ehepartner(in) sowie die eigenen Kinder zu versorgen.

Auch wenn es seltsamerweise keine Gefahrenzulage für Polizisten gibt, sieht die Besoldung monatlich eine »Polizei-« beziehungsweise »Fahndungszulage« vor. Die Höhe einer solchen Zulage ist getreu dem Motto »Polizei ist grün und Ländersache« in jedem Bundesland unterschiedlich und wird auch häufig anders bezeichnet.

Für die Kollegen im Schichtdienst, also die, die rund um die Uhr für Sie da sind und auf Ihre Notrufe reagieren, gibt es noch eine

Schichtdienstzulage. Damit sollen die zusätzlichen körperlichen Belastungen und die Einschränkungen im Privatleben ausgeglichen werden. Die Frage, ob sich gesundheitliche Risiken mit Geld bezahlen lassen, muss dabei jeder für sich selbst beantworten. Bei der Polizei gehört der Schichtdienst, der auch richtig Spaß machen kann, mit dazu, und ein paar zusätzliche Euros nimmt man doch gerne mit.

Als Polizistin oder Polizist ist sicherlich kein Reichtum vorprogrammiert. Daher sollte man sich von dem Wunsch, in Luxus mit Jacht und Villa zu leben, verabschieden. Trotzdem verdienen wir gut, sodass wir »eigentlich« ohne Geldsorgen leben können. Und das Tollste an der ganzen Sache ist, die Rente ist auch schon von Anfang an sicher.

Ein alter Dozent von mir hat es damals im Fach »Öffentliches Dienstrecht« sehr passend beschrieben:

»Ein Polizist verdient zwar nicht jährlich mehrere Millionen, trotzdem hat er den mit einer Million Euro gefüllten Jackpot gewonnen. Mit der Einstellung bei der Polizei bekommt jeder quasi einen mit sechs Richtigen + Superzahl ausgefüllten Lottoschein überreicht. Der Gewinn wird zwar nicht auf einmal, aber monatlich in kleinen Teilen ausgezahlt. Und das ein Leben lang, garantiert.«

Mit diesen Worten überreichte er damals jedem von uns einen Lottoschein. Dieser Schein liegt heute noch direkt auf meiner Ernennungsurkunde.

Wenn das mal kein schöner Anreiz für den besten Job der Welt ist!

8. GRUND

Weil für Polizisten der Gerichtssaal zur dritten Heimat wird

»Oh, schon wieder ein Gerichtstermin« – fast routinemäßig wirft ein Polizist zu Dienstbeginn einen Blick in sein persönliches Fach auf der Dienststelle – dort werden an ihn adressierte Briefe und Schreiben eingeworfen, und regelmäßig finden sich dort Schreiben auf grauem Papier mit dem Briefkopf eines Amts- oder Landgerichtes und der Überschrift »LADUNG«. Der erste Blick gilt dann automatisch der nächsten Zeile, aus welcher hervorgeht, ob man als Zeuge oder Beschuldigter vorgeladen wird.

Meist treten Polizisten als Zeugen vor Gericht auf, um die am Tatort gewonnenen Eindrücke oder durchgeführten Ermittlungen mündlich zu schildern. Dabei messen Richter der Zeugenaussage eines Polizisten einen sehr hohen Stellenwert bei, da man aufgrund seiner Ausbildung und der Berufserfahrung von einer gewissen Objektivität und einem geschulten Auge für wichtige Details ausgeht. Entsprechend häufig finden sich ein paar graue Blätter in den persönlichen Fächern auf den Dienststellen.

Jetzt kann man sich zu Recht fragen – und das tun auch viele Kollegen –, warum man denn noch einmal alles mündlich in einer Verhandlung schildern soll, wenn man es doch bereits vorher schriftlich ausführlich niedergeschrieben hat und es dem Gericht vorliegt. Dies ist der Tatsache geschuldet, dass per Gesetz alle Sach- und Personalbeweise – und dazu zählen die Zeugenaussagen, auch wenn sie vorher schriftlich fixiert wurden – mündlich in eine Verhandlung eingebracht werden müssen. Darin liegt auch das fälschlicherweise im Kollegenkreis kursierende Gerücht begründet, dass man nur geladen werde, wenn die geschriebene Anzeige unzureichend war. Das ist schlichtweg falsch. Natürlich können sich im Verlauf der Verhandlung noch weitere Fragen für den Richter oder die Anwälte ergeben haben. Trotzdem muss, falls notwendig, der geschriebene Sachverhalt mündlich wiedergegeben werden.

Auch wenn der Gerichtssaal teilweise zu einer Art dritten Heimat für Polizisten wird, so zeigt es doch immer wieder, dass man mit seiner Arbeit etwas Positives für die Gesellschaft und den Erhalt von Recht und Ordnung getan hat. Ein ehemaliger Dozent im Fach Kriminalistik sagte dazu immer, dass ein Gerichtstermin für den Beamten die Krönung seiner polizeilichen Ermittlungsarbeit darstelle und man sich freuen müsse, als Zeuge vor Gericht aussagen zu dürfen. Damit hat er vollkommen recht – auch wenn ich es damals eher als notwendiges Übel gesehen habe und Polizisten von den Verteidigern nicht selten als die eigentlichen Beschuldigten behandelt werden. Die Festnahme und Durchsuchung des Angeklagten am Tatort war nämlich, Sie können es sich denken, selbstverständlich nur reine Schikane von uns ...

Neben der Zeugeneigenschaft kommt es auch vor, dass ein Polizeibeamter als Beschuldigter einer Straftat vor Gericht steht.

Dabei handelt es sich meist um ein Körperverletzungsdelikt oder eine Strafvereitlung. Beide Delikte sind, sofern sie »in Ausübung des Dienstes« geschehen sind, mit dem Zusatz »im Amt« versehen. Auch wenn eine solche Situation für den jeweiligen Kollegen immer unangenehm ist, so ist die Verfolgung solcher Delikte zwingend erforderlich, schließlich leben wir ja nicht in einem Polizeistaat – auch wenn es von einigen gerne propagiert wird. So stehen insbesondere die polizeilichen Zwangsmaßnahmen regelmäßig auf dem Prüfstand, um genau einer von vielen propagierten »Polizeigewalt« entgegenzuwirken. Natürlich gibt es auch bei der Polizei schwarze Schafe. Doch die große Mehrheit aller Polizeibeamten ist und bleibt »blau«.

9. GRUND

Weil bei der Polizei auch Frauen mitmischen (Teil 1)

Frauen bei der Polizei – ein großes und immer wieder heiß diskutiertes Thema, nicht nur in der Politik, auch unter den Kollegen.

Bis zu Beginn der 80er-Jahre gab es schlichtweg keine Frauen in Uniform. Der Polizeiberuf war eine reine Männerdomäne. Erst seit diesem Zeitpunkt haben die einzelnen Bundesländer damit begonnen, Frauen einzustellen. Die Damen hatten es damals durchaus schwer, sich in diesem Männerberuf durchzusetzen. Dabei mangelte es nicht nur an passenden Uniformteilen, auch die Akzeptanz der Kollegen ließ zu wünschen übrig. Doch das war vor 30 Jahren. Inzwischen haben wohl die meisten verstanden, dass es bei der Polizei nicht nur auf Kraft und Männlichkeit ankommt. Vielmehr wird der Fokus auf soziale Kompetenzen (»soft skills«) wie Konfliktfähigkeit, Hilfsbereitschaft, Toleranz und Teamfähigkeit gelegt. Das angestrebte Ziel der Politik ist es, ein 50/50-Verhältnis zu erreichen. In meiner Dienstgruppe waren zwischenzeitlich mehr als die Hälfte der im Dienst befindlichen Personen Polizistinnen. Eine gemischte Streifenwagenbesatzung, das heißt eine Kollegin und ein Kollege, ist bei uns inzwischen eigentlich normal. So haben sich nicht nur die Gesprächsthemen und manchmal auch die zwischenmenschlichen Interaktionen im Polizeiauto geändert – wenn Sie verstehen, was ich meine –, auch Einsätze können anders bewältigt werden. Polizistinnen fällt es in Einsätzen häufig leichter, das passende Einfühlungsvermögen an den Tag zu legen und so auch schwierigste Streitigkeiten zu schlichten, welche bei einer »Testosteronbesatzung« wahrscheinlich mit einer handfesten Auseinandersetzung beendet worden wäre. Jetzt mag mancher geneigt sein zu sagen, dass Frauen ja eh nur reden können – machen sie ja schließlich zu Hause auch. Liebe Herren, weit gefehlt! Nicht gerade selten habe ich erlebt, dass die Zündschnur der Kolleginnen deutlich kürzer war als die des männlichen Parts. Dann flogen statt vieler Worte auch mal die Fäuste. Da hat so manch eine Kollegin deutlich härter und konsequenter durchgegriffen als der Schutzmann neben ihr.

Trotz der eben erwähnten neuen Möglichkeiten zwischenmenschlicher Aktivitäten werfen die unterschiedlichen körperlichen Gegebenheiten von Frau und Mann im Streifenwagen gewisse temperaturtechnische Probleme auf. Während die Damen der Schöpfung, insbesondere zur Nachtzeit, das Fahrzeuginnere muckelig warm werden lassen, bekommen die männlichen Vertreter es trotz kurzen Dienstheads und äußeren Temperaturen um den Gefrierpunkt mit Schweißausbrüchen zu tun. Stellen die Kollegen hingegen eine für sich angemessene Temperatur von 20 Grad an der Klimaanlage ein, sitzt die Kollegin innerhalb kürzester Zeit mit Pullover, Jacke (inklusive Winterfell), Schal und Wollmütze auf dem Beifahrersitz. Die Bedienung der Temperaturregler im Polizeiauto ist daher sozusagen zu einer »Gradwanderung« geworden.

Dahingegen wirkt sich die gemischte Besatzung im Polizeiauto auf eine andere Tatsache sehr positiv aus: Wir Testosteronbolzen müssen uns nun nicht nur zu Hause, sondern auch im Dienst wieder besser benehmen und können nicht mehr nach Lust und Laune den Gasen sämtlicher Körperöffnungen freien Lauf lassen.

10. GRUND

Weil Polizist sein ein Fulltime-Job ist (Teil 1)

Es gibt Jobs, bei denen man nach seinem achtstündigen Arbeitstag den Stift niederlegt, das Büro hinter sich abschließt und unbeschwert in die Welt der Freizeit eintaucht. Bei Polizeivollzugsbeamten ist dies nicht der Fall. Wer diesen Beruf einmal ausgeübt hat, wird ihn nicht mehr los, auch nicht in seiner Freizeit. Er wird zu einem geliebten Fulltime-Job. Wo man früher unbeschwert durch den Park oder die Stadt geschlendert ist, scannt man nun unermüdlich die Gegend nach Straftaten oder Verkehrsvergehen ab. Ob es einem passt oder nicht: Es passiert unbewusst, wie eine Art Polizeivirus, von dem man nicht mehr geheilt werden kann und es auch gar nicht möchte. Dieser Virus verändert von Beginn der Ausbildung oder des Studiums an das eigene Bewusstsein und macht es sich zu eigen. So ändert sich die persönliche Sicht der Dinge dadurch merklich.

Vor dem Polizeistudium war das Einkaufen im Supermarkt für die männliche Fraktion wahrscheinlich eher ein Übel, dem sie notgedrungen nachgekommen ist und keine größere Bedeutung beigemessen hat. Das hat sich natürlich auch bis heute nicht geändert. Auch für meinen Freund war der Wocheneinkauf immer ein Graus. Doch seit er Polizist ist, läuft sein Einkauf nun doch ein bisschen anders ab. Wo er vorher einfach sein Auto abgestellt, sich den Einkaufswagen geholt und die von mir mitgegebene Einkaufsliste abgearbeitet hat, sieht er sich nun seiner Meinung nach einer regelrechten »Verbrechensflut« gegenüber. Noch bevor er es geschafft hat, zwei Euro in den Einkaufswagen zu stecken, ist er bereits mit mehreren Verstößen konfrontiert, die einen Schutzmann wohl regelrecht anspringen und ihm vorher nicht aufgefallen wären. Es beginnt schon mit dem Weg über den Parkplatz. Sein Blick fällt unweigerlich auf die kleinen farbigen Plaketten auf den Kennzeichen der abgestellten Autos. Und siehe da, es dauert keine zwei Sekunden, und schon hat er das erste Auto mit einem abgelaufenen TÜV gefunden. Hat er sich dann dem Drang des Knöllchenschreibens erfolgreich widersetzt, schließlich ist er ja privat unterwegs, versucht ein junger ausländischer Mitbürger noch im Eingangsbereich aufdringlich ein bisschen Geld zu erbetteln. Wenn er es dann geschafft hat, auch hier nicht einzuschreiten, könnte er sich nun dem eigentlichen Ziel, dem Einkaufen, widmen. Wären da nicht die beiden Burschen, die irgendwie doch verdächtig aussehen. Wie fast immer gibt es für ihn eigentlich keinen wirklich Anhaltspunkt, trotzdem schlägt sein sogenanntes »polizeiliches Bauchgefühl« wieder Alarm:

Schon in diesem Moment wird die Einkaufsliste im Kopf meines Polizeifreundes durch den männlichen Jagdtrieb ersetzt, und er beginnt, die beiden nur »kurz« zu beobachten. Sie könnten ja etwas klauen.

Während er nun nebenbei das falsche Brot und Gemüse in den Einkaufswagen fallen lässt, bleibt sein Blick doch immer auf den Buben haften. Und siehe da, auf Höhe der Rasierklingen schauen sich die beiden in alle Richtungen um und lassen in Bruchteilen von Sekunden mehrere Rasierklingenpackungen in den Jackentaschen verschwinden. Zielstrebig begeben sich die beiden dann mit nur einer Flasche Cola zur Kasse. Für den männlichen Einkaufsmuffel die perfekte Situation, denn jetzt kann er den Einkauf links liegen lassen. Dienstausweis raus und … aber wo war noch mal der Dienstausweis? Wie bei vielen Männern üblich, herrscht natürlich auch im Portemonnaie Chaos. Nachdem er dann doch noch den Dienstausweis zwischen den ganzen Tankquittungen herausgefummelt hat, muss es schnell gehen.

Auch die letzte Gelegenheit der beiden, bis zum Verlassen des Kassenbereiches die Rasierklingen doch noch zu bezahlen, lassen sie ungenutzt verstreichen.

»Polizei, stehen bleiben! Ich habe Sie dabei beobachtet, wie Sie Rasierklingen eingesteckt und nicht bezahlt haben.«

Wie zu erwarten, versuchte zumindest einer die Flucht nach vorne zu ergreifen und stürmte los. Er kam allerdings nur bis zur gläsernen Ausgangstür, die sich zu seinem Leidwesen nicht öffnete und ihm eine kleine Platzwunde an der Stirn bescherte. Der findige Mitarbeiter hatte diese vorher verschlossen. Die beiden 15-Jährigen wurden dann im Anschluss samt Rasierklingen an seine im Dienst befindlichen Kollegen übergeben und zu ihren Eltern gebracht – eine Freude für jede Mutter, wenn die Polizei mit dem Sohnemann vor der Tür steht.

Und so kam mein Freund nach satten zwei Stunden von seinem Einkauf wieder nach Hause. Drei Mal dürfen Sie raten, wie viel er von seinem Einkaufszettel abgearbeitet hat – fast gar nichts. Statt einem Mittagessen, zu welchem jetzt die Kartoffeln fehlten, erzählte er mir stolz, wie er die beiden »Verbrecher« dingfest gemacht hatte.

Fazit: Auch Polizeimänner sollten wir nicht zum Einkaufen schicken, sie sind eben immer noch Männer.

11. GRUND

Weil Polizisten ihr Hobby zum Beruf machen können

Ob Hundeliebhaber, Pferdefreund, Radsportler oder IT-Spezialist, die Berufsfelder bei der Polizei könnten vielfältiger nicht sein. So ist es auch nicht verwunderlich, dass fast jeder seine Nische bei der Polizei findet. Viele denken bei dem Beruf des Polizisten nur an Verkehrsunfälle, Streitigkeiten und Festnahmen. Es mag auf den ersten Blick vielleicht kaum ersichtlich sein, doch hat die »Schmiere« noch einiges mehr zu bieten als den »Streifendienst«.

Was sind beispielsweise Hundeführer? – Richtig, Polizisten. Polizisten, die ihr Hobby zum Beruf gemacht haben und die mit dem »besten Freund« des Menschen täglich die Kollegen unterstützen und deren Arbeit deutlich sicherer machen. Hunde sind für die Polizei das perfekte »Arbeitsmittel« – klingt vielleicht ein bisschen abwertend, ist aber definitiv nicht so gemeint –, um unter anderem Objekte zu durchsuchen, Drogen, Sprengstoff oder auch Menschen aufzuspüren und hochaggressive Täter angriffsunfähig zu machen. Natürlich bedarf es einer enorm arbeitsintensiven Ausbildung und einer Menge Training, bis der »Polizeihund« einsatzfähig ist. Meist werden die Vierbeiner je nach ihrem Können in den verschiedenen Einsatzbereichen ausgebildet. Die Einsatzbewältigung mit einem

Diensthund ist eine durchaus spannende, aber auch lustige Sache. Bei der Durchsuchung einer Firma hatte der Diensthund nach wenigen Minuten kurzerhand beschlossen, sein Tagesgeschäft entspannt zu verrichten. Sehr zum Leidwesen der Hundeführerin, die am liebsten in Grund und Boden versunken wäre. Aber daran sieht man mal wieder, dass man unter Druck nicht richtig arbeiten kann und gewisse Bedürfnisse daher keinen Aufschub dulden. Bevor Sie jetzt einen falschen Eindruck bekommen, der besagte Hund leistet eine hervorragende Arbeit und hat schon diverse Tatverdächtige gestellt und viele versteckte Betäubungsmittel aufgespürt.

Auch die etwas größeren und kräftigeren Vierbeiner finden inzwischen wieder in allen Bundesländern ihre Verwendung. Und so gibt es viele Kolleginnen und Kollegen, die ihre Affinität zum Reiten sinnvoll in der Reiterstaffel ausleben und das Dienstgeschehen unterstützen können.

Der Einsatz von Pferden erfolgt häufig bei der Suche nach Personen in unwegsamem Gelände oder bei Ansammlungen von größeren Menschenmengen, wie es bei Fußballspielen oder Demonstrationen ganz gerne mal der Fall ist. Neben dem imposanten Auftreten ist auch die erweiterte Übersicht über das Geschehen auf Grund der Höhe von unschätzbarem Wert. In Nordrhein-Westfalen hatte man aus Kostengründen alle Reiterstaffeln im Jahr 2003 aufgelöst. Zur Fußballweltmeisterschaft wurde man sich allerdings der besonderen Bedeutung von Ross und Reiter aufs Neue bewusst und unterhält nun seit 2006 wieder zwei eigene Staffeln.

Auch seiner sportlichen Freizeitbeschäftigung als Radsportler kann man während des Dienstes als »Fahrradstreife« gerecht werden. Ausgestattet mit sämtlichen Arbeitsutensilien für die Ahndung von Verkehrsverstößen oder Aufnahme von Unfällen, sind die Kollegen mit ihren Rädern »bürgernah« – schon wieder dieses politisch gern gehörte Wort – auch in Bereichen unterwegs, wo sonst kaum eine motorisierte »Bestreifung« stattfinden könnte. Oftmals sind diese Streifen auch deutlich schneller an einem Einsatzort, als es mit einem Auto möglich wäre. Und natürlich tragen die Kollegen auf dem Zweirad auch einen Schutzhelm.

Man sieht also, dass es bei der Polizei durchaus möglich ist, seine Hobbys gewinnbringend einzusetzen. Bei einem solch großen Unternehmen – nichts anderes ist die Polizei – können Sie sich sicherlich vorstellen, dass in fast jeder erdenklichen Fachrichtung speziell geschulte Beamte gebraucht werden.

12. GRUND

Weil bei der Polizei auch Frauen mitmischen (Teil 2)

Es gibt anatomische Unterschiede zwischen Frauen und Männern, an denen auch die Polizei nichts zu ändern vermag und die Schutzfrau dem Schmutzfink rein körperlich nicht viel entgegensetzen kann. Für einen solchen Fall gibt es ein paar nette polizeiliche Helferlein, wie Pfefferspray, Schlagstock und Co, mit denen man ein kleines »Ungleichgewicht« wieder ausgleichen kann.

An dem folgenden Einsatz dürfen Sie sich gerne selbst ein Bild von dem Thema machen:

In einer Montagnacht waren eine Kollegin und ich zusammen für die Nachtschicht eingeteilt. Daher patrouillierten wir wie gewohnt in unserem Wachbereich. Gegen 1:00 Uhr erhielten wir von unserer Leitstelle den Einsatz »*Frau schreit um Hilfe, bei Familie D. werden die Möbel gerade gerückt.*«

Mit einem kurzen Tastendruck schalteten wir das Blaulicht und das Martinshorn ein. Mit »Lalülala« ging es äußerst zügig, verkehrsrechtlich würde man wohl sagen »mit massiv überhöhter Geschwindigkeit«, zur Wohnung des Paares. Dessen Wohnung befand sich in einem kleinen Haus am Rande der Stadt in einer eher wohlhabenderen Gegend. Schon vor dem Haus war lautes Geschrei und ein seltsam rhythmisches Poltern zu hören. Jegliches Klingeln und

Klopfen blieb erfolglos. Inzwischen waren die Schreie der Frau doch recht deutlich zu hören. Meine Kollegin machte mit den Worten »Ich trete die Tür ein« einen Schritt von der Tür zurück. Als sie gerade gekonnt die Tür eintreten wollte, verstummten die Schreie, und die Tür wurde geöffnet. Vor uns stand eine vollkommen nackte junge Dame, wie Gott sie geschaffen hatte, mit schwarzen Haaren und hochrotem Gesicht. Neben den nackten Tatsachen fiel unser Blick auf die nicht natürlichen puderzuckerartigen Reste unterhalb ihrer Nasenlöcher.

»Ist alles okay bei Ihnen?«

»Natürlich, ich ähm …«

Es fiel uns schwer, sie zu verstehen. Sie wirkte stark benommen.

»Sind Sie alleine? Dürfen wir kurz reinkommen?«

»Ja, aber es ist alles okay, wir …«

»Sie haben sich nur unterhalten – schon klar.«

Wir betraten die Wohnung. Weder im Eingangsbereich noch im Wohnzimmer oder der Küche waren Anzeichen für eine Auseinandersetzung zu finden. Dieser Eindruck änderte sich allerdings abrupt bei einem Blick ins Schlafzimmer. Zusammen mit der inzwischen immerhin mit einem Handtuch bekleideten Frau standen wir vor einem komplett demolierten und zusammengebrochenen Bett. Auf diesem lag ein schwer atmender im Adamskostüm gekleideter 30-jähriger Mann mit Unmengen an weiterem »Puderzucker« auf seiner Brust. Neben ihm auf dem Nachttisch waren fein säuberlich mehrere Linien dieses weißen Stoffes drapiert worden. Nach einigem Gestammel und unverständlichen Erklärungsversuchen der Frau schien der Mann zu realisieren, dass wir nicht recht in seine Vorstellungen vom eigentlichen Geschehen passten. Er begann, vor sich hin zu brabbeln, und sprang dann wie von einer Tarantel gestochen in unsere Richtung auf. Geistesgegenwärtig hatte die Kollegin bereits ihren Arm gehoben und den Ellenbogen in Position gebracht. Gegen diesen rammte er zeitlupenartig seinen Kopf und ging wie bei einem K.o. im Boxring zu Boden. Stille. Als hätte sie es ihrem Gatten gleichtun wollen, guckte die nackte Frau uns wutentbrannt an. Doch just in dem Moment, wo sie einen Schritt in unsere Richtung machte, schienen ihr die eingenommenen Drogen einen Strich durch die Rechnung zu machen. Ihre Augen drehten sich seitlich weg, und ihre Beine gaben nach. Sie sank in sich zusammen und fiel, noch von uns festgehalten, zu Boden.

Da standen wir nun in einem durch wilde Sexfantasien verwüsteten Schlafzimmer, voller Kokain und mit zwei auf dem Boden schlummernden Personen. Ein irrealer Anblick. Zur Krönung des Ganzen drang nach einem Moment der Stille ein leises »Mama?« aus dem Nebenzimmer an unsere Ohren. Ein kleines zweijähriges Mädchen tapste zögerlich ins Zimmer. Ich war froh, dass meine Kollegin, wahrscheinlich dank ihres Mutterinstinktes, blitzschnell reagierte und sich um das Kind kümmerte, bevor es die Situation erfassen konnte.

Glücklicherweise konnten wir das Mädchen noch in der gleichen Nacht in die Obhut der Großmutter übergeben.

Mrs und Mr Kokain beendeten ihre Traumreise zwangsweise in einem Krankenhaus mit entsprechenden Therapieangeboten.

Für uns war der Einsatz damit vor Ort abgeschlossen. Wir beschlagnahmten alle gefundenen Drogen in der Wohnung und fuhren danach auf die Wache, um die Anzeige gegen das Pärchen und einen Bericht an das Jugendamt zu schreiben.

Ich für meinen Teil war heilfroh, dass ich eine Kollegin an meiner Seite hatte.

13. GRUND

Weil es bei der Polizei gute Aufstiegschancen gibt

»Alle Beamten sind faul! Befördert wird bei der Polizei sowieso nur nach Alter, Dummheit und Gewicht.«

Zugegeben, an diesem »dummen« Spruch ist schon etwas Wahres dran. Dennoch ist die Polizei weitaus mehr als nur ein Auffangbecken für Faultiere.

Das Beamtentum bringt es aber mit sich, dass auch das Dienstalter bei den Beförderungen berücksichtigt werden muss. Unabhängig von der eigenen Leistung kann man sich daher sicher sein, dass einem auf kurz oder lang zwangsläufig eine Beförderung »aufgedrückt« wird. Ob man will oder nicht. Es ist fast unmöglich, sich so ungeschickt zu verhalten, dass man davon ausgeschlossen werden könnte. Auch wenn man darüber sicherlich geteilter Ansicht sein kann, hört an dieser Stelle das Paradies für die faulen Donut-Konsumenten bei der Polizei aber auch schon auf. Die Geschwindigkeit der Beförderungen und insbesondere die eigene Arbeitszufriedenheit hat nämlich jeder selbst in der Hand.

Nachdem wir uns nun kurz dem nörgelnden Teil der Kollegen und Kolleginnen gewidmet haben, kommen wir zu dem eigentlichen Grund, der den Polizeiberuf mitunter so interessant macht, den Aufstiegschancen:

Für das berufliche Vorankommen bei der Polizei gibt es geregelte Aufstiegsmöglichkeiten. Jeder Beamte wird, bis er sein Endamt erreicht hat, regelmäßig in einem Abstand von drei Jahren durch seinen Vorgesetzten beurteilt. In den verschiedenen Kategorien kann dabei jeweils eine bestimmte Anzahl an Punkten erreicht werden. Aus diesen Punkten wird ein Mittelwert gebildet, anhand dessen man sich anschließend in einer ewig langen Liste – einem Ranking – wiederfindet. Berücksichtigt wird dabei natürlich auch das schon erwähnte Dienstalter. Werden nun Beförderungsstellen durch das Innenministerium freigegeben, verteilt man diese anhand des Rankings. Das Beurteilungssystem mag zwar nicht immer »fair« sein, dennoch ermöglicht es geregelte Aufstiegschancen.

Neben den Beurteilungen kann man sich natürlich noch durch verschiedene Lehrgänge und Fortbildungen für gewisse Positionen qualifizieren. Verfügt man zum Beispiel über eine Beschulung unseres Einsatzverarbeitungssystems, ist der Weg für eine Bewerbung zur Leitstelle frei. Auch vorherige Berufe oder Nebentätigkeiten als Sporttrainer oder Fahrlehrer können einem den Weg zur Fortbildungsstelle als Einsatztrainer ebnen.

Es gibt kaum eine Qualifikation, die man bei der Polizei nicht gebrauchen könnte. So findet über kurz oder lang jeder eine Nische, in der er seinen persönlichen Neigungen auch dienstlich nachgehen kann.

Übrigens können Sie sich bei der Polizei auch ohne eine vorherige Beförderung schon nach wenigen Dienstjahren auf viele attraktive Stellen – beispielsweise bei den Spezialeinheiten, Reiterstaffeln oder der Fliegerstaffel – bewerben. Der Arbeitszufriedenheit und der persönlichen Verwirklichung sind also kaum Grenzen gesetzt.

14. GRUND

Weil man bei der Polizei einen Blick in die Sterne werfen kann

Wollten Sie schon immer mal einen Blick in die Sterne werfen, dann besuchen Sie doch einfach ein Polizeipräsidium. Dort können Sie sich an blauen, silbernen und goldenen Sternen sattsehen.

Jeder Polizist besitzt einen Dienstgrad, welcher an der Uniform durch mehr oder weniger Sternchen auf den Schulterklappen symbolisiert wird. Das führt natürlich unweigerlich dazu, dass bei einer Begegnung auf dem Flur spätestens der zweite Blick auf die Schulter des Kollegen fällt.

»Mal sehen, wie viele Sterne er denn hat.«

Bei der Polizei ist aber nicht nur die Anzahl der Sterne für die Position in der Nahrungskette entscheidend, sondern auch die Farbe. Diese zeigt an, welcher der drei Laufbahnen der Kollege oder die Kollegin angehört. Die blauen oder noch grünen Sterne stehen für den mittleren Dienst, die Indianer. Die Häuptlinge aus dem gehobenen Dienst tragen die Farbe Silber auf ihren Schulterklappen. Wenn die Sterne aber golden glänzen, ist ein »Goldfasan« aus dem höheren Dienst (unsere Managementebene) im Anmarsch.

In einigen Bundesländern wurde der mittlere Polizeidienst abgeschafft. Neue Polizisten werden dort nur noch direkt im gehobenen Dienst eingestellt. Ältere Kollegen aus dem mittleren Dienst werden nach und nach in den gehobenen Dienst übergeleitet, sodass es jetzt kaum noch Indianer, dafür aber sehr viele »Häuptlinge« gibt.

Ein Wechsel der Laufbahn ist möglich, aber mit weiteren Prüfungen und einem Studium verbunden. Für den Aufstieg vom gehobenen Dienst zu den Goldfasanen im höheren Dienst ist ein erneutes Auswahlverfahren und ein anschließendes Masterstudium notwendig.

Sollten Sie bisher keinen Titel vor Ihrem Namen – wie Doktor oder Professor – führen, bekommen Sie diesen bei der Polizei neben Ihren Sternen dazu. Polizeioberkommissarin Ann-Kathrin Richter oder Herr Polizeikommissar Henry Haack klingt doch toll oder? In den drei verschiedenen Laufbahnen gibt es viele tolle Amtsbezeichnungen:

Mittlerer Dienst (»Indianer«)
- Polizeimeister (PM)
- Polizeiobermeister (POM)
- Polizeihauptmeister (PHM)
- Polizeihauptmeister mit Zulage (PHMZ)

Gehobener Dienst (»Häuptlinge«)
- Polizeikommissaranwärter (KA) – häufig auch liebevoll Schulterglatze genannt
- Polizeikommissar (PK)
- Polizeioberkommissar (POK)
- Polizeihauptkommissar (PHK)

- Polizeihauptkommissar A12 (PHK)
- Erster Polizeihauptkommissar (EPHK)

Höherer Dienst (»Goldfasane«)
- Polizeirat (PR)
- Polizeioberrat (POR)
- Polizeidirektor (PD)
- Leitender Polizeidirektor (LPD)

Bei der Kriminalpolizei können die Amtsbezeichnungen analog gesehen werden. Dort wird nur »Polizei« durch »Kriminal« ersetzt.

15. GRUND

Weil Polizist sein ein Fulltime-Job ist (Teil 2)

Aber nicht nur Männer lassen sich von ihrem Job als Polizisten in der Freizeit beeinflussen, auch wir Frauen bei der Polizei entwickeln sehr schnell eine Art Instinkt oder Antenne für potenzielle »Gefahrensituationen« – wieder so ein schönes Polizeiwort. Das ist natürlich eine hervorragende und auch äußerst sinnvolle Sache, die aber mit der Zeit auch ein bisschen anstrengend werden kann. Schließlich hat man seinen Kopf ja auch in der Freizeit dabei und kann dieses Gespür nur bedingt ausblenden. Guckt man also in der Freizeit zu genau hin, muss man damit rechnen, auch tätig werden zu müssen und damit eventuell auch ein Date – zumindest kurzzeitig – zu unterbrechen. Diese Tatsache könnte einen für die Begleitung aber auch interessanter machen ...

... Außer er ist auch Polizist. Dann weicht ein romantischer Abend so manches Mal einem spontanen Einsatz in der Freizeit. Zusammen mit meinem Lebensgefährten bin ich nach unserem gemeinsamen Dienst – er ist ebenfalls ein Kollege – abends im Kino gewesen. Nachdem wir anschließend noch etwas trinken waren, machten wir uns mit dem Auto auf den Heimweg. Doch mit einem gemütlichen Ausklang des Abends sollte es erst einmal nichts werden. Der aufgemotzte schwarze VW Golf vor uns fuhr bereits seit einem halben Kilometer starke Schlangenlinien und schaffte es nur mit ruckartigen Lenkbewegungen, den Verkehrsinseln und Hindernissen auszuweichen. Wir hatten uns dafür entschieden, über den Notruf »110« den Kollegen Bescheid zu geben und bis zu ihrem Eintreffen hinter dem Auto zu bleiben. Noch bevor die Kollegen eintrafen, hielt der schwarze VW unvermittelt am Fahrbahnrand. Wir guckten uns kurz an und zuckten lächelnd mit den Schultern.

»Und schon sind wir wieder im Dienst.«

Wir stiegen also aus, zeigten unsere Dienstausweise und taten so, als wären wir ganz normal in Zivil auf Streife gewesen. Bis auf das ungewöhnliche »Zivilauto«, ein Honda CR-V, war den Kontrollierten auch bis zum Ende nichts Ungewöhnliches aufgefallen.

Mit der Aussage, dass es die neuen Zivilautos seien, war auch dieser Zweifel schnell aus dem Weg geräumt.

Trotzdem war es ein ungutes Gefühl, diese Kontrolle ohne jegliche Bewaffnung oder Hilfsmittel durchzuführen und statisch zu halten. In diesem Moment fiel mir wieder auf, dass es einem wie eine Ewigkeit vorkam, bis die uniformierten Kollegen vor Ort waren.

Letzten Endes hatte uns unser polizeiliches Bauchgefühl mal wieder nicht getäuscht. Sowohl Fahrer als auch Beifahrer waren in der Drogenszene bekannt und hatten sich laut ihren Aussagen »nur« einen kleinen Joint »reingezogen«. Schade für den Fahrer, seinen Lappen durfte er erst mal für längere Zeit abgeben.

Ehe wir uns versahen, war aus dem romantischen Abend ein Einsatz geworden. Und wenn Sie glauben, dies wäre ein Einzelfall, so muss ich Sie enttäuschen. Es kommt häufig vor. Aber so ist das eben. Einmal Polizistin, immer Polizistin. Und das ist auch gut so!

KAPITEL 2

DEIN FREUND UND HELFER

16. GRUND

Weil ein Kinderlächeln die größte Belohnung ist

Es war noch in meinem Praktikum während des Studiums, aber dennoch eine Situation, die mir sehr gut in Erinnerung geblieben ist:

Ich war damals zusammen mit einem Kollegen zu einem Einbruch in einem Kindergarten gerufen worden. Eine Angestellte hatte morgens ein aufgehebeltes Fenster bemerkt. Bei unserem Eintreffen war es kurz vor acht Uhr, sodass bereits die ersten Kinder ihrer »Arbeit«, dem Ausrollen der Autoteppiche und Frisieren der Barbiepuppen, nachgingen. Relativ schnell stellte sich heraus, dass die Einbrecher nur im Aufenthaltsraum gewesen waren und die Kaffeekasse geplündert hatten. Die Beute belief sich dabei auf stolze 20,30 Euro und zwei Schokoriegel. Aufgrund einer relativ guten Spurenlage warteten wir vor Ort noch das Eintreffen der Kollegen der Kriminalwache (»K-Wache«) ab. Während ich mich mit der Leiterin des Kindergartens unterhielt, spürte ich plötzlich eine kleine warme Hand, die meinen Zeigefinger umfasste. Ein kleines Mädchen strahlte mich freudig an und zog mich sanft in Richtung eines Autoteppichs, wo ein Junge umringt von Autos und kleinen Absperrzäunen saß.

»Du bist doch ein echter Polizist, kannst du uns bei einem Unfall helfen?«

Der Junge war augenscheinlich etwas jünger als die kleine Dame und sah mich nur verlegen an. Während ich neben ihm Platz nahm, wurden mir direkt von zwei Seiten mehrere Polizeiautos gebracht. »Tatütata«, und schon befand ich mich zwischen einem Bagger und einem Pferdetransporter. Zum Glück der Kinder benötigten die Kollegen der Kriminalpolizei ein paar Minuten, sodass wir ausführlich den Unfall absperren und aufnehmen konnten. Anschließend musste der Pferdetransporter, dem das Pferd entlaufen und in einer großen Suchaktion gerettet worden war, zum Puppenhaus geschleppt werden.

Danach war es leider Zeit, sich zu verabschieden. Doch die nächste Attraktion wartete ja bereits auf die Kleinen, die Polizisten mit den Pinseln und der Kamera.

Es war ein schönes Gefühl, in strahlende und glückliche Kinderaugen zu schauen, ohne mit etwas Bösem rechnen zu müssen. Und wenn auch unbewusst, hatten die Kinder etwas über das Verhalten im Straßenverkehr und die Aufgaben der Polizei gelernt.

17. GRUND

Weil die Jagd nach Übeltätern nicht alles ist

Eine der Hauptaufgaben der Polizei ist per Gesetz die Zuständigkeit für die »öffentliche Sicherheit und Ordnung«. Ähnlich wie bei den Kollegen der Feuerwehr kommt ihr dabei insbesondere die Rolle der Notfallhilfe zu. Auch wenn es manchmal den Anschein hat, als seien Polizisten immer die Bösen, die einen »abziehen«, so erhofft man sich beim Wählen der Notrufnummer »110« doch eigentlich eine schnelle Hilfe in der Not. Im Unterschied zur Feuerwehr muss die Rolle der Polizei in einer Notsituation differenziert betrachtet werden. Der Polizei werden dabei zwei Zuständigkeiten gleichzeitig zugeschrieben. Zum einen gilt es vorrangig, wie bei der Feuerwehr auch, Gefahren für »Leib und Leben« abzuwehren. Meist mischt aber noch ein Gegenspieler zu der sich in Not befindlichen Person mit, sodass gleichzeitig auch an die Verfolgung und Aufklärung von Straftaten gedacht werden muss. Da natürlich der Schutz der Bevölkerung im Vordergrund steht, handelt die Polizei nach dem Leitsatz »Gefahrenabwehr vor Strafverfolgung«.

Lassen Sie mich das an einem erlebten Beispiel verdeutlichen:

Während einer Streifenfahrt ereignete sich direkt vor uns ein schwerer Verkehrsunfall. Der Fahrer eines VW Golfs hatte beim Abbiegen eine entgegenkommende ältere Dame auf einem Fahrrad übersehen und ihr die Vorfahrt genommen. Sie kollidierte mit der Fahrzeugfront und wurde regelrecht über die Motorhaube geschleudert, bevor sie regungslos auf der Straße liegen blieb. Der Fahrer des Volkswagens bremste und kam wenige Meter später zu stehen. Im nächsten Moment war das laute Aufheulen seines Motors, gefolgt vom Quietschen seiner Reifen, zu hören. Er gab Vollgas und fuhr davon.

Als Polizist müsste man in diesem Moment eigentlich zwei Aufgaben gleichzeitig wahrnehmen. Zum einen natürlich der verletzten Dame helfen und zum anderen den VW Golf verfolgen. Schließlich handelt es sich hier ja um eine Straftat (»unerlaubtes Entfernen vom Unfallort« und »fahrlässige Körperverletzung«). In diesem Fall gebietet schon alleine der gesunde Menschenverstand, dass hier die Absicherung der Unfallstelle und die Erste-Hilfe-Maßnahmen bei der verunfallten Dame, also die »Gefahrenabwehr«, Vorrang haben. Es juckt einem natürlich in den Fingern, sich den Flüchtigen zu schnappen. Aber darum müssen sich dann die anderen Kollegen kümmern. Unser einziger Beitrag zur Verfolgung des Golfs war der Funkspruch mit der Beschreibung und dem Kennzeichen des Autos an die Kollegen.

Bis zum Eintreffen des angeforderten Rettungswagens kümmerten wir uns um die Dame. Glücklicherweise war sie trotz augenscheinlich schwerer Verletzungen ansprechbar. Nachdem sie durch die Kollegen der Feuerwehr ins Krankenhaus gebracht wurde, konnten ein Oberschenkelhalsbruch und eine Fraktur am Schlüsselbein festgestellt werden.

Der flüchtige Fahrer hatte sich kurze Zeit später praktisch selber der Polizei gestellt. Auf Höhe der nur unweit entfernten Polizeiwache hatte er dank seiner überhöhten Geschwindigkeit Bekanntschaft mit einem Ampelmast gemacht.

Sie sehen, die Herausforderung besteht darin, sowohl den Menschen in akuten Nöten zu helfen, als auch eine Strafverfolgung zu gewährleisten. Genau diese Gratwanderung macht den Job noch einmal zusätzlich interessanter.

Es ist ein schönes und befriedigendes Gefühl, wenn man anderen Menschen in schwierigen Situationen helfen und ihnen dabei mit Rat und Tat zur Seite stehen kann. Wenn es einem dazu noch gelingt, den Täter dingfest zu machen und so den Ansprüchen des Opfers gerecht zu werden, kommt man am Ende der Schicht mit einem äußerst zufriedenen Lächeln nach Hause.

18. GRUND

Weil man anderen eine kleine Freude machen kann

Es müssen nicht immer die großen Kriminalfälle oder spannende Verfolgungsjagden sein, die einem zeigen, wie wichtig und schön der Polizeiberuf ist. Auch die kleinen alltäglichen Dinge im Dienst bereiten einem immer wieder Freude. Sei es die Begleitung einer älteren Dame über die Straße oder das Hereinheben des mit Einkäufen vollgepackten Kinderwagens in einen Bus, das Zuwinken zu den Kindern am Straßenrand oder die Gespräche mit den Leuten während einer Fußstreife in einer Fußgängerzone. In Polizeikreisen wird dies – schließlich werden damit das Sicherheitsgefühl und Vertrauen in die Polizei erhöht – »Bürgernähe« genannt. Neben den Streifendienstbeamten nimmt diese Aufgabe vorzugsweise ein Bezirksdienstbeamter wahr. Der Bezirksdienst besteht meist aus erfahrenen und dienstälteren Kollegen, die als Ansprechpartner für die Belange der Bürger in ihrer Stadt dienen.

In meiner ersten Woche nach der Ausbildung sind mein Kollege und ich zu einer wohlhabenden älteren Dame gerufen worden. Diese war bettlägerig und auf die Hilfe anderer angewiesen. Versorgt wurde sie rund um die Uhr von einer bei ihr im Haus wohnenden ausländischen Pflegekraft. Aufgrund sprachlicher Barrieren war die Verständigung mit dieser Person leider kaum möglich. Zusammen mit der Pflegekraft betraten wir das Schlaf- und zugleich Wohnzimmer der älteren Dame. Diese erzählte uns, dass sie gebürtig aus Polen stamme und seit über fünf Jahren an ihr Bett gefesselt sei. Es stellte sich heraus, dass das eigentliche Anliegen die Pflegekraft betraf: Ihr war die Geldbörse mit allen notwendigen Papieren geklaut worden. So nahmen wir eine Strafanzeige diesbezüglich auf und versprachen, die notwendigen Formulare später noch vorbeizubringen. Wir standen schon in der Zimmertür, als die ältere Dame uns bat, noch kurz zu bleiben. Sie schien nicht häufig Besuch zu bekommen, weshalb wir uns auch gern – natürlich erst nach Rücksprache mit unserer Wache – die Zeit nahmen. Augenscheinlich hatte sich bei ihr einiges an Redebedarf angesammelt, und so erzählte sie uns einiges über ihr Leben und erlebte Schicksalsschläge. Man merkte ihr die Einsamkeit sichtlich an. Tränen rannen ihr über das Gesicht. Gleichzeitig war aber auch ihre Freude zu sehen, jemandem davon erzählen zu können. Und so überreichte sie uns am Ende überglücklich und voller Stolz ein kleines rosafarbenes Heftchen mit der Aufschrift »Gelebtes Leben«.

»Das ist meine Lebensgeschichte. Ich habe sie in Gedichtform niedergeschrieben und möchte sie Ihnen schenken.«

Eigentlich wollten wir das Geschenk gar nicht annehmen, doch es schien ihr sehr viel zu bedeuten.

»Nehmen Sie es bitte. Ich bin Ihnen sehr dankbar.«

Wir empfanden in diesem Moment beide eine gewisse Betroffenheit, und zugleich freuten wir uns über die nette Geste und ihre Dankbarkeit.

Vor wenigen Tagen fand ich ihre Gedichte zufällig in meinen Unterlagen und musste mit einem Lächeln an den Einsatz zurückdenken.

19. GRUND

Weil Polizisten Leben retten

Als Polizist wird man nie der Held sein, dennoch rettet die Arbeit der Polizei tagtäglich Leben. Auch dafür sind wir trainiert und ausgebildet worden.

»Verkehrsunfall mit Personenschaden, Grafschaftstraße 15.«

Zumeist erkennt man bereits an der Stimme des Kollegen auf der Leitstelle, ob es sich bei dem folgenden Einsatz um eine brisante Lage handelt. Wenn der Funkspruch dann noch die Wörter »Verkehrsunfall« und »Personenschaden« beinhaltet, hört jeder Kollege am Funk genauer hin, und es herrscht, trotz vorheriger Heiterkeit im Streifenwagen, absolute Stille.

»Auf einer Landstraße ist es zu einem Frontalzusammenstoß zwischen zwei Fahrzeugen gekommen, eines hat sich überschlagen und liegt im Graben. Person nicht mehr ansprechbar.«

Bei solchen Funksprüchen bekomme ich auch nach einigen Jahren bei der Polizei immer noch eine Gänsehaut. Jetzt ist höchste Eile geboten.

Nicht selten treffen wir bereits vor der Feuerwehr am Einsatzort ein. Trotz ständigen Trainings und festgelegter Handlungskonzepte ist jeder Einsatz anders und erfordert trotz eines hohen Stresslevels ein durchdachtes Handeln. Nach dem Absichern der Unfallstelle und einer schnellen Lagemeldung gilt es für uns, die Verletzten zu finden, zu versorgen und möglichst viele Informationen zu sammeln, um den Rettungskräften der Feuerwehr das Arbeiten zu erleichtern und wichtige Sekunden zu sparen. Durch eine vorherige detaillierte Lagemeldung an die Feuerwehr kann diese sich auf der Anfahrt bereits auf die Lage vor Ort einstellen. Es kommt auch vor, dass wir das Eintreffen der »Rettung« (so wird die Feuerwehr bei uns genannt) nicht abwarten können und verletzte Personen aus den Fahrzeugen bergen müssen, um sie sofort reanimieren zu können. Ich bin jedes Mal froh, wenn die Kollegen der Feuerwehr eintreffen und die Versorgung der Verletzten übernehmen.

Wenn der Kollege der Leitstelle das Wort »Amok« in den Mund nimmt, blendet man die Welt um sich herum kurz aus. Das Adrenalin schießt sofort in den Körper, und die Gänsehaut, die schon bei dem Unfall vorhanden gewesen ist, wird um ein Vielfaches übertroffen. Obwohl einem direkt ein Horrorszenario durch den Kopf geht, ist es wichtig, Ruhe zu bewahren. Das ist leider leichter gesagt als getan. Ich war bisher zwei Mal mit einem solchen Einsatzanlass konfrontiert. Beim ersten Mal, direkt im ersten Monat nach dem Abschluss meines Studiums, handelte es sich – so erfuhren wir beim Eintreffen am Einsatzort – nur um eine geplante Übung. Beim zweiten Mal wurde in einer Grundschule der Alarm ausgelöst. Beim Eintreffen waren einige Kollegen bereits im Schulgebäude – im Fachjargon »im Objekt«. Noch am Auto legten wir unsere schwarzen Überziehschutzwesten zusätzlich zu unseren Unterziehwesten an und betraten ebenfalls das Gebäude. Der Anblick von vollkommen leeren Fluren und das Wissen, dass die Lehrer und Schüler sich in den Klassenräumen verbarrikadiert hatten, wirkten irreal.

So wie Sie es wahrscheinlich aus dem Fernsehen kennen, gingen wir auf der Suche nach dem möglichen Täter mit gezogenen Waffen die Flure entlang. Bei jedem Schritt und jedem Meter spürt man, wie das Adrenalin durch den Körper gepumpt wird und die Anspannung steigt. Schließlich blieb nur noch eine letzte Toilette. In dem Moment, wo ich die Tür zu den WC-Räumen öffnete, war deutlich das Rauschen einer Klospülung zu hören. Gefühlt setzte mein Herz in diesem Moment kurz aus. »POLIZEI«, brüllte ich in die wieder entstandene Stille und stürmte mit meinem Kollegen in den Raum – leer. Etwas erleichtert konnten wir uns jetzt mit der Evakuierung der Schulkinder beschäftigen.

Nachdem wir die ersten Klassen auf den Schulhof begleitet hatten, öffneten wir eine weitere Klassentür. Der Anblick bereitet mir jetzt noch eine Gänsehaut. Nicht, weil er so grauenhaft gewesen wäre, sondern wegen der Todesangst, die deutlich in den verweinten Augen der sechs- bis achtjährigen Mädchen zu sehen war. Es dauerte einige Sekunden, bis sie realisierten, dass wir die Guten waren und ihnen helfen wollten. Ängstlich, zitternd und zugleich hoffnungsvoll schauten uns 13 Kinder an. Beim Hinausbegleiten hielt sich ein Mädchen an meiner Weste fest und fragte ganz leise, wie schlimm es sei und ob sie ihre Mami wiedersehen werde.

Zum Glück, so stellte sich am Ende heraus, handelte es sich nur um einen Fehlalarm.

Oft merkt man erst nach solchen Einsätzen, wie hoch der Adrenalinspiegel während des Einsatzes gewesen sein muss. Der Körper fühlt sich von Minute zu Minute schwerer und müder an. Zugleich erfüllt es einen mit einem Glücksgefühl, Leben gerettet und Schlimmeres verhindert zu haben.

20. GRUND

Weil die Polizei Hand in Hand mit anderen Institutionen zusammenarbeitet

Erinnern Sie sich noch an das Sturmtief am Pfingstmontag 2014 im Raum Nordrhein-Westfalen, bei dem sechs Menschen ihr Leben ließen? Damals waren unter anderem am Flughafen Düsseldorf Windböen von deutlich über 140 km/h gemessen worden. Im Verlauf der Nacht wurden landesweit Hunderte Polizisten zusätzlich zu den im Dienst befindlichen Kollegen alarmiert und aus den Betten geklingelt. Die Anzahl der Feuerwehrleute reichte trotz einer Aktivierung der landesweiten Einsatzreserve nicht aus, um alle Einsätze bewältigen zu können. Auch das Technische Hilfswerk eilte damals aus mehreren Bundesländern zu Hilfe. Hand in Hand wurden umgekippte Bäume zerlegt, Äste von den Straßen geräumt und Leute aus Häusern evakuiert, auf deren Dachstühlen es sich massive Baumteile gemütlich gemacht hatten. Ein schweißtreibender Job! Die Rettungs- und ersten Aufräumarbeiten dauerten bis in die folgende Nacht hinein an.

Auch mein Handy hatte mich damals am frühen Morgen mit seinem penetranten Vibrieren aus dem Schlaf gerissen. So begann mein Dienst nicht erst wie vorgesehen um 10:00 Uhr, sondern bereits um 7:00 Uhr. Wir haben den ganzen Tag hauptsächlich mit dem Absperren von Straßenzügen und Unterstützen der Rettungskräfte verbracht. Da wurde das – im wahrsten Sinne des Wortes – »Flatterband« mit der Aufschrift »Polizeiabsperrung« schnell knapp.

Stark in Erinnerung geblieben ist mir an diesem Tag ein älteres Ehepaar, zu dem wir um die Mittagszeit gerufen wurden. Es hatte in seinem Ehebett unterm Dach gelegen, als ein Baum auf das Haus kippte und nur zwei Meter neben dem Bett durch das Dach einschlug. Wie durch ein Wunder hatten beide nicht mal einen Kratzer abbekommen. Nun hätte man meinen können, dass die Herrschaften unter Schock gestanden hätten – im Gegenteil. Sie ließen es sich nicht nehmen, für alle Helfer kühle Getränke und Eis zu besorgen. Trotz des Sturms war die Temperatur im Laufe des Tages auf deutlich über 28 Grad angestiegen. Selbst zu kleinen Scherzen waren sie noch aufgelegt. So fragte mich der ältere Herr mit einem verschmitzten Lächeln, ob er etwas von dem Holz für seinen Kamin behalten könne, schließlich läge der Baum ja jetzt auf seinem Grundstück und sei eh schon in seinem Haus. Vor seinem Verhalten habe ich heute noch größten Respekt. Ich wüsste nicht, wie ich in einer solchen Situation reagiert hätte.

Auch der Großbrand in einem Industriegebiet, wo die Feuerwand bereits einige Firmen verschlungen hatte und es zu mehreren Explosionen gekommen war, forderte ein gutes Teamplay verschiedener Einrichtungen. So waren hier nicht nur wir als Gesetzeshüter, sondern auch die Kollegen der »Rettung« mit ihren großen roten Autos und langen Schläuchen im Einsatz. Hinzu kamen natürlich auch die Herren, denen wir mit der blauen Uniform zum Verwechseln ähnlich sehen – das Ordnungsamt.

In dem Moment unserer Ankunft stieg mit einem lauten Donnern ein gewaltiger Feuerball in den Nachthimmel auf. Gefolgt von einem nicht mehr enden wollenden Ascheregen. Eine weitere Lagerhalle war explodiert. Trotz allem mussten innerhalb kürzester Zeit viele Aufgaben durch alle anwesenden Organisationen bewältigt werden. Anwohner mussten evakuiert und durch das Ordnungsamt in Notunterkünften untergebracht, Rettungswege durch uns frei gemacht und gehalten und natürlich das Feuer durch die Lebensretter gelöscht werden. Und das alles musste binnen weniger Minuten koordiniert werden. Um eine enge Zusammenarbeit zu ermöglichen, bleibt von der Polizei in solchen Einsätzen immer ein »Verbindungsbeamter« bei der Einsatzleitung der Feuerwehr. Dieser übernimmt dann die direkte Kommunikation zwischen Feuerwehr und Polizei.

Auch wenn dieser Einsatz mit gemeinsamen Kräften erfolgreich beendet wurde, schließlich wurde ja bisher noch »jedes Feuer gelöscht«*, verletzten sich leider mehrere Feuerwehrleute lebensgefährlich.

Die Polizei arbeitet aber nicht nur in schlimmen Situationen mit anderen Organen zusammen. Die Feuerwehr oder das Rote Kreuz sorgen bei Karnevalsveranstaltungen und Volksfesten oft für unser leibliches Wohl. In den gemeinsamen Pausen an der Gulaschkanone ergeben sich immer wieder gute Gelegenheiten, einander besser kennenzulernen und Erfahrungen auszutauschen. Ein solches Kennenlernen endet nicht selten in einem künftig engeren persönlichen Kontakt.

Nießen: 112 Gründe, die Feuerwehr zu lieben

21. GRUND

Weil man anderen Menschen helfen kann

Es gibt so viele Gelegenheiten im Leben, etwas für andere zu tun. Ergreift man den Beruf des Polizisten, entscheidet man sich dabei für eine der vielfältigsten Möglichkeiten, seinen Mitmenschen zu helfen. Unter dem Stichwort »Zivilcourage« wird eigentlich von jedem erwartet, dass er anderen in Notsituationen hilft. Doch wie häufig versucht man, sich dann doch geschickt genau vor solchen Situationen zu drücken? Als Polizist ist dies nicht mehr möglich. Für alle deutlich an der Uniform erkennbar, ist die Polizei oft der letzte Rettungsanker und Helfer in der Not. Im polizeilichen Alltag auf der Straße sind es dann häufig die kleinen Nöte, in denen Mitmenschen unsere Unterstützung brauchen. Und genau diese Situationen machen den Beruf noch schöner. Während einer Streifenfahrt stand beispielsweise eine ältere Dame hilflos am Straßenrand und wusste bei dem hektischen Stadtverkehr weder ein noch aus. Voller Dankbarkeit umarmte sie uns, nachdem wir für sie den Verkehr angehalten und ihr mit dem vollgepackten Rollator über die Straße geholfen hatten.

Auch Hundehalter wenden sich gerne an die Polizei, wenn sich der beste Freund des Menschen alleine auf den Weg durch die Stadt gemacht hat und nicht mehr auffindbar ist. Auch wenn die Suche nach Hunden eigentlich nicht in unser primäres Aufgabengebiet fällt, so unterstützen wir nach Möglichkeit natürlich gerne die Suche nach dem entlaufenen Vierbeiner. Einige Kollegen haben dafür extra schon eine Hundeleine in ihrer Einsatztasche bereit gelegt.

In den ländlichen Kreisen des Landes wird die Gegend auch gerne mal nach größeren Vierbeinern abgesucht:

Auf einem Feld war durch einen Spaziergänger ein gesatteltes und gen Horizont galoppierendes Pferd gesehen worden – allerdings ohne Reiter. Mit mehreren Polizeiautos, Motorrädern und

Fahrradstreifen wurden daraufhin die Wälder und Felder abgesucht, bis einem Streifenwagen ein älterer und blutverschmierter Herr mit Reitkappe auffiel. Nach einer kurzen medizinischen Versorgung durch einen Rettungswagen erzählte er den Kollegen, dass das Pferd ihn abgeworfen hatte und davongelaufen war. Zusammen mit einigen Angestellten des Reitstalls konnte das abtrünnige Pferd dann friedlich und unbekümmert grasend an einem Waldstück »festgenommen« werden.

Bei jedem Einschreiten als Polizist hilft man im Grunde genommen immer anderen Leuten. Auch wenn es auf den ersten Blick nicht so scheint, so steckt hinter (fast) jedem Einsatz der Polizei der Wunsch nach Unterstützung und Hilfe.

Alltäglich ist auch der Anruf bei der Polizei nach einem Verkehrsunfall. Dieser ist mit der verstecken Bitte verbunden, den Unfall ordentlich aufzunehmen, die rechtlichen Ansprüche an den Unfallgegner zu gewährleisten und einem eventuell zu sagen, wie man nun sein Auto in die Werkstatt bekommt. Auch der Anruf von Nachbarn, dass nebenan aktuell die Möbel wieder »gerade gerückt« werden, ist nichts anderes als eine Unterstützung der Nachbarn bei der Erfüllung ihrer Zivilcourage und ein Schutz für den drangsalierten Part der Auseinandersetzung. Hier greifen wir natürlich auch ein, ohne dass die streitenden Personen es ausdrücklich wünschen.

Auch wenn es nicht immer den Anschein hat, versucht die Polizei stets, Ihr »Freund und Helfer« in (fast) allen Lebenslagen zu sein. Sie werden in diesem Buch sicherlich noch viele dieser Sachverhalte wiederfinden.

22. GRUND

Weil die Polizei Familien wieder zusammenführt

Die Horrorvorstellung eines jeden Elternteils: Das eigene Kind ist weg. Was tun? In der Not wird häufig richtigerweise der Polizeinotruf gewählt. Je nach individueller Situation wird dann eine Suchaktion gestartet und nach dem Kind gesucht. Aber längst nicht immer melden sich die verzweifelten Eltern sofort bei der Polizei. Und so hat ein kleines Mädchen ungewollt kurzzeitig für freudige Stimmung und Abwechslung auf unserer Wache gesorgt:

Da wir Polizisten keine staatlichen Roboter sind, wie viele vielleicht annehmen mögen, müssen wir uns zwischendurch natürlich auch verpflegen. Deshalb ging ich vor Kurzem mit meinem Kollegen Haack durch einen Supermarkt. Als ich mir gerade einen Espresso aus dem Kühlregal nahm, fiel mir ein kleines verweintes Mädchen mit einer Flasche Apfelschorle in der Hand auf, das sich unter die Auslage der aktuellen Angebote gekauert hatte. Es dauerte ein bisschen, bis es uns gelang, es dazu zu bewegen, hervorzukommen. Schließlich schien mein rosa Kugelschreiber mit kleinen Wuschelhaaren in der Brusttasche meiner Jacke ihre Neugierde geweckt zu haben. Der Leiter des Supermarktes bot uns freundlicherweise den Aufenthaltsraum des Personals an, sodass wir mit dem Mädchen in Ruhe sprechen konnten. Erstaunlicherweise schien sich niemand für die Situation zu interessieren. Bis auf ein paar Bemerkungen wie »Guck mal, die Polizei geht im Dienst einkaufen« nahm auch keiner davon Notiz, als ich mit der Kleinen auf dem Arm durch den Laden ging. Schon traurig.

Nach zähen Verhandlungen hatte Mathilda – so hieß das kleine Mädchen – mir den rosa Kugelschreiber entlocken können. Im Gegenzug dazu verriet sie uns ihren Namen. Für die Auskunft über ihr Alter mussten wir schon größere Geschütze auffahren und ihr versprechen, dass sie sich draußen ein echtes Polizeiauto mit Blaulicht ansehen dürfe. Sehr geschickt für ihre sieben Jahre! Inzwischen war die Angst aus ihren Augen gewichen. Stattdessen schien sie neugierig zu werden. So erzählte sie uns gegen weitere Versprechen, dass sie mit ihrer Mutter einkaufen war und sich Apfelsaft holen wollte. Dann sei ihre Mutter weg gewesen.

Im Supermarkt und auf dem Parkplatz hatten wir in den nächsten Minuten vergeblich versucht, ihre Mutter zu finden. So lösten wir erst einmal unsere Versprechen ein. Mathilda durfte zum ersten Mal in ihrem Leben in einem Polizeiauto mitfahren und das »Tatütata« anmachen.

Auf der Wache schien sie indes ihre Mutter vor lauter Freude vollkommen vergessen zu haben. So dauerte es auch nicht lange, bis sie mit Polizeimütze auf dem Kopf bei unserer Wachdienstführerin auf dem Schoß saß, fleißig den Funk bediente und mit unserer Leitstelle kommunizierte. Als dann auch noch »Hallo Mathilda« aus den Lautsprechern zu hören war, war sie völlig aus dem Häuschen. Das gab uns die Möglichkeit, nach ihrer Mutter zu suchen.

Knappe 20 Minuten später erschien eine vollkommen aufgelöste junge Frau auf der Wache.

»Meine Tochter Mathilda ist verschwunden...«, begann sie ihren Satz, bevor sie sich verschluckte. Mathilda hatte indes ihre Mutter sofort an der Stimme erkannt und war mit ihrer Polizeimütze inklusive dem rosa Kugelschreiber nach vorne gerannt. Glücklich lagen sich beide in den Armen.

Neben diesen freudigen Zusammenkünften führen wir auch mehr oder weniger gegen den Willen einiger Beteiligter Familien wieder zusammen. Ist zum Beispiel nach einem Streit das pubertäre 16-jährige Mädel wiederholt von zu Hause weggelaufen und wird von uns unterwegs angetroffen, bringen wir sie auch gegen ihren Willen wieder zurück zu ihren Eltern. Durch die Sorgen ist der Streit bis dahin dann meist auch schon wieder vergessen.

Ende gut, alles gut.

KAPITEL 3

EINE GROSSE FAMILIE

23. GRUND

Weil die eigene Familie stolz auf einen ist

Unterschiedlicher hätten damals die Reaktionen auf meinen beabsichtigten Berufswunsch in meiner Familie gar nicht sein können. Während meine Oma mit den Worten »Och Kindchen, willst du das denn wirklich machen?« ihre Sorge kaum verbergen konnte, war ein erfreutes und stolz erfülltes Lächeln in dem Gesicht meines Großvaters zu sehen. Auch meine Eltern waren unterschiedlicher Meinung, was meinen zukünftigen Job anging. Nur meine Geschwister waren sich direkt in positiver Hinsicht einig, ihr Bruder soll Polizist werden.

Doch die anfänglich leichte Skepsis sollte sich mit dem Tag meiner Vereidigung und der Ernennung zum Polizeikommissar ändern. Ich erinnere mich gerne an die mit Stolz erfüllten Blicke meiner ganzen Familie.

Und wie sehr alle an meinem beruflichen Alltag teilnehmen, lässt man mich fast täglich mit Fotos von gefundenen Zeitungsartikeln und Links zu Nachrichten im Internet rund um die Polizei wissen. Auch am eigenen Geburtstag wird man von den Angehörigen mit allerhand lustigen Polizei-Badeentchen, Polizei-Spielzeugautos, Polizeibildern oder auch Dekoartikeln mit polizeilichem Bezug, wie beispielsweise einer beleuchteten Polizeiwache aus Ton, für die Fensterbank verwöhnt.

Seit ich im Dienste des Landes stehe, hat insbesondere meine geliebte Mutter die Angewohnheit entwickelt, jedem voller Stolz von ihrem eigenen und persönlichen Polizisten zu erzählen. Mein Großvater hingegen trägt es nicht extrovertiert in die große weite Welt, stattdessen ist ihm die Freude bei jedem Besuch und Gespräch über meinen Beruf anzumerken.

Es dauerte auch nicht lange, bis mein jüngster Bruder stolz vor seinen Freunden verkündete: »Mein Bruder ist Polizist.« Nach dieser Aussage war es nur eine Frage der Zeit gewesen, bis sein Kindergeburtstag unter dem Motto »Polizei« stattfand und ich als »Polizeiclown« einen Platz am Tisch zwischen Kakao, Kuchen und Polizeidonuts bekam. Was gibt es als Kind auch Cooleres, als einen echten Polizisten in Uniform auf seinem Geburtstag zu haben? Nach dem Essen ermittelten wir dann gemeinsam in einem Mordfall und nahmen unzählige schwere Verkehrsunfälle im Garten auf. Am Abend konnte dann auch endlich der Mörder verhaftet werden, mein anderer Bruder. Für das Geburtstagskind, seine Gäste und Kommissar Geburtstag ein rundum erfolgreicher »Arbeitstag«.

Es erfüllt mich immer wieder mit Freude, wenn ich merke, dass auch die Familie sich mit dem eigenen Beruf identifizieren kann und diesen wertschätzt.

24. GRUND

Weil die Polizei eine große internationale Familie ist

Nicht nur im eigenen Bundesland oder auf der Dienstgruppe, auch international ist die Exekutive eine große Familie. Wer kann von sich schon behaupten, überall auf der Welt ein Familienmitglied zu haben? – Polizisten können das mit Fug und Recht!

So unterschiedlich die Polizeiarbeit von Land zu Land auch ist, so wird man als Kollege oder Kollegin doch immer herzlichst empfangen.

Auch mir wurde bereits die Gastfreundschaft in Amerika, Norwegen und unseren Nachbarländern zuteil. Ohne den Gedankenanstoß eines Kollegen wäre ich wahrscheinlich niemals auf die Idee gekommen, in ausländische Polizeiwachen zu marschieren und mich dort mit den Kollegen auszutauschen:

Kurz vor einer geplanten Reise entlang der Westküste der USA erzählte ich während einer Streifenfahrt einem Kollegen von meiner Reiseroute, als dieser mich bat, ihm doch in den verschiedenen Städten jeweils ein Hoheitsabzeichen, auch »Patch« genannt, zu tauschen. Damals muss ich ihn wohl ziemlich ungläubig angeguckt und ihm entgegnet haben, dass ich so etwas natürlich nicht machen würde. Sie können sich denken, dass ich mich am Ende doch habe überreden lassen. Ich weiß noch, dass ich ziemlich aufgeregt und neugierig war, als ich in Hollywood die Polizeiwache betrat. Erschwerend kam für mich nämlich noch hinzu, dass ich der englischen Sprache zwar mächtig war, mein Sprachniveau allerdings nicht auf dem höchsten Level lag. Doch im Gegensatz zu meinen Befürchtungen wurde ich sehr nett begrüßt, und nach einem kurzen Small Talk hatte ich auch schon die ersten Abzeichen getauscht.

Zur Qual meiner Mitreisenden stand fortan neben der Besichtigung der Sehenswürdigkeiten auch immer der Besuch einer Polizeiwache auf dem Programm. Von der Reise sind mir am meisten die Wachen San Diego, Las Vegas und vor allem aber Palo Alto in Erinnerung geblieben. Bei Palo Alto werden jetzt wahrscheinlich alle Apple-Freaks hellhörig: Ja, es ist die Stadt, in der Konzerne wie Google, Apple und Hewlett-Packard ihre Wurzeln haben und in der Steve Jobs seinen Lebensabend verbrachte.

Auf der dortigen Wache wurde ich äußerst herzlich empfangen und direkt hereingebeten. Man nahm sich die Zeit, mich komplett herumzuführen, die Fahrzeuge zu besichtigen und das gesamte Waffenarsenal zu begutachten. Noch mehr überraschte mich nur das Bemühen von Alan, einem Police-Officer aus San Diego. Dort empfing mich hinter einem Schreibtisch in der Eingangshalle des Gebäudes ein dunkelhäutiger Kollege. Nachdem ich mein Anliegen vorgetragen hatte, schien sich dieser im wahrsten Sinne des Wortes riesig zu freuen, stand auf und gab mir überschwänglich die Hand. Dabei wurde es aufgrund seiner enormen Größe und Breite schlagartig relativ dunkel im Raum. Obwohl viel Betrieb war, nahm er sich über 15 Minuten für mich Zeit und durchkämmte die Wache nach einem Abzeichen. Nachdem er keines finden konnte, versprach er, mir am nächsten Tag eines zu meinem Hostel zu bringen. Und tatsächlich, am nächsten Morgen stand er wie versprochen im Frühstücksraum des Hostels – sehr zur Überraschung des Personals und der anderen Gäste, bei denen plötzlich absolute Stille herrschte.

Ähnlich positive Erfahrungen konnte ich auch in Österreich und Norwegen machen. Dort lud man uns zusätzlich noch mit auf eine Streifenfahrt und zum Abendessen ein.

Es ist schon etwas Besonderes, zu wissen, dass man ein Teil einer großen internationalen Familie ist.

25. GRUND

Weil man im Streifenwagen seine Traumfrau kennenlernt

»Ha! Wusste ich es doch, dass man sich im Streifenwagen näherkommt. Es werden eben doch alle Klischees erfüllt. Die Polizisten sollen nachts arbeiten und nicht flirten!«

»Oh, ist das romantisch. Wahrscheinlich sind die beiden zusammen mit dem Polizeiauto in den Sonnenuntergang gefahren.«

Okay, diese Aussagen sind ein bisschen überspitzt. Aber mit einem der beiden oder ähnlichen Gedanken werden wahrscheinlich viele von Ihnen beim Lesen der Überschrift reagiert und sich an den Kopf gepackt oder gelächelt haben. Damit sind wir bei einem weiteren Polizeiklischee, den Polizeibeziehungen. Viele werden wahrscheinlich bereits vor ihrer Ausbildung aus ihrem Umfeld gehört haben, dass man bei der Polizei sowieso einen Partner findet. Dazu gibt es eine eindeutig zweideutige Antwort: Jein. Hier scheiden sich die Geister. Obwohl es zwar nicht gerade selten vorkommt, gibt es – zur Beruhigung aller außenstehenden Partner(innen) – auch genauso viele Beispiele von glücklichen Beziehungen, in denen der Partner rein gar nichts mit der Polizei zu tun hat.

Ich persönlich erfülle allerdings dieses Klischee in vollen Zügen. Bei mir hat es sich allein dafür schon gelohnt, Polizist zu werden. Sonst wäre ich wahrscheinlich niemals mit meiner Traumfrau im Polizeiauto mit Martinshorn und Blaulicht dem Sonnenuntergang entgegengerast.

Das Phänomen, dass sich Pärchen oft in gleichen Berufsgruppen bilden, ist ja allgemein bekannt. Auch, dass es bestimmte Berufe wie Lehrer, Polizisten und Ärzte gibt, in denen es besonders häufig vorkommt, ist kein Geheimnis. Indirekt lässt sich das auch auf Freundschaften übertragen. Über kurz oder lang gehört ein großer Teil des Freundeskreises einer zumindest ähnlichen Berufsgruppe an. Doch wie kommt es eigentlich dazu?

Ich kann es zwar weder wissenschaftlich noch psychologisch belegen und auch nur vom Polizeiberuf sprechen, aber es gibt ein paar Dinge, die zumindest dieses Phänomen bei der Polizei deutlich begünstigen.

Es beginnt bereits mit den seltsamen Arbeitszeiten. Jemand, der im Schichtdienst arbeitet, wird automatisch mehr Verständnis für die Launen und Müdigkeit des Partners aufbringen, die ein Resultat des Schlafmangels sein könnten – den gibt es übrigens gratis zum Gehalt dazu. Auch die Absage von festen Terminen aufgrund von Einsatzlagen wird in einem Freundeskreis mit dem gleichen Berufszweig eher toleriert.

Im Dienst fahren Sie dann fast tagtäglich stundenlang immer wieder mit den gleichen Personen im Auto herum. Sie verbringen im Grunde mehr Lebenszeit mit den Kollegen und Kolleginnen als mit anderen Leuten. Sie stehen auch in Gefahrensituationen füreinander ein und sind dadurch auf den Streifenpartner oder die -partnerin angewiesen. Sie glauben gar nicht, wie sehr gemeinsam erlebte gefährliche Situationen und Einsätze zusammenschweißen. Auch die Leerräume in den Schichten füllen sie automatisch mit persönlichen Erlebnissen und geben dabei unbewusst sehr viel über sich preis.

Und genau so war es auch bei mir. Ich war seit knapp drei Jahren auf Streife, als die besagte Kollegin neu auf meine Dienstgruppe kam. Um sie einzuarbeiten, hatte mein Chef mich die ersten Dienste mit ihr vorgeplant. Ob er damals schon den richtigen Riecher hatte?

Die ersten Wochen vergingen, ohne einen Hintergedanken meinerseits. Mit der Zeit lernte man sich zunehmend besser kennen, und von Dienst zu Dienst stieg auch die Vorfreude, wieder eine Schicht miteinander verbringen zu können. Als hätte unser Chef es geahnt oder provoziert, verbrachten wir vermehrt unsere Schichten und damit auch unzählige Nachtstunden zusammen. Obwohl die Kollegen es bereits ahnten, brauchten wir noch unzählige Blaulichtfahrten und Knöllchen, bis es bei uns »Klick« machte – und nein, es war nicht das Klicken der Handschellen.

Inzwischen glaube ich, dass mein Dienstgruppenleiter nebenbei noch als »Verkuppler« oder »Date-Doktor« arbeitet. Innerhalb weniger Jahre haben sich unter seiner »Führung« fünf Pärchen gebildet. Wenn das mal keine super Quote bei nicht mehr als 15 Mitarbeitern ist.

Bitte lassen Sie sich jetzt aber nicht entmutigen, sich bei der Polizei zu bewerben. Auch als Partner(in) eines Polizisten brauchen Sie keine Angst zu haben. Bei Weitem nicht jeder Polizist geht eine Beziehung mit einer Polizistin oder umgekehrt ein. Viele wollen dies aus gutem Grund gar nicht und führen glückliche Beziehungen mit Personen außerhalb der Firma Polizei.

Ich wollte Ihnen nur aufzeigen, dass die Wahl eines Berufes auch privat zu ungeahntem Glück führen kann und sich Klischees manchmal eben doch erfüllen.

26. GRUND

Weil man keine Feinde mehr braucht, wenn man Kollegen hat

Bekanntlich kann man sich die eigene Familie ja nicht aussuchen. Bei den eigenen Arbeitskollegen ginge das theoretisch schon, praktisch aber nicht. Und so wird man mit dem Bestehen des Auswahlverfahrens bei der Polizei unweigerlich ein Teil der großen Polizeifamilie. Und wie es in Familien nun mal so ist, gibt es alte Traditionen und Bräuche. Es gehört beispielsweise zum guten Ton, den »Neuen« in ihren ersten Praktika auf den Polizeiwachen ein Willkommensgeschenk zu machen. Auch wenn uns Frauen viel mehr Kreativität bei der Planung von Geschenken und Überraschungen nachgesagt wird, so wachsen die männlichen Vertreter meiner Dienstgruppe in solchen Situationen gerne mal über sich hinaus. Eine neue Praktikantin, Kommissaranwärterin Jenny, hatte das »Glück«, ihr erstes Praktikum auf unserer Dienstgruppe absolvieren zu dürfen. Schon viele Tage vorher wurde eifrig der Plan für ihr Willkommensgeschenk vorbereitet. Und dann war es so weit. Nach einer herzlichen Begrüßung und Einweisung ging es zum Streifenwagen. Zusammen mit ihrem Tutor sollte sie vor Dienstbeginn alle Führungs- und Einsatzmittel, inklusive des Polizeiautos, auf die Funktionsfähig- und Vollständigkeit prüfen. Während Jenny am Kofferraum den Unfallkoffer kontrollierte, bat sie ihr Tutor darum, die Blaulichtflüssigkeit zu überprüfen und nachzufüllen. Etwas verwirrt hatte sie ihn daraufhin angeguckt. Da sie ihm nicht widersprechen und sich auch keine Blöße geben wollte – wer möchte das in seinem ersten Praktikum schon –, stellte sie sich in die Fahrertür und betrachtete das Blaulicht. Leicht unschlüssig ging sie zurück in die Wache und fragte den Wachhabenden nach neuer Blaulichtflüssigkeit. Dieser überreichte ihr einen Kanister mit blauer Flüssigkeit. Damit ging sie wieder raus zum Polizeiauto. Zielsicher schraubte sie dann die

Antenne auf dem Blaulicht ab und goss dort so lange die blaue Flüssigkeit hinein, bis sie überlief. Jetzt konnte sich keiner mehr zusammenreißen. Der Tutor und die übrigen Kollegen brachen in Tränen aus vor Lachen. Der geneigte Blaulichtfan unter Ihnen wird wissen, dass unser Blaulicht nicht im geringsten etwas mit blauer Flüssigkeit zu tun hat, sondern es sich nur um LEDs hinter blauem Plastik handelt. Der Wachdienstführer hatte ihr den Kanister mit dem Frostschutzmittel für das Scheibenwischwasser in die Hand gedrückt.

Der armen Jenny war sichtlich anzusehen, dass sie verständlicherweise am liebsten in Grund und Boden versunken wäre.

Um diesen wirklich bösen Streich wiedergutzumachen, hatten wir Frauen im Wachraum einen großen Kuchen und ein Geschenk – eine Kaffeetasse mit Polizeischriftzug und ihrem Namen – für sie vorbereitet. Zusammen mit ihrem Tutor betrat Jenny kurze Zeit später ein bisschen widerwillig den Wachraum.

»Herzlich willkommen bei uns!«, rief ihr die gesamte Mannschaft zu.

»Ich hoffe, du bist uns nicht mehr böse. Durch so etwas mussten die meisten Kollegen hier schon durch. An diesen Tag wirst du dich auch in 20 Polizeijahren noch erinnern«, ergänzte ihr Tutor lächelnd.

Wer Kollegen hat, braucht eben keine Feinde mehr.

So böse manche Streiche unter Kollegen auch sind, eines sollten Sie wissen: Wenn es drauf ankommt, hält die ganze Polizeifamilie immer zusammen!

27. GRUND

Weil die Polizei ein familienfreundlicher Arbeitgeber ist

Ich stelle einfach mal die Behauptung auf, dass es wohl kaum einen besseren und familienfreundlicheren Arbeitgeber als die Polizei gibt. Warum? Ganz einfach: Fürsorge in jeglicher Hinsicht.

Ohne viel um den heißen Brei herumzureden, gucken wir uns einfach mal ein paar Beispiele aus dem Leben eines Arbeitnehmers oder einer Arbeitnehmerin an. Würde da jeder Arbeitgeber so reagieren?

Uns Damen der Schöpfung ist es ja bekanntlich auferlegt, die Freuden und auch das Leid einer Schwangerschaft im wahrsten Sinne des Wortes zu tragen. Stellen Sie sich eine Kollegin vor, die – wie ich – erst seit wenigen Jahren bei der Polizei im Streifendienst arbeitet, vielleicht sogar noch in der Probezeit ist und nun mit Ende 20 schwanger wird. In der freien Wirtschaft käme sie wahrscheinlich nur schwerlich wieder gut in ihren Job zurück und hätte karrieretechnisch deutliche Einbußen. Bei der Polizei ist das nicht der Fall. Kommt die Kollegin aus der Elternzeit zurück, kann sie – sofern gewünscht – nahtlos dort weitermachen, wo sie aufgehört hat. Zudem wird ihre letzte Beurteilung bis zu diesem Zeitpunkt »eingefroren«, sodass auch hier keine Nachteile in puncto Beförderungen bestehen. Sogar die Probezeit läuft weiter!

Sind die Kinder dann erst einmal da, wollen sie auch gepflegt und versorgt werden. Und zwar rund um die Uhr. Sind beide Elternteile berufstätig, wird es zeitlich schon mal eng. Ein Glück, wenn der Partner oder die Partnerin bei der Polizei arbeitet. Durch den Schichtdienst, flexible Teilzeitmodelle – je nach Bundesland kann hier bis auf 16 Stunden reduziert werden – und verschiedene Posten auf der Wache lässt sich hier schnell eine Lösung finden. Kann der eine Elternteil nur vormittags arbeiten, dann bietet sich zum Beispiel die Spätschicht an. Durch eine reduzierte Stundenanzahl kann dann auch oft am Wochenende das Familienglück genossen werden.

In einigen Dienststellen gibt es sogar die Möglichkeit, die Kinder mit zur Arbeit zu nehmen. Dort können sie entweder direkt am Arbeitsplatz im Büro spielen oder werden zentral durch Betreuerinnen bespaßt. Im Streifendienst gibt es diese Möglichkeit allerdings nicht. Aber vielleicht könnte man ja mal über einen Kindersitz auf der Rückbank des Polizeiautos nachdenken.

Auch nach einer langen Krankheit gibt es die unterschiedlichsten und flexibelsten Modelle, nach denen jeder Kollege und jede Kollegin in ihrem Tempo wieder eingegliedert werden kann. Und das Ganze ohne die tägliche Sorge, vielleicht doch entlassen zu werden oder die Stelle zu verlieren. Welcher Arbeitgeber garantiert einem schon einen sicheren Arbeitsplatz, egal was das Leben auch für böse Überraschungen in petto hat?

Natürlich muss man auch hier die Kirche im Dorf lassen. Wer es absichtlich übertreibt und die Gutmütigkeit ausnutzt, muss dann auch gegebenenfalls mit Konsequenzen, die bis zu einer Entlassung reichen können, leben.

Die Polizei ist in unserem Sozialstaat also nicht nur zu den Mitmenschen, sondern auch zu seinen eigenen Untergebenen (meistens) äußerst sozial und gutmütig.

28. GRUND

Weil Polizisten zusammen durch dick und dünn gehen

Eines vorweg: Mit diesem Grund sind natürlich keine gemeinsamen Donut-Exzesse gemeint. Wie käme man auch auf diesen Gedanken?

Wie in einer guten Familie üblich, stehen auch Kolleginnen und Kollegen füreinander ein. Wenn man sich vor Augen hält, dass wir mindestens 41 Stunden in der Woche zusammen in einem Auto sitzen und so fast mehr Zeit mit dem Streifenkollegen oder -kollegin verbringen als mit der eigenen Familie, ist es nicht verwunderlich, dass man sich schon nach kurzer Zeit sehr gut kennengelernt hat. Auch die gemeinsam erlebten teils gefährlichen Einsätze schweißen zusammen. Es braucht daher in vielen Situationen keine Worte mehr, um dem anderen seine Gedanken mitzuteilen, vielmehr genügt ein Blick oder eine Bewegung.

Das Arbeiten als Streifenteam erfordert darüber hinaus ein hohes Maß an gegenseitigem Vertrauen. Denn im schlimmsten Fall hängt das eigene Leben vom »Flügelpartner« ab. Und sind es mal keine gefährlichen Einsätze, tragen die schönen gemeinsamen Spaziergänge durch Parkanlagen, Wälder und über Felder, auf der Suche nach vermissten Personen oder entlaufenen Tieren, zu einem besseren Verhältnis bei. Sind Sie nachts schon mal romantisch im strömenden Regen mit Ihrer Partnerin oder Ihrem Partner durch den Wald »geschlendert«? Nicht? – Dann haben Sie etwas verpasst. Denn nicht nur die Spaziergänge im Sommergang am Feld entlang können schön sein, auch das Gefühl, nass bis auf die Haut zu sein, kann uns nichts.

Unser Vertrauen in die Kollegen ist fast bedingungslos. Wir reagieren auf den Hinweis oder den Ausruf eines Kollegen, ohne dass man sich selbst vorher davon überzeugt hat. Manchmal fällt die Reaktion dabei auch etwas heftig aus:

Eine Kollegin und ein Kollege hatten bei einem bekannten Fast-Food-Imbiss frischen Nachschub geholt, um die Kampfkraft der Dienstgruppe auch im Nachtdienst aufrechtzuerhalten. Während die Kollegin das Polizeiauto eine Landstraße entlanggleiten ließ, betreute der Kollege mehrere Tüten und Milchshakes in seinem Schoß auf dem Beifahrersitz.

»Achtung, Blitze!«

Ohne weitere Sekunden zu verschwenden, reagierte die Kollegin prompt auf den Hinweis des Kollegen und warf den Anker. Mit einer filmreifen Vollbremsung brachte sie das Polizeiauto noch vor der Blitze zum Stehen. Sehr zur Freude der Milchshakes. Diese nutzten doch direkt die Gelegenheit, sich fluchtartig auf der Armatur und der Frontscheibe zu verteilen.

»Was war das?!«

Der Kollege schaute die Kollegin entgeistert an.

»Ich wollte nicht geblitzt werden.«

Wurde sie auch nicht. Und das gemeinsame Reinigen eines Autos fördert ja schließlich auch den Teamgeist.

Hier kommt direkt wieder ein weiterer Vorteil zum Tragen. Geht man mit seinen Kollegen durch dick und dünn, braucht man – wie Sie ja bereits wissen – auch keine Feinde mehr. Er und auch die Kollegin können sich also sicher sein, dass jeder Fauxpas, der ihnen unterläuft, auch an die anderen Kollegen weitergetragen und sich darüber köstlich amüsiert wird.

KAPITEL 4

DER MENSCH HINTER DER UNIFORM

29. GRUND

Weil Polizisten jederzeit bereit sein müssen zu schießen

Ein tiefer Blick in die braunen Augen, ich zögere, richte die Waffe noch einmal neu aus. Mein Gegenüber scheint zu ahnen, was jetzt gleich passieren wird. Die kalte und sternenklare Nacht wird von dem monotonen Aufflackern des Blaulichtes am Streifenwagen hinter mir begleitet. Weit und breit ist niemand zu sehen. Ich stehe im nassen Gras. Die Pistole liegt fest in meiner Hand. Die dunklen Augen gucken mich wieder ängstlich an. Ich kann das Rasen seines Herzens im Brustkorb sehen. Mein Gehirn sendet einen Impuls – ich habe schon viel zu lange gewartet –, ich spüre den Abzug meiner Pistole an der Spitze meines Zeigefingers der rechten Hand. Mein Finger krümmt sich langsam und stetig. Der Druckpunkt meines Abzuges ist erreicht. Noch ein kleines Stück weiter, und der Schuss ... – ein lauter Knall durchbricht die nächtliche Stille – schrille Laute entweichen ihm. Die braunen Augen drehen sich seitlich weg, der Kopf macht eine unnatürliche seitliche Bewegung, und die Atmung beschleunigt sich noch einmal. Ein letztes Krampfen des Körpers, bevor sich die Stille wieder wie ein Vorhang über die Nacht legt.

Ich merke, wie ich immer noch mit meiner Waffe im Anschlag auf das Reh ziele, während mir ein schwer zu beschreibender Geruch nach verbranntem Pulver in die Nase steigt.

Mein erster Schuss auf ein Lebewesen!

Auf dem Schießstand hatte man es Dutzende Male geübt, es kam einem schon fast leicht vor. Die Pistole war inzwischen zu einer Art Werkzeug oder alltäglichem »Küchengerät« geworden. Doch jetzt wurde mit meinem Betätigen des Abzuges ein Leben beendet. Ich atmete fest aus. Zum Glück war es kein Mensch gewesen! Noch vor Beginn meiner Ausbildung hatte ich lange Zeit über den Tod und einen möglichen Schusswaffengebrauch nachgedacht. Ein Gedanke, den man nur allzu gerne verdrängen würde. In meinem Kollegenkreis gab es mehrere, die bereits ihre Waffe gegen einen Menschen mit teils tödlichem Ausgang richten mussten. Obwohl sie danach äußerlich unbeeindruckt schienen, merkte man ihnen in einigen Momenten die innerliche Last an, die sie seitdem zu tragen hatten.

Wie in einem schlechten Film werde ich durch den langsam einsetzenden Regen aus meinen Gedanken gerissen.

»Ist es vorbei?«, hörte ich meine Kollegin rufen.

»Ja, du kannst kommen.«

Das Reh war kurz vor unserem Eintreffen von einem flüchtigen Autofahrer angefahren und liegen gelassen worden. Es hatte so schwere Verletzungen davongetragen, dass es von Schmerzen gequält nur noch auf seinen Tod warten konnte. Wir hatten zuvor vergeblich versucht, einen Jäger zu erreichen. Aber dieser war nicht »verfügbar«. Uns war klar geworden, dass das Reh von seinen Qualen erlöst werden musste.

Irgendwann würde der Tag für die erste Schussabgabe gekommen sein. Jetzt war es so weit gewesen. Auch wenn es sich um keinen Menschen gehandelt hat, so muss man sich trotzdem damit abfinden, dass man einem Leben eigenmächtig ein Ende gesetzt hat.

Vor der geplanten Schussabgabe mussten wir sichergehen, dass sich keine Menschen im unmittelbaren Nahbereich befanden. Zudem informierten wir unsere Leitstelle über die Maßnahme. Es war davon auszugehen, dass kurz nach dem Schuss die ersten aufmerksamen Mitmenschen den Notruf wählen würden.

Nachdem das Reh nun regungslos im Straßengraben lag, verdeckten wir es mit ein paar Zweigen, sodass nicht jeder Autofahrer und Fußgänger es entdecken würde. Anschließend wurde mit Kreide ein »X« auf die Fahrbahn als Markierung für den Jäger gesprüht, sodass er das Reh nachher gut finden würde.

Nach einem letzten Blick auf das Reh zog ich meine Handschuhe aus und ging langsam zurück zum Streifenwagen. Während ich dabei noch mal die Situation Revue passieren ließ und gezwungenermaßen weiter über eine Schussabgabe auf einen Menschen nachdachte, dröhnte mir aus dem Fahrzeug bereits ein Funkspruch entgegen.

»Massive Streitigkeiten bei Familie Weber, Herzogstraße 5. Körperliche Übergriffe seitens des Mannes zu erwarten. Ihr seid vorgeplant.«

»Verstanden«, quittierte meine Kollegin.

Es ist doch paradox, hier endete gerade durch einen Unfall ein Leben und an anderer Stelle arbeitet jemand vorsätzlich daran, ein gesundes Leben zu zerstören.

Ich beschleunigte meine Schritte. Einsatz abgeschlossen ...

Wer offiziell eine Waffe trägt, im Fall von Polizisten sind es Pistolen und Maschinenpistolen, muss auch bereit sein, diese einzusetzen. Mit allen (rechtlichen) Konsequenzen. Jeder Polizist, der eine Waffe zieht und auf ein Ziel richtet, muss sich vorher in Bruchteilen von Sekunden über die Rechtmäßigkeit seines möglichen Schusswaffengebrauches bewusst werden. Diesen muss er nämlich später, nicht nur vor sich selbst, verantworten. Durch die Judikative wird das Handeln von Polizisten in solchen Situationen im Nachhinein dezidiert beleuchtet und beurteilt.

Eine Waffe zu tragen ist daher nicht nur einfach »cool«, sondern bringt auch eine enorme Bürde mit sich. Dessen sollte man sich als Polizist stets bewusst sein.

30. GRUND

Weil Polizisten einen hohen Gerechtigkeitssinn haben

»Die Hälfte der Pizza ist für mich, und die andere Hälfte können sich meine drei Geschwister teilen.«

Als Kind war das in meinen Augen gerecht. Ich war der Älteste von uns vier Kindern, also stand mir auch das größte Stück der

Pizza zu. Schließlich muss man ja auch aufpassen, dass man nicht zu kurz kommt.

Der eigene Gerechtigkeitssinn entwickelte sich unter uns Geschwistern dann so weit, dass vor dem Essen auch jede einzelne Nudel auf dem Teller gezählt werden musste. Schließlich konnte es ja nicht angehen, dass jemand mehr bekam als der andere. Es sei denn, auf dem eigenen Teller waren ein paar mehr Nudeln. Meine (Groß-)Eltern hatten es schon nicht leicht mit uns. War ich damals etwa schon ein kleiner »Korinthenkacker«, wie man uns Beamte ja gerne mal betitelt? Vielleicht ... Dank meiner Geschwister habe ich schon relativ früh meinen persönlichen Sinn für Gerechtigkeit entwickelt, auch wenn dieser eher auf meinen eigenen Vorteil gemünzt und wahrscheinlich nur für mich selbst gerecht war. Natürlich kam ich als Heranwachsender mit diesem Sinn für Gerechtigkeit nicht mehr weiter. Schließlich ging es inzwischen um mehr als nur mein Taschengeld und den Essensvorteil gegenüber meinen Geschwistern. Überall gab es Grenzen für meine Gerechtigkeit. Sei es ein Gesetz, verschiedene Sitten oder auch eine soziale Komponente gewesen. Mit der Zeit hatte sich bei mir ein gutes Gespür für Recht und Unrecht entwickelt, und trotzdem stand ich im Dienst beinahe täglich wieder neu vor der Frage: Ist das gerecht? Natürlich weiß man als Polizist, ob etwas erlaubt oder verboten ist. Doch nur weil etwas rechtens ist, ist es noch lange nicht gerecht. Klingt zugegeben schon fast so, als hätte ich es von einem Philosophen abgeschrieben, aber zu dieser ernüchternden Erkenntnis kommt man bei der Polizei zwangsläufig. In vielen Einsätzen gerät man in einen Zwiespalt zwischen Recht und Gerechtigkeit.

Dieses Problem beginnt schon bei einem simplen Verkehrsunfall:

Sie sind mit Ihrem Auto unterwegs, und plötzlich reißt Sie ein lautes »Plock« aus Ihren Gedanken. Im Rückspiegel sehen Sie das Malheur. Der Seitenspiegel eines geparkten Autos liegt auf der Straße. Wie es sich gehört, rufen Sie selbstverständlich die Polizei und warten danach geschlagene 30 Minuten auf die Polizisten. Die nehmen Ihre Personalien auf, bedanken sich für Ihre Ehrlichkeit und bieten Ihnen im selben Atemzug ein Verwarngeld für die »Verursachung eines Verkehrsunfalls« an. Das hört sich nicht nur unfair an, es ist es auch. Obwohl Sie schon so ehrlich waren und zu Ihrem Fehler stehen, werden Sie neben dem eigentlichen Schaden noch zusätzlich zur Kasse gebeten. Gerecht ist das wohl nicht, da stimmt Ihnen jeder Polizist zu. So ungern wir es auch tun, aber das Gesetz – welches ja eigentlich gut ist – sieht keine »Belohnung« für Ehrlichkeit vor, leider!

Es ist nicht gerecht, dass einige Menschen viel und andere wenig haben. Aber derjenige, der wenig hat, hat trotzdem nicht das Recht, sich beim anderen zu bedienen. Auch nicht, wenn man es »Sozialshopping« nennt. Dieses Robin-Hood-Prinzip scheint bei einigen Mitbürgern aber das Verständnis von Gerechtigkeit zu sein.

Was, denken Sie, passiert mit dem Einbrecher, der sich auf Ihre Kosten bereichert hat? Wenn alles gut läuft, wird er dank Ihrer Hinweise von der Polizei gejagt und verhaftet. Obwohl ihm die Tat (eindeutig) zuzurechnen ist, kommt es trotzdem vor, dass er kurze Zeit später wieder auf freiem Fuß ist. Ist das fair? Fragwürdig, aber es ist rechtens.

So »ungerecht« die Gesetze und Vorschriften subjektiv manchmal sein mögen, nur durch sie ist ein vernünftiges Zusammenleben möglich. Und um genau den Bereich zwischen Recht und Gerechtigkeit möglichst klein zu halten, bin ich Polizist geworden.

31. GRUND

Weil Polizisten die besseren Liebhaber sind

Seien wir mal ehrlich, einen Großteil unseres Lebens verbringen wir damit, den perfekten Liebhaber beziehungsweise die perfekte

Liebhaberin zu finden. Im Gegensatz zu früher sind die Möglichkeiten, Mrs oder Mr Right kennenzulernen, riesig geworden und schon fast unüberschaubar. Wie soll man da noch durchblicken? Und vielleicht soll es ja auch gar keine feste Beziehung sein, sondern nur ein bisschen Spaß oder Abwechslung.

Machen Sie es sich bei der Suche nicht so schwer. Die besten Liebhaber(innen) fahren tagtäglich mit silber-blauen Autos und der Aufschrift »Polizei« an Ihnen vorbei.

Im Gegensatz zu Feuerwehrleuten, Astronauten oder Piloten kann die Polizei für beide Geschlechter Abhilfe schaffen. Durch einen inzwischen ausgewogenen Anteil an Weibchen und Männchen werden Sie bei der Polizei auf jeden Fall fündig.

Ein weiterer Vorteil liegt auch klar auf der Hand: Polizistinnen und Polizisten sind immer für Sie da, rund um die Uhr. Nachts schlafen wir im Gegensatz zu anderen Lebensrettern nicht, sondern sorgen für Ihre Sicherheit. Wir sind sozusagen allzeit bereit. Durch unseren Schichtdienst lassen sich Dates auch zu ungewöhnlichen Zeiten arrangieren. Dank unserer guten Ortskenntnis können Sie sich sicher sein, dass Sie an ganz besondere und romantische Orte entführt werden. Auch bei der Wahl eines guten Restaurants kann man sich entspannt auf uns verlassen, schließlich kennen Polizisten immer die beste »Pommesbude«.

Bei der Partnerwahl möchte man außerdem ungern an Leute geraten, die ständig dabei sind, ihre Komplexe zu kompensieren. Während Feuerwehrleute versuchen, mit riesigen Autos und langen Schläuchen Eindruck zu machen, fährt die Polizei normale Autos, wie jeder andere auch. Wir müssen uns auch nicht zu jeder Tages- und Nachtzeit mit Blaulicht und Sirene präsentieren, sondern kommen in den etwas privateren Momenten auch ohne »Special Effects« ans Ziel.

Kommen wir zum Thema Kleidung: Kleider machen ja bekanntlich Leute und sind auch immer Geschmackssache. Egal welchen Geschmack oder welche Vorstellungen Sie haben, bei einem Polizisten oder einer Polizistin sind Sie immer richtig. Vom schicken Hemd mit Krawatte, Sakko und Anzughose bis hin zum lockeren T-Shirt mit Pullover oder einer modischen Outdoor-Kombi in Form eines Einsatzanzuges ist alles vorhanden. Sie haben die Wahl. Und auch wenn unsere Kleidung nicht feuerfest ist, so ist sie zumindest feuerhemmend und hochgradig funktionell. Manchmal ist dort mehr verstaut, als es den Anschein hat.

Ausrüstungstechnisch sind wir natürlich in puncto »lange Schläuche« und »große Autos« unseren roten Kollegen unterlegen, dennoch tragen wir alles am Mann beziehungsweise an der Frau, was man so braucht. Selbst auf eine fesselnde Liebesnacht sind Polizisten vorbereitet – aber seien Sie vor dem »Colt« auf der Hut, nicht, dass sich ungewollt ein Schuss löst.

Wenn ein Polizist einmal etwas begonnen hat, dann bringt er seinen Einsatz auch zu Ende. Wir löschen nicht nur kurz die lodernden Flammen, lassen halb fertig alles liegen und verabschieden uns dann. Im Gegenteil, die Polizei bleibt immer bis zum Ende vor Ort und räumt sogar noch mit auf.

Bei allem Spaß, natürlich habe ich großen Respekt vor der Arbeit der Feuerwehr. Ich würde den Job nicht machen wollen und bin froh, dass es sie gibt. Aber wen rufen Feuerwehrleute, wenn alles außer Kontrolle gerät? – Die Polizei.

Genug der Worte. Am besten, Sie überzeugen sich selbst, dass Polizisten und Polizistinnen die besseren Liebhaber(innen) sind.

Übrigens, nicht nur der durchtrainierte, sondern auch der etwas schläfrige und voluminösere Kollege ist ein guter Lieb-Hab-Bär.

32. GRUND

Weil man die Farbplaketten auf den Kennzeichen liebt

Es mag sicherlich skurril klingen, aber als Polizist entwickelt man eine gewisse Zuneigung oder gar Liebe zu den kleinen farbigen und runden Dingern, die auf den Autokennzeichen kleben. Der eine mehr, der andere weniger. Aber kein Polizist kann sich davon freisprechen. So erwische ich mich beispielsweise fast täglich dabei, wie ich mein Auto abstelle und beim Gang über den Parkplatz förmlich jedes Kennzeichen auf die kleinen farbigen TÜV-Plaketten scanne. Dabei macht es zum Leidwesen des Partners auch keinen Unterschied, ob man gerade im Dienst oder privat unterwegs ist. Aussagen wie »Guck mal da, das Auto ist schon sechs Monate überfällig. Und hier, fast ein Jahr!« werden inzwischen gekonnt durch ein zustimmendes Lächeln quittiert. Und das reicht uns Vollblutpolizisten oftmals schon aus. Unsere Feststellungen wurden zur Kenntnis genommen.

Widmen wir uns wieder den Plaketten. Der erste Blick gilt der Farbe der Plakette. Jedes Jahr besitzt dabei seine eigene Farbe, die sich alle vier Jahre wiederholt. Stimmt die Farbe mit dem aktuellen oder dem vergangenen Jahr überein, lässt sich der Ablaufmonat schnell anhand der schwarzen Markierung feststellen. Diese zeigt wie ein Uhrzeiger immer den entsprechenden Monat an. So ist es auch während der Fahrt relativ einfach, die Plaketten zu überprüfen.

Doch wie kommt es zu solch einer engen Affinität zu den TÜV-Plaketten? Eine abgelaufene Plakette, also die fehlende gültige Untersuchung des Autos oder Motorrades beim TÜV, stellt eine Verkehrsordnungswidrigkeit dar. Was bei uns wiederum umgangssprachlich als »Tätigkeit« bezeichnet wird. Von diesen sollte jeder Schutzmann und jede Schutzfrau – und auch das ist kein Geheimnis – eine gewisse Anzahl in seiner Arbeitswoche vorweisen können. Man mag es vielleicht als Arbeitsnachweis oder Geldeintreiberei bezeichnen, aber im Grunde liegt es den meisten Polizisten doch im Blut, hier und da mal ein Knöllchen zu schreiben. Für unseren Dienstherrn, also den Innenminister, hat es den charmanten Vorteil, dass so auch ein bisschen Geld in die ewig leeren Taschen kommt.

»Aha! Also doch Abzocke, damit Vater Staat seine Haushaltslöcher stopfen kann. Und ich als armer Bürger muss dafür bluten!«

Nicht nur Sie werden sich das gerade beim Lesen gedacht haben, auch alle anderen Verkehrsteilnehmer und Mitbürger teilen uns täglich diese Meinung bei Verkehrskontrollen mitunter lautstark mit. Doch ist das wirklich so? Es ist natürlich nicht von der Hand zu weisen, dass Verwarn- und Bußgelder für die Kommunen und das Land eine von vielen Einnahmequellen sind. Doch es gibt einen weiteren und für mich als Polizist viel wichtigeren Aspekt, auf welchem ich auch mein Handeln begründe. Nicht nur ich, sondern wahrscheinlich auch Sie und jeder andere möchte wohlbehalten durch den Straßenverkehr kommen und nicht von einem Auto umgefahren werden, nur weil der Fahrer gerade eine SMS schreiben musste oder weil die Bremsen nicht mehr funktioniert haben. Und genau deshalb werden in Deutschland, im Gegensatz zu vielen anderen Ländern, alle Autos und Motorräder einer technischen Überprüfung beim TÜV unterzogen und Autofahrer, die sich nicht auf den Straßenverkehr konzentrieren, mit einem teils saftigen Denkzettel ermahnt. Da wir als Polizisten nicht jedes Auto immer genau unter die Lupe nehmen können, helfen uns die kleinen farbigen Plaketten enorm dabei, potenziell gefährliche Autos gezielt aufs Korn zu nehmen. Und seien wir mal ehrlich zu uns selbst: Das gesprochene Wort eines Polizisten ist bei Weitem nicht so wirkungsvoll wie der Griff in die eigene Brieftasche, oder?

Aber egal ob gefühlte Abzocke oder nicht, wir Polizisten gehen für Ihre Sicherheit diese enge Beziehung mit den farbigen Plaketten auf Ihren Kennzeichen ein.

33. GRUND

Weil Polizisten die »besseren« Autofahrer sind

»Was soll mir schon passieren? Ich sitze in einem Polizeiauto!«

»Sind denn alle zu blöd, Platz zu machen, wenn ich das Horn anhabe?«

»Natürlich kann ich gut Auto fahren. Guck dir doch mal die anderen Pfosten an!«

Haben Sie mal einen Polizisten nach seinen Fahrkünsten gefragt? – Gottgleich!

Ich kenne kaum einen Kollegen, der nicht von sich behaupten würde, ein hervorragender Autofahrer zu sein. Selbst die Kolleginnen – mich eingeschlossen – halten sich für die perfekten Fahrerinnen.

Doch was macht einen guten Autofahrer eigentlich aus? Mit 100 km/h durch die Innenstadt und über rote Ampeln zu rasen? Schade, wenn man dann bei der nächsten Kurve die Kontrolle über sein Fahrzeug verliert. Auch wenn viele Polizisten denken, dass einem im Polizeiauto nichts passieren könne, so kann ich aus eigener Erfahrung sagen: Auch Polizeiautos gehen kaputt und kommen nicht gegen Bäume an. Obwohl wir während einer Verfolgungsfahrt damals nur mit knappen 25 km/h frontal in einen Baum gerutscht waren, kam mir der Aufprall doch schon relativ heftig vor. Gott sei Dank hatten wir uns nicht ernsthaft verletzt. Unser Auto hingegen musste für mehrere Tage »stationär« behandelt werden.

Polizistinnen und Polizisten sind sicherlich nicht immer die besseren Autofahrer, dennoch genießen wir regelmäßige Fahrtrainings. Solche Trainings können Sie in etwa mit denen des ADACs vergleichen. Es geht immer darum, ein Gefühl für das Verhalten des Fahrzeuges zu bekommen und sensibel für die Einschätzung von Geschwindigkeiten zu werden. Denn nichts ist verheerender, als die eigene Geschwindigkeit zu unterschätzen.

Vor Kurzem durfte ich von meiner Behörde aus an einem mehrwöchigen Fahrtraining teilnehmen. Dort wurde uns eindrucksvoll demonstriert, wie sich der Bremsweg bei unterschiedlichen Geschwindigkeiten verändert und dass nur zwei km/h zwischen Leben und Tod entscheiden können.

Zu Beginn galt es, unser fahrerisches »Können« selbst einzuschätzen und dementsprechend auch die verschiedenen Übungen zu bewältigen. Wie Sie sich denken können, hatten wir uns alle gnadenlos überschätzt, wobei man bei uns Frauen ja sowieso von Anfang an damit gerechnet hatte. So waren entsprechende Abflüge aus den Kurven in Richtung Kiesbett, Drehungen im Slalom und zertrümmerte Pylone vorprogrammiert gewesen. Diese Erlebnisse waren aber von unseren Trainern gewollt, um uns die tatsächlichen Grenzen unseres Könnens aufzuzeigen.

Doch bei all den Fahrtrainings gilt auch bei der Polizei der alte Spruch: Was Hänschen nicht lernt, lernt Hans nimmermehr. Und das gilt auch für Frau Hans. Wer keine Begabung zum Autofahren hat, wird sie auch nicht durch die Uniform und das Polizeiauto bekommen. Mal hapert es beim Rückwärts-Einparken oder auch beim technischen Verständnis für das Auto. Wer im Kofferraum einsteigt und losfahren möchte, hat wohl noch ein paar Handhabungsschwierigkeiten. Dieses Beispiel ist bei dem Fahrtraining so ähnlich leider wirklich passiert. Obwohl das Fahrtraining für den Kollegen – ich betone, es war keine Kollegin – ab diesem Zeitpunkt beendet war und er von nun an mit einem blau-silbernen Bobby-Car unterwegs ist, hatten wir immerhin etwas zu lachen.

Wo ich vorher dachte, dass ich eine gute Autofahrerin sei, musste ich erkennen, dass ich – übertrieben gesagt – im Grunde hinter dem Lenkrad nur in der Amateurliga gespielt habe. Obwohl ich dort viel dazugelernt habe und nun wahrscheinlich eine deutlich »bessere« Autofahrerin bin, weiß ich, dass man nie der perfekte Autofahrer werden kann. Fehler im Straßenverkehr werden wir alle immer wieder machen. Schließlich sind wir auch nur »Menschen«

oder, wie mein Fahrtrainer gesagt hat, »Neandertaler« hinter dem Steuer.

Gut ist und bleibt eben immer nur relativ.

34. GRUND

Weil Polizisten wirres Zeug reden

»16/31 VU-P Landstraße 93, SWR frei, RTW und NAW sind unterwegs.«

»Verstanden, Anzahl der VT?«

»EB.«

Sie verstehen bei diesem Funkspruch nur Bahnhof? Keine Sorge. Willkommen bei der Polizei.

So wie sich mit der Zeit unterschiedliche Dialekte im deutschen Sprachraum gebildet haben, hat sich auch bei der Polizei eine gewisse Sprachvarietät entwickelt. So besteht das Polizeideutsch größtenteils aus mehr oder weniger sinnvollen Abkürzungen. Das Erlernen des Polizeidialektes benötigt grundsätzlich mehrere Jahre und hat seine Tücken. Grammatikalische Gesetzmäßigkeiten der deutschen Sprache finden nämlich mitunter keine Anwendung oder werden nur in abgewandelter Form verwendet. Wundern Sie sich also nicht, wenn es Ihnen nicht möglich ist, dem Gespräch zweier Polizisten zu folgen. So wie viele Berufszweige, hat auch die Polizei ihr eigenes »Fachchinesisch«.

Beginnen wir an dieser Stelle mal damit, den eingangs angeführten Funkspruch zu übersetzen:

»16/31« ist, wie Sie bereits wissen, der Rufname des Polizeiautos. Die Abkürzung »VU« lässt sich ebenfalls noch leicht herleiten und steht für Verkehrsunfall. Das »P« hinter dem Verkehrsunfall bedeutet »Personenschaden«. Bei Unfällen mit Personenschäden eilen Rettungskräfte und Polizei immer mit Blaulicht und Sirene herbei.

Und genau das meint »SWR frei«. Der Kollege auf der Leitstelle gibt damit die Erlaubnis, »Sonder- und Wegerechte« zu nutzen. Immer wenn ein Polizeiauto Blaulicht und Horn eingeschaltet hat, wird Verkehrsteilnehmern damit signalisiert, dass wir uns gerade über die Vorschriften der Straßenverkehrsordnung hinwegsetzen und freie Bahn geschaffen werden soll – dazu aber später im Buch mehr. »RTW« und »NAW« sind von der Feuerwehr übernommene Abkürzungen und bezeichnen den Rettungs- und Notarztwagen. Bei der Nachfrage nach der Anzahl der »VT« möchte die Streifenwagenbesatzung wissen, wie viele Verkehrsteilnehmer in den Unfall verwickelt sind. Die Antwort »EB« (eben Blättern) bekommen wir immer dann zu hören, wenn der Kollege gerade nicht antworten kann oder erst nachgucken muss.

Wenn man als Polizist auf Familienfeiern von seinen Einsätzen erzählt, fallen einem nach kurzer Zeit zwangsläufig Fragezeichen in den Augen der gespannten Zuhörer auf. Beim Abendessen mit der ganzen Familie berichtete ich von meinem Arbeitstag.

»Heute hatten wir wieder so 'ne durchgedrehte Hilo.«

Während ich für mich eigentlich keinen speziellen Polizeibegriff verwendet hatte, konnte meine Familie mit dem Wort »Hilo« (hilflose Person) rein gar nichts anfangen. Für mich ist der Begriff inzwischen so normal, dass ich ihn auch in der Freizeit gerne mal verwende:

»Oh Mann, was für 'ne Hilo an der Kasse.«

Wir benutzen aber auch Wörter, die es im deutschen Sprachgebrauch in dieser Form gar nicht gibt. Zum Beispiel wird das Wörtchen »abgeparkt« mehrmals täglich bei VBs (Verkehrsbehinderungen) verwendet.

Die interne und wahrscheinlich im Laufe des Dienstlebens mal von jedem Kollegen und jeder Kollegin in einem offiziellen Schreiben benutzte Klausel »Ich bin bereit zu zahlen« wird bei uns nur liebevoll »ibbzz« abgekürzt. Dieser Satz ist im Grunde genommen nichts anderes als ein Schuldeingeständnis:

»Ja, ich habe es – wahrscheinlich den Dienstwagen – kaputt gemacht und bin bereit, den Schaden zu begleichen.«

Wenn Sie noch tiefer in die Materie gehen und Polizeideutsch erlernen möchten, hilft Ihnen bestimmt das Wörterbuch *Deutsch – Polizei Polizei–Deutsch* weiter.

Hier sind noch einige Abkürzungen, die Ihnen vielleicht bei einer freudigen Begegnung mit der Polizei zu Ohren kommen könnten:

VG = Verwarngeld
OWI = Ordnungswidrigkeit
HG = Häusliche Gewalt
DGL = Dienstgruppenleiter
VK = Verkehrskommissariat oder Verkehrskontrolle
ZK = Zahlkarte
UB = Unfallbeteiligter

Sie können sich also vorstellen, was ein Unbeteiligter von einem Gespräch mehrerer Polizisten untereinander verstehen wird – rein gar nichts.

35. GRUND

Weil Polizisten die besseren Verbrecher sind

Strebt man eine Karriere als Berufsverbrecher oder Schurke an, lässt sich diese am einfachsten entweder mit einem Studium bei der Polizei oder einer Ausbildung bei Gru aus dem Film *Ich, einfach unverbesserlich* realisieren. Nach einigen Jahren bei der Schmiere wissen Sie nicht nur um deren Taktik und Vorgehen, Sie haben auch gelernt, welche Fehler die findigen Bösewichte gemacht haben und womit sie letzten Endes überführt wurden. Klingt das verlockend? Ja? – Dann lassen Sie es besser.

Wie in jedem Film gewinnt auch hier über kurz oder lang am Ende immer das Gute. Und als Polizist möchten Sie sicherlich nicht im Gefängnis landen. Sie können sich vorstellen, was man dort mit Ihnen macht, wenn man herausbekommt, was Sie von Beruf waren.

Trotzdem erfordert der Polizeiberuf natürlich ein gewisses Maß an krimineller Energie. Es gibt sicherlich keinen besseren Polizisten als den, der sich in die Situation eines Verbrechers versetzen kann. Das Wissen um die Vorgehensweise von Einbrechern, Taschendieben und Wirtschaftskriminellen bietet dann selbstverständlich auch die Möglichkeit, deren Vorgehen zu analysieren und zu »perfektionieren«. Wird dieses Wissen dann im Sinne der guten Sache gegen die dunkle Seite der Macht verwendet, haben Sie den perfekten Polizisten vor sich.

Leider gibt es immer wieder einige, die den Versuchungen des Bösen erliegen und ihren Beruf dazu nutzen, sich an dem Hab und Gut anderer zu bereichern. Zwei Kollegen hielten sich dabei für besonders clever und brachen während ihres Dienstes mehrfach in Bürogebäude ein. Kam es dann zu einem Alarm, waren sie immer die Ersten vor Ort. So wunderte sich zu Beginn auch niemand, dass ihre Fußabdrücke an jedem der Tatorte zu finden waren. Wie es aber immer so ist, steigt »Kommissar Zufall« irgendwann in die Ermittlungen ein. So auch hier. Durch einen Zufall wurden die beiden bei einem Einbruch durch einen Hausmeister beobachtet. Da sie auch in diesem Fall wieder als erstes Einsatzmittel – also als erster Polizeiwagen – am Tatort waren, maß man den Aussagen des Hausmeisters zu Beginn natürlich keine große Bedeutung zu. Der Sachbearbeiter des Kriminalkommissariats wurde allerdings hellhörig. Seltsamerweise waren die beiden Kollegen bei fast allen Büroeinbrüchen immer als Erste am Tatort, und jedes Mal waren Fußabdrücke von Polizeischuhen in den Räumen zu finden. Einige Monate später fanden sich Dumm und Dümmer dann auf der Anklagebank wieder. Noch bevor man beschlossen hatte, die beiden genauer »im Auge« zu behalten, wurden sie von einer Kamera bei einem Einbruch gefilmt. Die Kamera war allerdings keine offizielle Kamera der Firma gewesen. Vielmehr stammten die Aufnahmen von einer Kamera im Bücherregal aus dem Büro des Vorstandes. Seine Frau hatte sie dort heimlich platziert, um dessen Liaison mit der Sekretärin zu dokumentieren. Die Wege des Zufalls sind manchmal unergründlich.

Am Ende hatten die beiden weder einen Profit aus ihren illegalen Machenschaften noch einen Job. Das kommt davon, wenn man gieriger ist, als die Polizei erlaubt.

36. GRUND

Weil Polizisten ein spezielle Spezies sind

»Oohhhh, schau mal, was für ein schöner Vollmond!«

Eine Polizistin oder einen Polizisten werden Sie jetzt an der Reaktion auf diese freudige Aussage erkennen:

»Nicht schon wieder!«

Während man sich für gewöhnlich an einem schönen satten Vollmond erfreut, bedeutet es für Ordnungshüter nur eines: Arbeit, viel Arbeit. Vollmondnächte scheinen bei vielen zu einem Kurzschluss im Gehirn zu führen. Gefühlt hat man als Polizist in solchen Nächten nur noch mit Verrückten zu tun. Von einem wolfsheulenden Menschen mitten auf dem Marktplatz bis hin zu Ruhestörungen, bei denen einem eine vollkommenen nackte Frau mit einer Zigarettenschachtel auf der Nase die Tür öffnet und, während Männer nur mit weißen Unterhemden bekleidet hinter ihr in der Wohnung umherlaufen, zu Ihnen sagt:

»Egal, was Sie denken, ich bin hier noch die Normalste.«

Willkommen in einer gewöhnlichen Vollmondnacht.

Wenn die Angehörigen der Polente in ihrem Freundes- und Bekanntenkreis sich nicht schon durch das Thema »Vollmond« geoutet haben – probieren Sie es wirklich einmal aus, jeder Polizist wird bei dem Thema so reagieren –, erkennen Sie Polizisten auch an ihren relativ nüchternen und sachlichen Betrachtungsweisen. Das bedeutet allerdings nicht, dass jeder Lebenspartner automatisch Polizist ist, nur weil er keine Emotionen zeigt. Vielleicht ist er auch einfach nur ein Mann? Wenn dieser allerdings ständig einen Kugelschreiber dabeihat (schließlich führt ein guter Polizist immer ein Schreibgerät bei sich) und beim gemeinsamen Einkaufsbummel wie eine leere Hülle wirkt (denn muss er ja sein Umfeld im Auge behalten), könnten Sie es doch mit einem Ordnungshüter zu tun haben. Dessen können Sie sich dann ganz sicher sein, wenn er wie eine gesengte Sau Auto fährt und einfach überall parkt – schließlich ist die Polizei immer im Einsatz.

Auch intern sind Polizisten so manches Mal etwas gewöhnungsbedürftig. Selbst nach ein paar Jahren in diesem Verein kann man bei der fehlenden Sinnhaftigkeit mancher Sachen nur schmunzelnd den Kopf schütteln. Seit ich bei der Polizei bin, wurden Gerichtstermine in den Dienstvorplanungen immer mit der Abkürzung »GT« eingetragen. Vor Kurzem musste das aufgrund möglicher sexueller Anspielungen allerdings geändert werden. Wieso, fragen Sie sich? – Jemand hatte sich beschwert. Die Abkürzung »GT« könne nämlich auch für das Wort »Geschlechtsteil« stehen – was ja in diesem Zusammenhang ja auch sehr viel Sinn machen würde. Seitdem müssen Gerichtstermine – nicht lachen – nun mit der Bezeichnung »G.« eingetragen werden. Diese Abkürzung steht natürlich viel weniger mit sexuellen Anspielungen in Verbindung ... Mal sehen, wie lange es dauert, bis dann auch jemandem dieser Fauxpas auffällt und wie man die Verschlimmbesserung noch weiter auf die Spitze treiben kann.

KAPITEL 5

DAS GEWISSE ETWAS

37. GRUND

Weil Polizisten eine Waffe tragen

Knarre, Schießeisen, Plempe, Püsterich oder auch Wumme sind beliebte Bezeichnungen unter den Kollegen für unsere Dienstpistole, die Walther P99 DAO. Im ungeladenen Zustand ist sie mit einem Gewicht von 0,685 Kilo und einem Kaliber von 9×19 Millimeter in Nordrhein-Westfalen die Standarddienstwaffe für alle Kollegen und Kolleginnen im Wachdienst. In anderen Bundesländern werden ähnliche Waffen mit dem gleichen Kaliber eingesetzt. Lediglich die jeweiligen Spezialeinheiten verfügen über weitere modifizierte Ausführungen und andere Waffen. Wie Sie sich denken können, darf und möchte ich an dieser Stelle darauf nicht genauer eingehen.

Jeder Polizeibeamte bekommt zu Beginn seiner Ausbildung eine bestimmte Waffe zugewiesen. Diese wird dabei nicht nur durch Individualnummern dem jeweiligen Kollegen zugeordnet, sie wird meist auch in der Ausbildung durch ihren Träger getauft. So erhielt mein rauchender Colt den Namen »Anna«. Seltsamerweise geben auch die Kolleginnen ihren Pistolen fast nur weibliche Namen.

Meine Anna begleitet mich nun schon einige Jahre und bedarf natürlich, wie jede Dame, einer regelmäßigen Pflege und Fürsorge. Dazu zählt auch das regelmäßige Training im Umgang mit ihr. So ist jeder Polizeibeamte, der eine Waffe tragen darf, dazu verpflichtet, jährlich bestimmte Leistungsnachweise zu erbringen. Bringt er diese nicht, muss er mit einem Lolli, einer Banane – die passt übrigens wirklich gut in das Holster – oder einer Schokoladenpistole auf Streife. Spaß beiseite, für den wirklich seltenen Fall, dass jemand nach einem Jahr die Prüfungen trotz Wiederholung nicht besteht, darf er sein gutes Stück vorerst nicht mehr bei sich tragen und muss hinter den Schreibtisch.

In der Ausbildung ist das Schießtraining eine der spannendsten und aufregendsten Sachen. Sie können sich vorstellen, wie sehr das

Herz pocht, wenn man seine Waffe ausgehändigt bekommt, mit ihr zum ersten Mal auf dem Schießstand steht und den Finger am Abzug hat. Bevor der erste Schuss allerdings fällt, wird man, so kam es mir zumindest vor, zu Lucky Luke, dem Polizisten, der schneller als sein Schatten zieht, gedrillt: Waffe ziehen, wegstecken (*»Holstern«*), ziehen, wegstecken, ziehen, wegstecken. Nachdem man dann noch gelernt hat, die Pistole auch mit verbundenen Augen – ja, nicht nur Agenten können so etwas – zu zerlegen und wieder zusammenzubauen, ist es dann so weit. Der Finger darf sich am Abzug krümmen, und der erste Schuss löst sich. Im Fachjargon sagt man dazu, dass der Schuss *»bricht«*. Auf meiner Zielscheibe ist nach dem nächsten Blinzeln ein neun Millimeter großes Loch zu sehen. Das Projektil war mit einer Geschwindigkeit von ca. 403 m/Sek. in den 7er-Ring der 10er-Ringscheibe eingeschlagen.

Abgesehen von ihrem eigentlichen Zweck, andere und mich zu verteidigen, macht meine Anna beim bloßen Tragen am Gürtel auch schon ordentlich Eindruck. Allein ihre Präsenz scheint Kinder beispielsweise magisch anzuziehen. Mit fast ehrfürchtigen Blicken durchlöchern sie einen mit Fragen wie »Ist das deine eigene Waffe?«, »Ist die echt?« oder »Darf ich die mal anfassen?«. Bei der letzten Frage sollte man allerdings aufpassen. Ehe man sich versieht, ist bereits während der Frage schon die ein oder andere Kinderhand auf dem Weg zur Waffe – sehr zum Leidwesen der meist beschämten Eltern. Nicht nur bei Kindern, auch beim jeweils anderen Geschlecht hat das Schießeisen eine magische und anziehende Wirkung. Die »Gefahr«, die von einer solchen Waffe ausgeht, scheint viele Fantasien anzusprechen …

Letzten Endes – und damit sind wir wieder beim eigentlichen Sinn unserer Dienstwaffe – kann sich auch der geübte Berufsverbrecher nicht davon freisprechen, dass ihn der Blick in den Lauf einer Pistole beeindruckt. Und das manchmal so sehr, dass er sich dabei aus Angst vor einem Schuss unkontrolliert seiner Exkremente entledigt.

Wie man sieht, ist eine Pistole, auch ohne die Abgabe eines Schusses, ein durchaus wirkungsvolles Instrument.

Wussten Sie übrigens, dass ein Polizeibeamter seine Waffe auch in der Freizeit tragen darf? Allerdings unterliegt das natürlich strengen Auflagen. So ist es beispielsweise nicht erlaubt, diese außerdienstlich auf Volksfesten oder ähnlichen Veranstaltungen mitzuführen.

38. GRUND

Weil lebensältere Polizisten einen Pollator fahren dürfen

Ein Pollator – was soll das denn sein? Und wofür braucht man so etwas? Diese Fragen stellen Sie sich zu Recht.

Lassen Sie mich für die Beantwortung Ihrer Fragen etwas ausholen.

Noch ist für Polizisten mit dem Erreichen des 62. Lebensjahres Schluss mit dem aktiven Dienst für ihr Land. Im Gegensatz zum inzwischen auf 67 Jahren angehobenen Renteneintrittsalter bei anderen Arbeitnehmern könnten Polizisten bereits mit 62 ihren Lebensabend genießen. Das wird größtenteils mit der hohen körperlichen Belastung im Schichtdienst begründet. Inzwischen gibt es aber schon Pläne, auch für Polizisten die Regeldienstjahre schrittweise zu erhöhen. Für mich ist dieses Thema zwar noch in weiter Ferne, doch die Zeit vergeht ja meist schneller, als man denkt. Ehe man sich versieht, ist das lang ersehnte Pensionsalter erreicht. Und dann? Dann kommt eine Gesetzesänderung, und man »darf« noch ein paar Jährchen dran hängen. Aber man hat vorgesorgt. Damit Ihnen auch die älteren Kollegen draußen auf der Straße weiterhelfen können, wurde der Pollator entwickelt. Während der »normale« Rentner nur auf die Standardversion der Gehhilfe, den Rollator, zurückgreifen kann, steht dem Polizisten ein altersgerechtes Arbeitsgefährt zur Verfügung – der Pollator. Eine sportliche Polizeiausführung des Rollators. In einer passenden Blau-Silber-Lackierung, mit einem extra erhöhten Blaulicht und zusätzlicher Tröte ausgestattet, kann so auch noch im hohem Alter der Streifendienst absolviert werden. Im Gegensatz zu den Polizeiautos verfügt der Pollator zusätzlich nicht nur über eine Waffenhalterung, sondern auch noch über eine Halterung für Gehstöcke. Als Ersatz für den Strafzettelblock wurde altersgerecht ebenfalls ein Klemmbrett für Einkaufslisten montiert.

Natürlich ist der Pollator Quatsch – zumindest offiziell! Einige Ausführungen des Pollators gibt es allerdings wirklich. Was ursprünglich nur als Gag einer Polizeigewerkschaft im Bezug auf die Anhebung des Pensionsalters gedacht war, wurde bei uns tatsächlich umgesetzt:

Der Rollator eines aus gesundheitlichen Gründen aus dem Dienst scheidenden älteren Kollegen wurde kurzerhand zu seinem Geburtstag umgestaltet und im Polizeidesign »getunt«. Als Polizist durch und durch patrouilliert er seitdem mit einem strengen Lächeln und seinem Pollator auch als nicht mehr aktiver Polizist durch die Innenstadt seines alten Wachbereiches und sorgt dort immer noch für Recht und Ordnung.

Sicherlich wäre eine entsprechende Ausführung des Rollators auch für andere Berufsgruppen denkbar, beispielsweise bei der Feuerwehr und dem Rettungsdienst als »Feuerlator« oder »Rettolator«. Wenn Ihnen also demnächst ein Polizist oder Feuerwehrmann mit einem entsprechenden Vehikel mit eingeschaltetem Blaulicht in der Fußgängerzone entgegenkommt, machen Sie Platz, er ist im Einsatz.

39. GRUND

Weil man eine Uniform trägt

Dienstbeginn. Für die Schutzfrau und den Schutzmann beginnt der Dienst routinemäßig mit dem Reinschlüpfen in die Uniform. Doch was trägt die Polizei denn eigentlich alles?

Beginnen wir mit der Unterwäsche. Im Gegensatz zu früheren Zeiten bei der Bundeswehr bindet der Dienstherr weder Männlein noch Weiblein an eine bestimmte Unterbekleidung. So ist die Wahl des Schlüpfers freigestellt und nicht auf die Ausführung Schiesser Feinripp in Weiß festgelegt. Von besagtem Schiesser Feinripp bis zum Modell »rosa Elefant trifft bunte Herzchen« werden Sie unter der blauen Uniformhose der Kolleginnen und Kollegen alles finden. Einzige Einschränkung (zumindest in NRW): Das Shirt oder Unterhemd unter dem Diensthemd muss weiß sein. Trotz der vorgeschriebenen Trageweise gibt es immer wieder welche, die es gekonnt verstehen, sich hervorzutun. So entsteht, beispielsweise durch die Wahl eines pinken T-Shirts des letzten Mallorca Urlaubes mit entsprechendem Aufdruck unter dem Diensthemd oder geringelten Socken in Regenbogenfarben, sowohl beim Vorgesetzten als auch beim Bürger »ein bleibender positiver Eindruck«.

Damit sind wir jetzt schon bei den einheitlich vorgeschriebenen Kleidungsstücken. Neben den schwarzen Socken, die wahlweise in flauschig dick oder sommerlich dünn getragen werden können, wird einheitlich die Uniformhose sowie das entsprechende Hemd getragen. Ich verzichte hier bewusst auf die Farben, da es im Moment nicht nur von Bundesland zu Bundesland unterschiedlich ist, sondern auch schon innerhalb eines Bundeslandes differente Farben gibt. In Nordrhein-Westfalen steht für feierliche und offizielle Anlässe ein weißes Diensthemd zur Verfügung. Im täglichen Dienst wird ein hellblaues Hemd mit wahlweise kurzem oder langem Arm getragen. Aber Achtung, das lange Hemd muss mit dem »Langbinder blau« – also der Krawatte – getragen werden. Für die kälteren Tage, wobei manchen Kollegen ganzjährlich kalt zu sein scheint, stehen uns noch ein Unterziehshirt mit Rollkragen und ein Pullover zur Verfügung. Jeder Beamte ist zudem noch mit einer Kurzjacke für den Sommer und einem Parka für den Winter ausgestattet. Natürlich dürfen im Einsatz auch die neongelbe Regenjacke – früher war es der weiße Regenmantel – und die weiße Schirmmütze nicht fehlen. Aus eigener Erfahrung kann ich Ihnen sagen, dass die Schirmmütze regelmäßig die Gesprächsgrundlage für eine »Tür-zu-Unterhaltung« mit dem Vorgesetzten ist. Trägt man diese unter freiem Himmel, insbesondere beim Agieren im Straßenverkehr, nicht und wird dabei am besten noch von einem Journalisten abgelichtet, werden mindestens ein Kasten Bier für die Dienstgruppe und ein Vieraugengespräch mit dem Vorgesetzten fällig:

»Einmal ist keinmal, und zweimal ist einmal zu viel.«

Nach dem Anlegen des Gürtels mit dem Pistolenholster und den Handfesseln ist der Polizist dann fertig – zumindest fast. Optional, dennoch in meinen Augen das wichtigste und auch gewichtsmäßig schwerste Kleidungsstück, ist unsere dienstliche »Bauchweg-Weste«, die Schutzweste. In einigen Bundesländern wird sie unter dem Diensthemd und in anderen als Überziehweste über dem Hemd getragen. Ich persönlich habe sie immer an, wenn ich im Dienst bin und eine Waffe trage. Sie ist damit schon fast zu einer Art zweiter Haut für mich geworden. Wobei ich zugeben muss, dass sich die Hitze im Hochsommer bei 35 Grad darunter schon beträchtlich staut und das Verlangen, sie sich sofort vom Leib zu reißen, unermesslich ist.

Die vorgeschriebene Polizeikluft stellt insbesondere für uns Kolleginnen eine deutliche Erleichterung im Alltag dar. Jede Frau kennt die morgendliche Situation vor dem prall gefüllten Kleiderschrank, in dem wir dann doch nichts Passendes zum Anziehen finden. Diese Problematik stellt sich beim Tragen der Polizeiuniform nur noch in einem sehr kleinen Ausmaß. Die einzig mögliche Wahl besteht zwischen einem Kurz- oder Langarmhemd und einem Unterziehpullover. Dabei kann noch nicht einmal die Farbe ausgewählt werden – eine enorme Zeitersparnis!

Wirkliche Freude an der Uniform haben viele Kollegen und Kolleginnen allerdings erst seit der Einführung der neuen blauen Uniform in den ersten Jahren des neuen Jahrtausends. Damit meine ich nicht, dass wir uns jetzt Witze wie »Was ist grün und innen hohl? – Schnittlauch« nicht mehr anhören müssen. Vielmehr empfand man die von Heinz Oestergaard nach der Polizeireform 1972 entwickelte grüne Uniform als unpraktisch und nicht mehr zeitgemäß. Ich selbst bin, wenn auch nur ganz knapp, in den Genuss gekommen, noch zwei Jahre die alte Uniform tragen zu dürfen. Mein Resümee: Die EU-einheitliche Uniform sieht nicht nur besser aus, sie ist deutlich praktischer und scheint bei den Männern auch nicht mehr so im Schritt zu zwicken – zumindest ist der Kontrollgriff zwischen die eigenen Beine seltener geworden.

40. GRUND

Weil man anderen ein Knöllchen schreiben kann

Sie kennen doch bestimmt die Situation, wenn Sie abends nach vollbrachter Arbeit nach Hause kommen und mal wieder Ihre Einfahrt zugeparkt ist oder Sie sich maßlos über das Verhalten mancher Verkehrsteilnehmer echauffieren? Als Polizist können Sie, wie in Ihren kühnsten Träumen, endlich zur Tat schreiten und Ihren Unmut kundtun. Natürlich alles im Rahmen einer gewissen Verhältnismäßigkeit. Das Demolieren des Autos wäre hier sicherlich nicht das richtige Mittel. Allerdings kann hier und da ein Knöllchen als kleiner Denkanstoß Wunder wirken. Ein ehemaliger Nachbar hatte es sich, zumindest gefühlt, zur Aufgabe gemacht, in einer penetranten Regelmäßigkeit die Zufahrt zu meiner Garage so zu verengen oder zu blockieren, dass die Ein- und Ausparkmanöver wirklich Millimeterarbeit und mit einem entsprechenden Zeitaufwand verbunden waren. Durch das Ausfüllen von zwei Knöllchen – bei der Polizei »Zahlkarten« genannt – war das Problem aber auch relativ zeitnah wieder behoben.

Auch im Dienst hat sich durch das Ausstellen eines »Strafzettels« eine enge Verbundenheit zwischen dem Fahrzeugführer eines weißen Ford Focus und mir entwickelt. Dieser war der Ansicht, jeden Abend mit seinem Vehikel auf dem Bürgersteig hinter einer Bushaltestelle direkt vor seiner Wohnung parken zu müssen. Dadurch waren ältere Damen und Mütter mit ihren Kinderwagen nicht selten dazu gezwungen, die Engstelle durch das Betreten der Straße zu überwinden. Trotz mehrfacher Verwarngelder ließ er sich nicht dazu bewegen, sein Fahrzeug an einer anderen Örtlichkeit abzustellen – ganz im Gegenteil. Er begann damit, die am Fahrzeug angebrachte Zahlkarte in den folgenden Nächten selbst wieder an seine Windschutzscheibe zu klemmen, um damit den Anschein zu erwecken, er habe bereits eine erhalten. Im ersten Moment vielleicht keine schlechte Idee, blöderweise war da noch ein Datum in der oberen rechten Ecke. Auch das zufällig entstandene persönliche Gespräch endete mit seinem Hinweis, er zahle ja schließlich Steuern und habe keine Lust, seine Sachen so weit zu tragen.

»Nun gut, seine Argumente waren so überzeugend, dass ich ihm seither natürlich keine Zahlkarten mehr ausgestellt habe – schließlich zahlt er ja (vielleicht) Steuern!«

Stattdessen beschäftigen sich nun weitere von seinen Steuern bezahlte Beamte der örtlichen Bußgeldstelle mit ihm und seinem Verhalten. Durch seine Aussage und seine regelmäßig erfolgten Verkehrsverstöße war ihm ein Vorsatz zu unterstellen. Auch das bisher angesetzte »Verwarngeld«, was eigentlich als kleiner Gedankenanstoß dienen sollte, schien keinerlei Wirkung zu erzielen und war damit ungeeignet. Die nächste Stufe war somit das Schreiben einer Anzeige und das Dokumentieren des Verhaltens mit Lichtbildern.

Zum Thema »Vorsatz« sei der Verständlichkeit halber ein kleiner Exkurs in das Verkehrsrecht erlaubt: Bei absichtlich wiederholten Verstößen gegen die Straßenverkehrsordnung, wie zum Beispiel dem permanenten widerrechtlichen Parken an einer Örtlichkeit, kommt das Wörtchen »Vorsatz« mit ins Spiel. Begeht jemand vorsätzlich immer wieder den gleichen Verstoß, so kann anstatt eines Verwarngeldes eine Ordnungswidrigkeitsanzeige geschrieben werden, wodurch ein deutlich höheres Verwarngeld (»Bußgeld«), als im Tatbestandskatalog vorgesehen, erhoben werden kann.

Es wird sich zeigen, wer am Ende am längeren Hebel sitzt. Anmerken möchte ich aber dennoch, dass dieser Mitbürger natürlich einen Extremfall darstellt. Oftmals reichen ein Gespräch und eine Art mündliche Verwarnung vollkommen aus. Dieses ist auch zweifelsfrei für beide Seiten die angenehmere Alternative und unser angestrebtes Ziel. Schließlich sind wir ja keine Unmenschen, sondern Freund und Helfer. Außerdem haben wir persönlich von einem Verwarngeld rein gar nichts.

41. GRUND

Weil Polizisten morgens die ersten frischen Brötchen ergattern

Ein nicht von der Hand zu weisender Vorteil eines bis in die frühen Morgenstunden reichenden Nachtdienstes ist die Möglichkeit, sich vor allen anderen mit frischen Brötchen beim Bäcker versorgen zu können. Und wer, wenn man ehrlich ist, kann an einem Sonntagmorgen schon dem Geruch von ofenfrischen Brötchen widerstehen? Trotz eines leeren Bettes in der Nacht freut sich auch der

Partner beziehungsweise die Partnerin, wenn man morgens mit frischen Brötchen geweckt wird.

Wenn man den Erzählungen der etwas lebensälteren Kollegen Glauben schenken darf, war es früher sogar Tradition, dass der örtliche Bäcker am Wochenende die ersten Brötchen aus dem Ofen direkt für die Kollegen bereitstellte. In den ländlichen Regionen war es zudem guter Brauch, dass der Bauer ebenfalls etwas frische Milch abfüllte. Inzwischen wird dies unter dem Schlagwort »Korruptionsbekämpfung« allerdings nicht mehr praktiziert.

Was bis heute allerdings geblieben ist, ist das gemeinsame Frühstück der Dienstgruppe im Frühdienst an einem Sonntagmorgen. Neben der Förderung des Gruppenzusammenhaltes lässt sich ein solches Beisammensein auch gut für ein bisschen »Dienstunterricht« verwenden. Und manchmal wird von Tätern auch für einen entsprechenden Belag der Brötchen gesorgt:

Wir hatten uns an einem frühen Samstagmorgen gerade zusammengesetzt, da klingelte das Telefon – die Leitstelle:

»Ihr müsstet raus, zu einem hilflosen Dönerspieß in Bodenlage, eventuell auch ein Falschparker.«

Ungläubig lachend machten mein Kollege und ich uns unter dem Gelächter der anderen auf zum Einsatzort. Eine Dame hatte angerufen. Ein kompletter Dönerspieß läge neben ihrem Auto. Und tatsächlich, da »parkte« ein circa 30 Kilo schwerer Dönerspieß doch wirklich im absoluten Halteverbot. Bis auf ein paar kleine Schnittwunden schien er auch vollkommen unversehrt zu sein. Wir entschieden uns dafür, den Ausreißer erst einmal auf der Rückbank des Streifenwagens Platz nehmen zu lassen und zur Wache zu bringen, sehr zur verständlichen Belustigung der Anwohner. Später stellte sich heraus, dass der Spieß aus einem Stand des örtlichen Weihnachtsmarktes entwendet worden war. Aber immerhin: Damit hätte man so einige Brötchen belegen können.

42. GRUND

Weil ein Polizist einen Zahlstreit im Bordell schlichten kann

Ob Frau oder Mann, »Bordell« und »Prostitution« sind und bleiben reizvolle Themen. So verwundert es auch wenig, dass alle Kollegen und auch Kolleginnen fast schon synchron »Wir übernehmen!« in das Handfunkgerät rufen, wenn die Leitstelle einen Einsatz in einem Bordell durchgibt oder, wie man unter Kollegen sagt, »verkaufen« möchte. Das Interesse, sich zumindest einmal den Bordellbetrieb angucken zu wollen, lässt sich wohl nicht verleugnen. Die Auslöser für unsere Einsätze in den »Saunaklubs« sind in den meisten Fällen nicht zahlende Gäste, im Polizeijargon auch »Zahlstreit« genannt. Dabei wird entweder nicht gezahlt, weil die Herren mit der Qualität der erbrachten Leistungen nicht zufrieden waren oder weil »Sonderleistungen« angeblich nicht abgesprochen wurden. Da wir natürlich nicht jedes Mal die Qualität oder die Sonderleistungen überprüfen können und wollen, bleibt in solchen Fällen nur der »Personalienaustausch« für den Zivilrechtsweg über einen Anwalt.

Auch die Revierkämpfe der »Männchen« enden hin und wieder in handfesten Auseinandersetzungen und rufen uns auf den Plan. Eigentlich komisch, wo man doch an solchen Orten die Damen nicht durch Charme und Männlichkeit, sondern durch Geld erobert.

Aufgrund von illegaler Beschäftigung, Steuerhinterziehung oder Drogenhandel werden auch nicht selten groß angelegte Razzien in den Bordellen durch die Polizei zusammen mit dem Ordnungs- oder Finanzamt durchgeführt und das ganze Haus dabei auf den Kopf gestellt. Die Freude der Kundschaft können Sie sich vorstellen. Bei solchen Durchsuchungen wird sowohl jeder Raum als auch jede Angestellte unter die Lupe genommen. Da bekommen Polizistinnen und Polizisten schon ganz schön was zu Gesicht.

Generell weckt unsere Uniform in solchen Etablissements ein besonderes Interesse bei allen anwesenden Parteien. Während die »Kunden« hektisch werden und versuchen, unsere Blicke zu meiden, wirkt die Uniform gerade an den männlichen Kollegen auf die leicht bekleideten Damen regelrecht wie ein Magnet. Passt man nicht auf, wird einem direkt von mehreren halb bis ganz nackten »Angestellten« der Bademantel mit entsprechenden Angeboten gereicht. So manch ein Kollege wäre am liebsten direkt dort geblieben. Natürlich rein professionell, versteht sich.

Die Uniform kann in etwas zwielichtigen Betrieben aber auch das genaue Gegenteil bewirken. Betritt dort ein Uniformierter den Eingangsbereich, sind plötzlich alle – bis auf den Barkeeper – verschwunden. Und dieser will dann noch nicht einmal mehr etwas von einem Bordell wissen. Einsätze in diesen gewissen Etablissements können für manche Kolleginnen und Kollegen auch mal problematisch werden, beispielsweise wenn sie dort beim Betreten des Eingangsbereiches namentlich angesprochen werden:

»Ach Jupp, du heute hier? In Uniform? Möchtest du heute wieder Beatrice im Lustgarten, wie immer?«

Sie können sich die peinliche Stille im nächsten Moment vorstellen, oder?

Noch schlimmer wurde es für eine Kollegin. Für sie war es nicht nur hochnotpeinlich, sondern hatte auch dienstliche Konsequenzen. Während eines Zahlstreits wurde sie von mehreren Gästen mit den Worten »Ah, da ist sie ja wieder, meine Gesetzeshüterin ohne Gnade« angesprochen. Was wir erst für einen Spaß hielten, entpuppte sich im Nachhinein als ein Nebenjob im Saunaklub …

43. GRUND

Weil Polizisten in die »heiligen vier Wände« fremder Leute blicken können

Neben dem eigenen Auto sind dem Deutschen ja bekanntlich seine eigenen vier Wände das größte Heiligtum, dicht gefolgt von seinem angebeteten Mobiltelefon.

So wird man als Polizist an einer Wohnungstür auch nicht selten mit den freundlichen Worten »Du kommst hier nicht rein« begrüßt. Obwohl das Betreten einer Wohnung – rechtlich auch die »Unverletzlichkeit der Wohnung« aus Art. 13 GG genannt – bereits im Grundgesetz als ein sehr hohes Gut angesehen wird, betreten Polizisten sehr häufig fremde Wohnungen. Dies geschieht aus den unterschiedlichsten Anlässen. Sei es das bloße Schlichten einer Streitigkeit, die hilflose Lage einer Person, ein beruhigendes Gespräch oder auch das Durchsuchen der Wohnung nach einem Täter.

Nicht selten staunt man dabei über die individuelle, teilweise gewöhnungsbedürftige oder gar prachtvolle Einrichtung mancher Behausungen. Sehr speziell wirken dabei die Ideen, die Inneneinrichtung mit Müllbergen zu gestalten oder auch die 4-Zimmer-Wohnung bis auf eine Matratze und einen Kühlschrank komplett leer zu lassen. Andererseits erschlägt einen teilweise der Luxus, welcher in unscheinbaren Häusern und Wohnungen von außen nicht zu erkennen ist und wo sich die wahre Dekadenz in ihrer ganzen Pracht erst beim Betreten offenbart. In einem von außen relativ runtergekommenen Einfamilienhaus überraschte uns der pure Luxus mit einem zusätzlichen gewöhnungsbedürftigen Kontrastprogramm, welches ich bisher nur aus Filmen kannte. Das Wohnzimmer glich einem Filmpalast, die Küche einem edlen Kochstudio und das Badezimmer einer Wellnessoase. Doch die größte Überraschung erwartete uns im Keller. Dieser glich einer mittelalterlichen

Folterkammer mit Käfigen, einer Streckbank und Peitschen. Erst beim genaueren Hinsehen fielen uns die anderen »Accessoires« auf. Es war eine Folterkammer, in denen manche ihre Sexfantasien auslebten. Diese Behausung bewies mal wieder, dass man nicht vom Äußeren aufs Innere schließen sollte.

Wenn es um das Thema »Wohnungen« geht, werden Polizisten nicht selten gefragt, ob sie nicht schon einmal bei einem Promi im Haus gewesen sind. Viele Kollegen werden dies mit einem deutlichen »Ja« und einem verschwiegenen Lächeln beantworten können. Werden Sie am besten Polizist, und sehen Sie selbst …

Noch eine gute Nachricht für alle Innenarchitekten unter uns:

Fernsehsendungen wie *Mieten, kaufen, wohnen* brauchen Sie als Polizist nicht mehr, um neue Ideen für die Raumgestaltung zu bekommen.

44. GRUND

Weil Polizisten sich jederzeit in den Dienst versetzen können

Polizisten werden häufig gefragt, ob sie sich auch in ihrer Freizeit »einfach so« in den Dienst versetzen können. Auf diesen Mythos gibt es eine klare Antwort: Ja, ein Polizist kann sich auch nach Feierabend in den Dienst versetzen. Bei schweren Straftaten wie Raub, Mord, Brandstiftung oder Ähnlichem müssen sie das sogar tun. Und dann können sie auch ohne ihre Dienstmütze oder das Polizeiauto tätig werden.

Aber keine Sorge, kein Polizist wird in seiner Freizeit bei jedem Verkehrssünder, der sein Handy während der Fahrt in der Hand hält, einschreiten. Würde ich das tun, müsste ich mich alleine auf dem Weg nach Hause mehrmals in den Dienst versetzen und käme wahrscheinlich nie auf meiner Couch im Wohnzimmer an.

Es gibt allerdings Situationen, in denen man auch nachts zu fortgeschrittener Stunde in seiner Freizeit einschreiten »darf«. Sie kennen sicherlich das Gefühl, wenn man hundemüde ist, aussieht, als hätte man drei Tage lang nicht geschlafen, und trotzdem noch nach Hause fahren muss? Schnell ist die Joggingplinte und ein alter Pulli angezogen, der Rucksack in den Kofferraum des Autos geworfen und das Auto gestartet. Los geht die Fahrt in Richtung Heimat. Die Straßen sind wie leer gefegt. Aber natürlich ist direkt die erste Ampel rot, wie könnte es auch anders sein. Und dann kommt es, wie es kommen muss, die Ampel bleibt nicht das einzige Hindernis auf dem Weg nach Hause.

Endlich wird die Ampel grün, und der Fahrer des grauen Kombis vor mir tritt gemächlich auf das Gaspedal. Gedankenverloren überlege ich schon, wo ich diese Schnarchnase überholen kann. Eigentlich wäre der vorgesehene Straßenverlauf nach der Ampel eine 90-Grad-Kurve nach rechts gewesen, doch der Fahrer vor mir schien anderer Meinung zu sein. Erst im letzten Moment riss er das Lenkrad noch herum und machte aus der Kurve einen rechten Winkel. Sein Auto wirkte wenig erfreut und touchierte unsanft den Bordstein. Davon unbeirrt setzte der Herr seine Schleichfahrt mit zum Glück nur knappen 30 km/h fort. Seine nächste Herausforderung wurde ein ausgebauter Kreisverkehr, welchen er ohne große Lenkbewegungen durchfuhr und dabei ein Verkehrsschild streifte. Zudem konnte er sich über neuen Blumenschmuck an seinem Kühlergrill freuen. Während er in Schlangenlinien weiterfuhr, war es höchste Zeit, die »110« zu wählen. Wie es der Zufall so wollte, hatte ich natürlich genau an diesem Tag ausnahmsweise mein Handy in den Rucksack gepackt, und dieser befand sich natürlich im Kofferraum. Eine Vollbremsung und einen kurzen Sprint später konnte ich dann endlich den Notruf wählen. Der Fahrer des grauen Kombis hatte es in der Zwischenzeit nur bis in die nächste Bordsteinkante geschafft und bog nun auf eine Landstraße mit relativ starkem Gefälle und einem Graben auf der rechten Seite ab. An dieser Stelle ist man auch als Polizist in der Freizeit fast machtlos. Auf jegliches Hupen und Anblinken hatte er selbstverständlich nicht reagiert. So blieb mir nichts anderes übrig, als ihm in einem sicheren Abstand zu folgen. Obwohl es mir bis heute ein Rätsel ist, wie er es geschafft hat, kam er unbeschadet den kleinen Berg hinunter und bog dort auf das Gelände einer Tankstelle ab – natürlich nicht ohne einen kleinen weißen Zaun zu streifen. Filmreif parkte er sein Auto quer neben einer Zapfsäule in einem weiteren Zaun und verließ schwankend das Auto in Richtung Nachtschalter.

»Die Kollegen brauchen noch vier Minuten«, teilte mir der Kollege auf der Leitstelle mit. Jetzt war es an der Zeit, sich in den Dienst zu versetzen und einzuschreiten. Das größte Problem dabei war mein nicht gerade seriöses Outfit. Erschwerend war natürlich auch von Beginn an Murphys Gesetz – »Alles, was schiefgehen kann, wird auch schiefgehen« – mit von der Partie gewesen, sodass ich justament natürlich auch mein Portemonnaie mit dem Dienstausweis nicht zur Hand hatte.

Der scheinbar schon etwas ältere Fahrer hatte sich mit einer Flasche Whiskey bereits auf den Rückweg zu seinem Auto gemacht, zumindest zu dem, was davon noch übrig geblieben war.

»Guten Abend. Polizei. Bleiben Sie bitte stehen und stellen die Flasche auf den Boden.«

Genauso wie die Jugendlichen auf dem Tankstellengelände beäugte mich auch mein betrunkenes Gegenüber ungläubig. Mein Gammeloutfit machte wohl keinen guten Eindruck.

»Was wollen Sie? Ich muss jetzt nach Hause fahren.«

»Sie fahren jetzt nicht mehr weiter. Sie sind betrunken. Ihre Fahne riecht man zehn Meter gegen den Wind.«

Verwundert blickte mich der Mann an.

»Wirklich? Das wundert mich aber.«

»Wir warten jetzt hier auf meine Kollegen in Uniform. Dann gucken wir, wie es weitergeht.«

»Mhm, na gut. Wenn Sie das sagen.«

Relativ gleichgültig lehnte er sich gegen sein Auto.

Um die Zeit bis zum Eintreffen der Kollegen zu überbrücken, belehrte ich ihn über seine Rechte als Beschuldigter in einem Strafverfahren – schließlich stand ja eine Straftat im Raum. Nach der Belehrung guckte er mich plötzlich mit großen Augen an:

»Sie haben recht. Ich habe getrunken. Aber der Schnaps war leer. Deswegen habe ich jetzt gerade neuen geholt. Wissen Sie, ich habe Probleme mit meinen Augen und kann nachts eigentlich nicht viel sehen.«

»Keine gesunde Mischung für das Autofahren, oder?«

»Da haben Sie recht. Aber wenn kein Schnaps mehr da ist, muss man auch Opfer bringen.«

»Und vielleicht auf Wasser umsteigen, ja.«

Wenige Sekunden später war auch schon ein flackerndes Blaulicht in der Dunkelheit zu sehen.

Mit stolzen 3,5 Promille und einer Augenerkrankung hatte der gute Herr sein »Opfer« beim Autofahren gebracht.

Polizist zu sein ist kein Beruf, sondern eine Berufung. Und diese endet nicht mit dem Feierabend, sodass es Situationen – wie hier – gibt, in denen man sich nicht nur in den Dienst versetzen kann, sondern es auch muss. Grundsätzlich sind Polizisten bei allen Verbrechenstatbeständen (alle Straftaten, die mit mindestens einem Jahr Freiheitsstrafe geahndet werden wie Mord, Raub, etc.) verpflichtet, aktiv zu werden. Auf einer Party hingegen, wo einige Gäste beispielsweise Drogen in den Taschen haben, müssten Polizisten nicht eingreifen, dürften es aber theoretisch. Praktisch gesehen hätten wir dann aber kein Sozialleben mehr und wären die klassischen Außenseiter. Wir halten fest: viel kann, nicht alles muss.

45. GRUND

Weil man sich immer zweimal im Leben sieht

Schon Gottfried Keller prägte die Redewendung »Kleider machen Leute«. Bei seiner gleichnamigen Novelle wird ein ärmlicher Schneidergeselle nur aufgrund seiner guten Kleidung für einen Grafen gehalten und entsprechend behandelt. Ein ähnliches Phänomen tritt auch bei (Polizei-) Uniformen auf. Steckt man jemanden in eine solche, wird er von vielen direkt respektvoller behandelt und vor allem ernst genommen – lassen wir an dieser Stelle das polizeiliche »Gegenüber« mal außen vor. Das Wort eines Uniformträgers scheint seltsamerweise automatisch einen deutlich höheren Stellenwert zu haben. Es wirkt fast so, als würde die Persönlichkeit des Einzelnen hinter das durch die Uniform verkörperte Amt zurücktreten. Klingt seltsam und auch ein bisschen kompliziert, oder? Mit einem Beispiel wird es verständlicher:

Ich war privat unterwegs und musste äußerst dringend das »stille Örtchen« aufsuchen. Bis auf die Filiale eines gehobenen Autohändlers war weit und breit keine Möglichkeit in Sicht. Und so entschied ich mich, dort mein Glück zu versuchen. Erst wurde ich äußerst freundlich von einer jungen blonden Dame am Empfang begrüßt. Nachdem ich allerdings mein Anliegen vorgetragen hatte, wurde mir nur widerwillig mit einer Handbewegung der Weg in Richtung Kundentoilette gedeutet. Wie es der Zufall so wollte, war ich zwei Tage später während einer Streifenfahrt an der gleichen Örtlichkeit mit dem gleichen Problem unterwegs. Mit einem feinen Unterschied: Ich hatte eine Polizeiuniform an! Schon beim Betreten des Autohauses wurde ich überaus freundlich begrüßt. Sie können sich vorstellen, wer am Empfang saß? Genau, die junge blonde Dame. Doch dieses Mal wurde mein Anliegen nicht mit einer abwertenden Handbewegung quittiert, ich wurde sogar persönlich von der jungen Frau bis zur Personaltoilette begleitet. Wer hätte das gedacht?

Eine ähnliche Situation erlebte ich mit einer älteren Dame auf dem Parkplatz eines Discounters. Während ich privat meinen Einkaufswagen zurückbrachte, hatte sie die Tür ihres Autos gegen die des neben ihr stehenden Fahrzeuges geschlagen und versucht, sich anschließend klammheimlich auf und davon zu machen. An sich nichts Weltbewegendes, aber dennoch eine Straftat und ein Ärgernis für den anderen Fahrzeugbesitzer. Relativ freundlich hatte ich sie auf ihr Missgeschick hingewiesen und gebeten, doch auf den Besitzer des anderen Fahrzeuges zu warten. Ich erntete eine Reihe von »netten Worten« in Form von Beleidigungen aller Art. Jaja, die Jugend heutzutage. Wenige Sekunden später erschien glücklicherweise der Inhaber des anderen Wagens, und ich konnte mich auf den Weg zur Arbeit machen. Eigentlich hatte ich den Vorfall schon vergessen, als ein paar Stunden später eine wortwörtlich »alte Bekannte« meinen blau-silber lackierten Polizeiwagen im Kreisverkehr geschickt ausbremste. Die Verkehrssünderin verhielt sich mir gegenüber, entgegen meinen Erwartungen, sehr höflich und auf Etikette bedacht. Anstandslos bezahlte sie ihr Verwarngeld. Trotzdem kam ich nicht umhin, sie kurz nach dem Kratzer an ihrer Tür zu fragen, woraufhin sie mich mit einem skeptischen Blick musterte.

»Woher wissen Sie von dem Kratzer?«

»Erinnern Sie sich denn nicht mehr an mich? Ich bin der, mit dem Sie sich vorhin auf dem Parkplatz so nett unterhalten haben.«

Sie können sich ihren peinlich berührten Blick vorstellen. Doch zu ihrem Leidwesen tat sich kein Loch im Boden auf. Man sieht sich immer zweimal im Leben.

46. GRUND

Weil man eine Menge Equipment am Gürtel trägt

»Boah, was hast du denn da alles am Gürtel? Ein Laserschwert? Ist das wirklich alles deins?«

Kinder stehen oft mit großen Augen neben uns und wollen genauestens wissen, was wir so alles dabeihaben.

Ein Polizist oder eine Polizistin trägt da tatsächlich so einige Dinge am Gürtel.

Neben unserer Pistole, die Sie ja schon kennengelernt haben, ist das, was einige Kinder irrtümlich für ein Laserschwert halten, ein Schlagstock. Diesen »Gummiknüppel« gibt es bei der Polizei in zwei verschiedenen Varianten. Einmal als normalen Einsatzmehrzweckstock (EMS), auch TONFA genannt, und als zweite Version den Einsatzmehrzweckstock ausziehbar (EMS-A). Auf Streife wird aus praktischen und deeskalierenden Gründen – schließlich muss man ja nicht unnötig viel Brutalität ausstrahlen – fast nur noch der ausziehbare Schlagstock getragen. Bei den Einsätzen der Hundertschaften hingegen wird nur der starre Einsatzmehrzweckstock getragen. Dies hat hauptsächlich den Grund, dass der nicht ausziehbare Schlagstock stabiler und fast unzerstörbar ist.

Wir haben zudem immer ein Pfefferspray am Gürtel. Bei uns heißt es Reizstoffsprühgerät (RSG). Für die Kollegen mit Minderwertigkeitskomplexen steht neben dem kleinen RSG mit nur knapp 60 Milliliter Flüssigkeit auch eine große Version, das RSG 8, mit ganzen männlichen 400 Milliliter Reizstoff zur Verfügung. Es können eben nicht nur Autos die Potenz unterstreichen. Neben der Testosteronerhöhung wird das RSG 8 ausschließlich bei Einsätzen mit einer größeren Anzahl an Personen, wie beispielsweise Fußballspiele und Demonstrationen, verwendet. Für den täglichen Gebrauch im Streifendienst wird es hingegen nur selten genutzt.

Die Ampulle mit dem eigentlichen Pfefferspray wird in einer Art Schutzhülle mit Sicherungskappe mitgeführt oder am Gürtel getragen. So lassen sich ein unbefugter Zugriff durch böse Buben und ein versehentliches Betätigen meist vermeiden. Dass die Sicherungskappe allerdings kein Garant dafür ist, sich nicht selbst außer Gefecht zu setzen, hat eine Kollegin in meinem ersten Jahr bei der Polizei eindrucksvoll bewiesen. Kurz nach Dienstbeginn bekamen wir unseren ersten kleinen Einsatz des Tages, der zugleich auch unser letzter für diesen Tag war. Es war eigentlich nur ein kleiner Verkehrsunfall mit geringem Sachschaden, Routine. So stiegen wir vor der Wache in unser Polizeiauto. Ich hatte mich auf den Fahrersitz gesetzt und war gerade dabei, mich anzuschnallen, als die Kollegin auf der Beifahrerseite Platz nahm. In dem Moment, wo sie nach dem Gurt griff, war ein leises »pfff« zu vernehmen. Verwundert guckten wir uns beide an. Was das wohl war? Nach wenigen Sekunden wussten wir es. Unsere Augen begannen zu brennen, und wir bekamen kaum noch Luft ... das Pfefferspray! Die Schutzkappe war am Gurtschloss hängen geblieben, sodass bei der Anschnallbewegung der Kollegin der Druckknopf des Pfeffersprays ausgelöst wurde und uns im Polizeiauto eingenebelt hatte. So schnell war dann der Dienst auch schon wieder vorbei. Unser Streifenwagen musste nach dieser Aktion zwei Tage gelüftet und mehrfach gereinigt werden.

Aber was ist eigentlich in einem solchem Pfefferspray drin?

Neben Treibgasen, damit die Flüssigkeit auf Knopfdruck gezielt entweichen kann, ist als Reizstoff ein Extrakt aus einer Chilipflanze enthalten. Dieser sorgt bei Kontakt fast immer für eine sofortige Handlungsunfähigkeit des Betroffenen. Die Augenlider schließen sich zwangsläufig, und die Schleimhäute schwellen teils stark an. Dadurch entsteht auch ein enormer Hustenreiz. Als kleines Sahnehäubchen juckt das Zeug mitunter fürchterlich.

Kommen wir zu den anderen Dingen, die ein Polizist oder eine Polizistin noch so im täglichen Dienst mit sich herumschleppt.

Das sicherlich bekannteste Utensil ist natürlich unsere Handfessel, auch (Schließ-) Acht genannt. Allerdings bestehen die polizeilichen Achten »nur« aus zwei Metallringen, die mit einer Kette verbunden werden. Der »rosa Plüschbezug« wird bisher dienstlich noch nicht geliefert.

Neben dem silbernen Schmuck für das Handgelenk haben wir auch noch ein Ersatzmagazin für unsere Pistolen sowie eine Taschenlampe dabei. Viele Kollegen bevorzugen hier eine größere Ausführung der Maglite.

Natürlich dürfen auch das Digitalfunkgerät und ein paar Einsatzhandschuhe, meist aus Leder, nicht fehlen.

Sofern die Hüfte breit genug und an den Gürteln jetzt noch Platz ist, haben dort einige noch ein Taschenmesser oder ein Multifunktionswerkzeug-Tool befestigt.

Wie Sie sehen, haben Polizisten eine ganze Menge mit sich rumzuschleppen, was natürlich auch gewichtstechnisch zu Buche schlägt. Der Polizeiberuf ist also nichts für zu schmale Hüften.

47. GRUND

Weil man »umsonst« Bahn fahren kann

Viele regionale Bus- und Bahnunternehmen gestatten Polizeibeamten, ihre Verkehrsmittel nach dem Vorzeigen des Dienstausweises auch in der Freizeit unentgeltlich zu nutzen. Überregional ist das beispielsweise in einem ICE der Deutschen Bahn nur in Uniform gestattet. Ob und wie es erlaubt ist, regeln die einzelnen Unternehmen für den sogenannten öffentlichen Personennah- und Fernverkehr selbst.

Auf den ersten Blick klingt dieser Grund für einen Außenstehenden wahrscheinlich eher wie eine Frechheit. Betrachtet man aber die Tatsache, dass Polizisten auch in ihrer Freizeit kostenlos regionale Busse und Bahnen nutzen dürfen, einmal genauer, liegt der Grund für die Bus- und Bahnunternehmen auf der Hand. Sie holen sich damit eine Art kostenlosen »Sicherheitsdienst« in ihre Verkehrsmittel. In dem Moment, wo ein Polizist beim Fahrer oder dem Kontrolleur seinen Dienstausweis als »Fahrticket« vorzeigt, hat er sich als Schutzmann geoutet. Kommt es jetzt zu Streitigkeiten oder Problemen mit einem Fahrgast, wird man auf ihn zurückgreifen und hat die Polizei mit ihren weitreichenden Befugnissen sozusagen direkt vor Ort. Wir sind dann eigentlich immer peripher im Dienst.

Dass dieser Vorteil auch nachteilige Auswirkungen für die eigene Freizeitgestaltung haben kann, erlebt man öfter, als man es vielleicht erwarten könnte.

Nach meinem letzten Weihnachtsmarktbummel wollte ich zusammen mit meiner Lebensgefährtin – Sie erinnern sich, sie ist ebenfalls bei der Schmiere – gemütlich mit dem Bus nach Hause fahren. Wir mussten noch ein paar Minuten auf den Bus warten und standen gut gelaunt mit einer Tüte gebrannter Mandeln in der Hand an der Bushaltestelle. Die weihnachtliche Stimmung schien allerdings nicht jedem bekommen zu sein. Es dauerte nur wenige Sekunden, bis sich ein schwankendes älteres Pärchen näherte, das augenscheinlich etwas zu tief in den Glühweinbecher geguckt hatte. Lautstark lallend beschimpfte man sich und machte unweit von uns an der Bushaltestelle halt. Es dauerte knapp eine Minute, bis die Dame es geschafft hatte, sich ihres Schuhwerkes zu entledigen. Entgegen meiner Annahme, dass ihr die Füße wehtaten, schien dies nicht der eigentliche Grund gewesen zu sein. Vielmehr hämmerte sie ihren Schuh in das Gesicht ihres Begleiters. Dieser nahm es relativ reaktionslos hin. In diesem Moment kam auch schon der Bus. Meine Freundin und ich stiegen in den Bus und zeigten die Dienstausweise beim Fahrer vor. Beide hofften wir, dass die zwei Schnapsdrosseln eine andere Buslinie nehmen würden – leider taten sie das nicht.

Da der Bus relativ voll besetzt war, hatten wir im hinteren Teil Platz genommen. Unsere beiden Glühweinfreunde schafften es nur bis zum ersten Sitzplatz unmittelbar neben dem Fahrer. Während es der Frau nicht mehr gelang, sich hinzusetzen, und sie vielmehr halb zusammengesackt zwischen Boden und Sitzplatz kauerte, versuchte der männliche Part, sie mit Schwung richtig auf den Sitz zu schubsen. Dass ihr Bein allerdings unglücklich verkeilt war und sie sich deshalb nicht hinsetzen konnte, bemerkte er nicht. Vielmehr probierte er es mit einem leichten Schlag in die Rippengegend aufs Neue. Durch die wüsten gegenseitigen Beschimpfungen waren inzwischen auch viele weitere Fahrgäste auf die kinoreife Vorstellung aufmerksam geworden. Nach kurzer Zeit herrschte dann aber plötzliche Stille, und die Frau schien innerhalb weniger Sekunden einfach eingeschlafen zu sein.

Zum Glück ist jetzt Ruhe, dachte ich.

Kurz vor der nächsten Haltestelle war ein lautes »Klatsch« zu hören. Der Mann hatte augenscheinlich beschlossen, sie mit einem gezielten und schwungvollen Schlag ins Gesicht zu wecken. Diese Aktion mündete wieder in Beschimpfungen und handgreifliche Auseinandersetzungen. Wie man es aus TV-Dokumentationen kennt, fühlte sich natürlich keiner der danebensitzenden Fahrgäste gemüßigt, einzugreifen. »Zivilcourage« wäre hier ist das Stichwort gewesen.

Wir entschieden uns einzugreifen. Jetzt war es genug. Vorbei war es mit dem gemütlichen Weihnachtsmarktbesuch. Wir gingen nach vorne und gaben uns als Polizei zu erkennen. Nach einer kurzen Ansprache schien der Mann sich zu beruhigen, sodass man seiner Frau aufhelfen konnte. Leider war die Ruhe nur von kurzer Dauer. Wiederholt versuchte die Dame, mit dem Schuh ihren Mann im Gesicht zu treffen, was dieser wiederum mit Schlägen in Richtung seiner Frau quittierte. Es blieb uns nichts anderes übrig, als beide mit »leichter körperlicher Gewalt« – so heißt es bei uns im Fachjargon – zu trennen und leicht zu fixieren. Wir baten den Busfahrer, die Kollegen zu informieren und an der nächsten Bushaltestelle auf sie zu warten. Unter massivem Protest des Paares konnten wir sie dann an die Kollegen übergeben. Im Nachhinein habe ich erfahren, dass beide in der Zelle übernachtet haben.

Mit einer Verzögerung von knapp 30 Minuten und einem sichtlich dankbaren Busfahrer sind wir dann schließlich doch noch an unserem Ziel angekommen.

Hier hat sich das Entgegenkommen des Busbetriebes »bezahlt« gemacht.

Bis zum Ende der gesamten Aktion hatte uns übrigens nicht ein einziger Fahrgast ansatzweise geholfen. Vielmehr starrte man gebannt auf das Geschehen.

Wie Sie sehen, sollte man sich als Polizist vorher genau überlegen, ob man nicht vielleicht doch lieber ein paar Euronen für sein Fahrticket ausgibt und seine Freizeit dann genießen kann. Obwohl, wir haben ja schon gesehen, dass man als Polizist nie richtig Feierabend hat.

48. GRUND

Weil man täglich neue »Fachbegriffe« lernt

In einer Zeit mit ständigen Neologismen machen diese auch vor dem polizeilichen Alltag nicht halt. Abgesehen von der komplett eigenen »Polizeisprache«, deren Abkürzungswirrwarr Sie bereits kennengelernt haben, überraschen uns die lieben Verbrecher aus der Schattenwelt nicht selten mit eigens kreierten Wortneuschöpfungen. Werden sie beispielsweise auf frischer Tat ertappt und mit der Polizei konfrontiert, verlieren sie gerne mal vorsorglich jegliche Sprachkenntnis, obwohl man vorher mit seinem Komplizen in gutem Deutsch kommuniziert hat. Das gilt übrigens auch für deutsche Einbrecher. Lediglich ein einziger Satz scheint im Gehirn übrig geblieben zu sein. Zusammen mit einem hilflosen Dackelblick beteuern sie Ihre Unschuld:

»Ich nix Zapzarap.«

»Ja nee, ist klar«, würde an dieser Stelle wahrscheinlich der Comedian Atze Schröder sagen. Es ist schon phänomenal, dass ausnahmslos jeder Kriminelle die zwei Wörter »nix Zapzarap« beherrscht.

Ein weiterer mit einem Anglizismus gepaarter Neologismus wurde mir vor kurzem durch die eher ärmere Bevölkerungsschicht eindrucksvoll erklärt. Wir waren zu einem fast alltäglichen Ladendiebstahl gerufen worden. Der Ladendetektiv hatte zwei junge ausländische Männer beim Klauen in einer Drogerie erwischt. Das beachtliche Diebesgut hatte in diesem Fall einen Wert von knapp 500 Euro. Zwei prall gefüllte Plastiktüten mit allerhand teuren Drogerieartikeln wie Anti-Aging-Cremes, Parfums und Rasierklingen hatten die Langfinger kurzerhand unbezahlt an der Kasse vorbei in Richtung Ausgang geschleppt. Bezahlt hatte man immerhin die Kaugummis in Höhe von 75 Cent.

Die beiden Männer erklärten uns in gebrochenem Deutsch, dass es für die Familie sei und man nicht geklaut – also »nix Zapzarap« –, sondern eingekauft habe. Dass man zum Einkaufen die Sachen allerdings auch bezahlen müsse, sahen sie nicht ein. Schließlich hätten die beiden nur »Sozialshopping« gemacht und daher nicht geklaut. Es ist schon interessant, wie manche ihr Verhalten rechtfertigen. Wenn ich wenig Geld habe, darf ich »Sozialshopping« machen. Stellt sich nur die Frage, wann man wenig Geld hat. Aber das ist wahrscheinlich, wie vieles andere auch, ein jederzeit individuell anpassbares und einseitiges Persönlichkeitsrecht. Immerhin leben wir ja in einem freien Land, und keiner darf mir sagen, was ich zu tun oder zu lassen habe.

Man lernt anscheinend in keinem Berufszweig je aus. Selbst Bösewichte erfinden neue Wörter.

49. GRUND

Weil man ein gern gesehener Nachbar und Mieter ist

Aus eigener Erfahrung kann ich sagen, dass Vermieter einem in der Tat deutlich wohlgesinnter sind, sobald sie bei der Nachfrage zur beruflichen Tätigkeit die Antwort »Polizist« bekommen haben. Dies mag mitunter daran liegen, dass man bei Gesetzeshütern immer von einer pünktlichen Mietzahlung ausgeht. Auch wird wohl häufig davon ausgegangen, dass wir keinen Unfug treiben und uns friedlich in die Hausgemeinschaft eingliedern.

Auch ist man, sofern man nicht den Berufsverbrecher im Haus wohnen hat, gern gesehener Nachbar und Gesprächspartner. Natürlich wird dies zwischenzeitlich genutzt, um sich mit allerlei Rechts- und Sachfragen an uns zu wenden. So kann der schlichte Gang mit den Einkaufstüten durch das Treppenhaus durchaus auch mal etwas länger dauern.

Während einer meiner Nachbarn sehr sicherheitsbewusst ist und auch gerne mal ein paar Fragen zu möglichen Sicherheitsvorkehrungen und der aktuellen Sicherheitslage im wohnlichen Umfeld stellt, scheint ein anderer Nachbar es mit den Eigentumsverhältnissen nicht so genau zu nehmen. So verschwand vor einigen Wochen urplötzlich im Laufe eines Nachtdienstes die Fußmatte vor meiner Wohnungstür. Bis heute gehe ich davon aus, dass man sie sich natürlich nur vorübergehend ausgeborgt hat. Ob dies allerdings ein gezielter Angriff auf meine Berufsgruppe war oder ob man schlichtweg eine neue Schmutzmatte benötigte, konnte bis heute nicht ermittelt werden.

50. GRUND

Weil Polizisten regelmäßig kostenlos vom Arzt durchgecheckt werden

Für unseren Job als Gesetzeshüter ist die Gesundheit und gute körperliche Verfassung von besonderer Bedeutung. Damit meine ich nicht den Kollegen, der klischeemäßig ein paar Pfunde zu viel hat, mit Donuts und einer prallrunden Kugel über dem Gürtel aus dem Polizeiwagen aussteigt. Vielmehr geht es um körperliche Beeinträchtigungen wie das Sehvermögen, Reaktionsfähigkeit und motorische Krankheiten. Damit der Innenminister, dem wir ja unterstellt sind, ruhigen Gewissens abends ins Bett gehen kann, »dürfen« wir in regelmäßigen Abständen medizinische Tests absolvieren. So ist beispielsweise eine zwingende Kraftfahrtauglichkeitsuntersuchung alle paar Jahre vorgeschrieben. Auch wenn man solche Sachen als »Hürde« sehen könnte, so empfinde ich diese »Check-ups« als beruhigend und vorteilhaft. Wer wird schon kostenlos auf Herz und Nieren geprüft? Zu den Untersuchungen gehören Blutbilder, Urintests, Belastungs-EKGs, Lungenfunktionstests – da, wo man so viel pusten muss, wie man kann – und Sehtests.

Seien Sie mal ehrlich, lassen Sie diese Untersuchungen regelmäßig machen? Bekanntlich scheuen viele den Gang zum Arzt und lassen so die Vorsorgeuntersuchungen lieber sausen.

»Es wird schon alles in Ordnung sein. Sonst würde ich das schon merken.«

Leider nicht! Auch wenn man das eigene Gewissen beruhigen kann und in den meisten Fällen auch alles gut ist, so können die regelmäßigen Untersuchungen auch lebensrettend sein.

Beim folgenden Sachverhalt war ich nicht dabei, kenne den betroffenen Kollegen und die Akteure aber persönlich.

Aus Rücksichtnahme auf ihn habe ich die Handlung bewusst ein wenig verändert.

»Es wird schon nicht lebensbedrohlich sein, ich werde am Nachmittag bei Ihnen vorbeikommen. Wir sind jetzt gerade in der Sporthalle.«

»Doch ist es, leider. Sie müssen sich sofort herbringen lassen.«

Dieser Satz hatte verständlicherweise gesessen. Der Kollege beendete das Gespräch und ließ sich langsam an der Wand zu Boden sinken. Er hatte einige Minuten gebraucht, um diese Nachricht zu verarbeiten, und bat dann darum, ihn zügig zum Polizeiarzt zu bringen. Von da an ging alles sehr schnell. Knappe 35 Minuten später saß der Kollege bei unserem Arzt, und weitere 60 Minuten später befand er sich bereits in einem Bett in der Uniklinik. Auch den Einwand, er müsse noch seine Tasche packen, ließ der Arzt nicht gelten. Unser Polizeiarzt hatte bereits alles mit der Uniklinik organisiert und vorbereitet. Bei meinem Kollegen war eine seltene Krebsform diagnostiziert worden, mit einer Lebenserwartung von maximal drei Wochen.

Nach weiteren Untersuchungen lag er wenige Stunden später notfallmäßig auf dem OP-Tisch. Den Ärzten nach ging es um jede Minute, und auch bei der sofortigen Operation seien die Chancen sehr schlecht, hieß es.

Die Operation verlief den Umständen entsprechen gut, sodass man weiter hoffen durfte.

Zum Erstaunen und zur Freude aller auf der Dienststelle stand der Kollege bereits nach wenigen Wochen wieder im Türrahmen. Dank des schnellen Handelns unseres Polizeiarztes und der pfiffigen Arzthelferin, die aufgrund eines Bauchgefühls ein Kreuz mehr bei den durchzuführenden Tests für die Blutuntersuchung gesetzt hatte, konnte der Tumor im wirklich allerletzten Moment entfernt werden. Wäre er nicht zu den Routineuntersuchungen verpflichtet gewesen, hätte man die tödliche Krankheit wahrscheinlich erst nach seinem Ableben entdeckt.

Obwohl es schon eine Weile her und auch gut ausgegangen ist, bekomme ich bei dieser Geschichte immer wieder eine Gänsehaut.

Es ist doch gut, Polizist zu sein.

51. GRUND

Weil man am Stau vorbeifahren kann

Ich kann mir Ihre Gedankengänge gut vorstellen:
»Ja, ja, die Polizei hat keine Lust, im Stau zu stehen, und will pünktlich Feierabend machen. Und ich muss jetzt hier stehen und komme nicht nach Hause.«

Auch wenn der Gedankengang naheliegend und bestimmt manchmal auch zutreffend ist – so ehrlich muss man sein –, fahren wir zwar öfter über den Standstreifen am Stau vorbei, meist aber nur, um jemandem in einer Notsituation zu helfen. Zugegeben ertappe ich mich gelegentlich dabei, wie ich erleichtert grinsen muss, wenn wir vorsichtig an der schier endlosen Metallkette vorbeifahren. Aber ansonsten stehen auch die blau-silbernen Autos mitunter stundenlang mit Ihnen Stoßstange an Stoßstange. Der einzige Unterschied liegt dann immerhin noch darin, dass wir für die Zeit trotzdem Geld bekommen und ganz nebenbei noch ein paar Verstöße gegen die Straßenverkehrsordnung ahnden können.

Eine hübsche junge Dame in ihrem Sportwagen hat es dabei sehr unglücklich erwischt. Zur Rushhour in den späten Nachmittagsstunden saßen auch wir auf dem Weg zur Wache ungeduldig mit unserem Peterwagen im Stau fest. Wir hatten bereits seit einer Stunde Feierabend. Bekanntlich nutzen ja viele den Standstreifen oder einen Rasthof als kleine Überholmöglichkeit zum schnelleren Vorwärtskommen. Das ändert sich normalerweise schlagartig, wenn ein Polizeiauto im Sichtbereich ist. Dieses Mal nicht. Wir waren noch knappe 1,5 Kilometer von der nächsten Autobahnausfahrt entfernt, als uns ein schnittiger Sportwagen rechts auf dem Standstreifen zügig und ohne das kleinste Zucken oder Abbremsen überholte. Trotz Feierabend beschlossen wir, dieser kleinen Dreistigkeit mal auf den Grund zu gehen. Die Fahrzeugführerin schien uns trotz Blaulichts und des Textes »Stop Polizei« in ihrem Rückspiegel keines Blickes zu würdigen. Erst das »Tatütata« unseres Martinshorns und eine Ansprache durch den Außenlautsprecher führten zu einer Reaktion – einer heftigen Vollbremsung. Mit einem knallroten Gesicht und einem leichten Zittern überreichte uns die junge Fahrerin des Autos die Fahrzeugpapiere und ihren Führerschein.

»Alles okay bei Ihnen? Sie scheinen sehr hektisch zu sein.«

Mit leichter Panik in den Augen zeigte sie auf das Armaturenbrett ihres Autos.

»Ich habe kein Benzin mehr. Das ist das Auto von meinem Freund. Der bringt mich um. Ich muss eine Tankstelle finden.«

Das letzte Wort war noch nicht ganz ausgesprochen, als der Motor sich mit einem Ruckeln verabschiedete. Sie brach in Tränen aus.

Wir hatten einen leisen Verdacht, der sich bestätigten sollte. Während ich mit der Dame zur Fahrerseite ging, setzte sich mein Kollege hinter das Steuer und versuchte, den Wagen zu starten. Zur Verwunderung der Frau ging der Motor wieder an. Sie hatte vor Aufregung die Kupplung losgelassen und das Auto schlichtweg abgewürgt.

Erleichtert durfte sie dann mit uns im Schlepptau die letzten Meter zur Tankstelle zurücklegen. In diesem Fall verzichteten wir auf ein Verwarngeld und beließen es bei einem sogenannten verkehrsdidaktischen Gespräch. Die Angst war ihr auch am Ende immer noch anzusehen. Als wir gerade losfahren wollten, fiel unser Blick auf das Nummernschild. War hinten nicht ein anderes Kennzeichen dran? Und tatsächlich, an dem Auto waren zwei verschiedene Nummernschilder befestigt. Unglücklicherweise waren beide auch noch gestohlen und standen bei uns auf der Fahndungsliste. Jetzt verlor die junge Dame vollkommen ihre Fassung und brach vor uns zusammen:

»Hätte ich mir doch niemals das Auto genommen.«

Es stellte sich heraus, dass sie sich das Auto ihres Freundes ohne dessen Wissen geborgt hatte. Was sie nicht wusste: Ihr Freund war in ein paar krumme Drogengeschäfte verwickelt und wurde polizeilich gesucht. So fand der Drogenspürhund im Fahrzeug noch mehrere Päckchen Kokain.

Kein schöner Tag für sie, ein erfolgreicher für uns. Sie konnte nach ein paar Stunden auf der Polizeiwache wieder nach Hause. Ihr (Ex-)Freund war mit ihrer Hilfe inzwischen festgenommen worden.

Man sieht, manchmal kann so ein Stau auch von Vorteil sein.

52. GRUND

Weil man fremde Grundstücke betreten darf

Eines schönen Samstagmorgens musste Imkerin Imke erschreckt feststellen, dass ihr Bienenschwarm dabei war, den Bienenstock zu verlassen. Bei der Verfolgung ihres Bienenschwarms betrat sie notgedrungen und unbedacht eine Vielzahl fremder Grundstücke. Wie man sich denken kann, waren die im Garten frühstückenden Anwohner nicht sonderlich von der morgendlichen Störung und dem unberechtigten Betreten ihrer Grundstücke erbaut. Dies rief innerhalb kürzester Zeit die Polizei auf den Plan.

Grundsätzlich, so mussten wir den aufgebrachten Leuten zustimmen, stellt das Betreten fremder Grundstücke, ohne eine vorherige Einwilligung des Eigentümers, eine Straftat in Form eines Hausfriedensbruches (§123 StGB) dar. Allerdings gilt dies, auch wenn das relativ sonderbar sein mag, nicht, wenn man seinen Bienenschwarm verfolgt. Denn:

»Der Eigentümer des Bienenschwarms darf bei der Verfolgung fremde Grundstücke betreten ...« (§962 BGB).

Solche verschwundenen Bienenschwärme haben wir natürlich eher selten. Dennoch betreten Polizisten beinahe täglich, ohne sich eine vorherige Erlaubnis einholen zu können, fremde Grundstücke. Stellen Sie sich einen Einbruch vor, bei dem die Täter noch im Haus sind. Würde man im Einsatz dort vorher noch um Erlaubnis fragen? Natürlich nicht.

Doch so manch ein Kollege und auch Einbrecher ist dabei schon ordentlich baden gegangen.

Bei einer nächtlichen Verfolgungsjagd eines Einbrechers über Stock und Stein, fremde Terrassen und Gärten konnte ich plötzlich nur ein lautes »Platsch«, gefolgt von einem weiteren »Platsch«, hören. Durch die Dunkelheit und örtliche Unkenntnis war weder dem Einbrecher noch dem Kollegen aufgefallen, dass sie durch den Garten eines eher wohlhabenden Anwohners direkt auf einen gefüllten Pool zugerannt waren. Immerhin, der Einbrecher war gefasst. Wie sagt man so schön? Die Strafe folgt auf dem Fuße. Leider war auch das Handy des Kollegen hinüber!

Durch das Betreten fremder Grundstücke erlebt man als Polizist so einige nette Überraschungen. Doch dieses »Privileg« sollte man insbesondere in der Nachtzeit mit Vorsicht genießen. Wer weiß, wo überall kleine Fallen in Form von Teichen, Sandkästen oder auch Klettergerüsten lauern. Auch die Schilder am Gartentörchen mit der Aufschrift »Hier wache ich« oder »Vorsichtig bissiger Hund« sollte man ernst nehmen. Spätestens dann, wenn ein leises Knurren oder Scharren zu hören ist. Ein flüchtender Täter hatte diese Hinweise bei einer Verfolgungsjagd gekonnt ignoriert und war mit einem Hechtsprung über den Gartenzaun gesprungen. Nach ein paar Sekunden der Stille waren lautes Hundegebell und ein schmerzerfüllter Aufschrei zu hören. Die Zähne der im Garten hausenden Dogge hatten den Weg in den Unterarm des Täters gefunden und ihn zur Strecke gebracht. Ein Polizeihund hätte es nicht besser machen können. Allerdings sind es nicht immer Hunde, die einen in den Gärten erwarten. Seit dem nächtlichen Zusammentreffen mit einem spuckenden Lama auf dem Grundstück eines Tierliebhabers bin ich bei dem Betreten von fremden Anwesen etwas vorsichtiger geworden. Wir waren auf der Suche nach einem vermissten Jungen gewesen, als plötzlich hinter mir ein lautes Schnauben zu hören war. Als ich mich umdrehte, blickte ich in die wütenden Augen eines Lamas, das im nächsten Moment damit begann, sein Revier zu verteidigen. Es spuckte. Und das mit so einer Geschwindigkeit, dass ich am nächsten Tag einen blauen Fleck auf meinem Oberarm bewundern durfte. Uns blieb in diesem Moment nichts anderes übrig, als den ungeordneten Rückzug anzutreten. Der gesuchte Junge hatte sich übrigens nicht auf dem Grundstück, sondern bei einer »Freundin« aufgehalten.

Neben »bösen« Überraschungen hat das Besichtigen von fremden Gärten aber einen positiven Nebeneffekt: Man erhält durchaus interessante Anregungen für die eigene Gartengestaltung und kann auf TV-Serien verzichten.

53. GRUND

Weil man hinter die Kulissen gucken kann

Wollten Sie schon immer mal hinter die Kulissen der Fast-Food-Ketten, Discounter, Produktionsfirmen, Feuerwehr oder des Tresorraums einer Bank gucken? Als Polizeibeamter ist das möglich. Oftmals bietet einem das Einsatzgeschehen vielfältige Möglichkeiten, hinter den Vorhang zu schauen.

Bei Unfällen beispielsweise können Sie mal von oben hinter die Kulissen blicken. Häufig benötigen wir für die Unfallaufnahme Übersichtsaufnahmen aus einer deutlichen erhöhten Position. Sofern man schwindelfrei ist, kann eine Tour im Korb der Drehleiter in 23 Metern Höhe zu einem interessanten Erlebnis werden. Mich brachte die Tour mit der Drehleiter allerdings wieder zu einer wichtigen Erkenntnis: Ich bin definitiv nicht schwindelfrei! Obwohl die Aussicht genial war, klammerten sich meine schweißnassen Hände ungewollt mehr um die Metallstäbe des Korbes anstatt auf den Auslöser der Kamera.

Wo wir gerade beim Thema Feuerwehr sind: Für einen Polizisten gehört eine Besichtigung der Rettungswache beziehungsweise des Spritzenhauses inklusive des Ausprobierens der Rutschstange – definitiv ein Erlebnis für sich, auch wenn man nicht so ganz schwindelfrei ist – und des Rumspritzens mit dem Feuerwehrschlauch natürlich dazu. Mancher Kollege ist da schon in den Strahl geraten.

Als Kind habe ich mich oft gefragt, wie es wohl in einem Rettungswagen aussieht. Auch wenn ich einen solchen gerne mal von innen sehen wollte, bin ich bis heute froh, ihn nie für mich benötigt zu haben. Trotzdem hat sich dieses Geheimnis direkt zu Beginn meines Polizistendaseins schnell gelüftet. Nahezu täglich begleiten wir Rettungssanitäter bei dem Transport von renitenten Personen.

Trotz regelmäßiger Skandale wird wahrscheinlich jeder schon einmal bei Burger King, McDonald's oder einer anderen Fast-Food-Kette gegessen haben. Der ein oder andere wird sich auch schon gefragt haben, wie es wirklich hinter der Ladentheke aussieht. So wie in den TV-Reportagen? Auch wenn wir im Einsatz keine Zeit haben, die Buletten mit anzubraten oder zu probieren, so gewinnt man doch viele Eindrücke über die Verarbeitungs- und Herstellungsprozesse unseres geliebten Fastfoods. So schick die Ladentheken im Gastraum auch aussehen, hinter der Tür mit der Aufschrift »privat« regiert meistens das Chaos. Positiv überrascht hat mich aber, dass wirklich alle Mitarbeiter bei der Burgerzubereitung Einweghandschuhe getragen haben. Und keine Sorge, auch nach diesen Einblicken schmeckt mir der Burger immer noch.

»Alarmauslösung im Tresorraum einer Sparkasse, kein Kontakt in das Objekt möglich.«

Solche Einsätze sind bei uns an der Tagesordnung. Trotz häufiger Fehlalarme wird jeder Alarm ernst genommen. Auch wenn sich der Einsatz auf der Anfahrt schon als technischer Defekt der Alarmanlage entpuppt, verschaffen wir uns sicherheitshalber vor Ort immer einen eigenen Eindruck. Dazu gehört natürlich auch die Durchsuchung der Bank, manchmal auch samt Tresorraum. Ich habe mir solche Tresore immer wie in Kinofilmen mit einer großen runden Tür, einem runden Zahlenkombinationsschloss und einem lenkradartigen Öffnungsmechanismus vorgestellt. Ganz so spektakulär und mit Wärmesensoren gesichert wie in *Ocean's Eleven* sind die Tresorräume dann allerdings doch nicht. Trotzdem ist es schon ein eigenartiges Gefühl, in einem hochgesicherten Tresorraum voller »Schätze« zu stehen. Es ist ein bisschen wie Dagobert Duck in seinem Geldspeicher, mit dem kleinen Unterschied, dass es einem nicht gehört.

54. GRUND

Weil man als Polizist(in) nicht ständig lächeln muss

Haben Sie schon einmal die Anweisungen an den Kassen der Supermärkte für die Bediensteten gesehen? »Lächeln«, »Der Kunde ist König«, oder es klebt ein grinsender Smiley in der Geldkassette. Egal wie schlecht Sie auch drauf sind, Sie müssen immer freundlich sein und lächeln. Dabei gibt es manchmal so richtige persönliche »Arschloch«-Tage, oder?

Als Polizist können Sie auch solche Tage adäquat durchstehen, ohne ständig als »Grinsefrosch« herumlaufen zu müssen. Natürlich sollten Sie stets »sachlich« bleiben. Aber so wie einige Schiedsrichter »neutraler« sind als andere – und nichts anderes als ein Streitschlichter oder Aufpasser sind Sie als Polizist –, sind wir an manchen Tagen auch mal »sachlicher« als andere. Bei einigen mündet diese »Sachlichkeit« dann in ein bei uns liebevoll »Zero tolerance« genanntes Verhalten: Keine Gnade (bei Verkehrsverstößen). Wenn Sie also als Radfahrer auf dem Gehweg 15 Euro »Wegzoll« bei einem grimmig dreinblickenden Polizisten bezahlen sollen, diskutieren Sie lieber nicht. Sie könnten in seinen persönlichen »Zero tolerance day« geraten sein.

An solchen Tagen sind natürlich auch die Streifenpartner gefragt, die dann hin und wieder doch mal lieber die Gesprächsführung übernehmen.

Anders als an Kassen oder im Büro, gibt es im täglichen Polizeigeschäft aber auch Möglichkeiten, die Kollegen trotz einer solchen Stimmung sehr gewinnbringend einzusetzen. Einsatzanlässe wie Schlägereien oder Randalierer bieten die Gelegenheit, seinem Ärger durch Schreien und körperliche Auseinandersetzungen Luft zu machen. Verstehen Sie mich an dieser Stelle bitte nicht falsch. Ich möchte damit keinesfalls sagen, dass Polizisten Leute nur anschreien oder sich mit ihnen »prügeln«, weil sie ihren Frust loswerden wollen. Vielmehr ist es doch so, dass, wenn man eh schon schlecht drauf ist, meistens auch noch jemand daherkommt, der die schlechte Stimmung förmlich riecht und sich gerne mit einem anlegt.

Manche Kollegen tun ihren Unmut aber eher in einer sicheren Umgebung – vorzugsweise im Polizeiauto – gegenüber dem Streifenpartner kund. Es ist schon belustigend, wenn der Kollege direkt schon zu Dienstbeginn die eigene Dokumentenmappe wutentbrannt auf eine Flugreise durch das Auto schickt, um dann festzustellen, dass weder die Mappe noch die Autotür verschlossen waren und sich die Papierblätter sanft an den nassen Asphalt schmiegen. Und wenn die netten Kollegen einem zu allem Überfluss noch einen dicken gelben Smiley auf das Handy kleben, ist der Wutausbruch perfekt. Wenn der Kollege dann auf seiner weißen Dienstmütze herumspringt, könnte man meinen, dass das Rumpelstilzchen Polizeiuniform trägt.

Der Aufkleber »Achtung Rumpelstilzchen im Einsatz« hat sich zu seinem Geburtstag ganz gut an seinem privaten Auto gemacht. Drei Mal dürfen Sie raten, was passierte, als er den Aufkleber gesehen hat?

KAPITEL 6

AN- UND HERAUS-FORDERUNGEN

55. GRUND

Weil TEAMWORK bei der Polizei großgeschrieben wird (Teil 1)

»Teamwork live« heißt der Werbeslogan der Polizei Nordrhein-Westfalen. Und das ist durchaus ernst gemeint. Anders als in vielen anderen Berufen ist ein Polizist kein Einzelgänger. Im Einsatz ist er nicht nur auf seine Kollegen angewiesen, mitunter hängen auch seine eigene Gesundheit und sein Leben von ihnen ab.

Direkt zu Beginn der Ausbildung wurden wir von einem erfahrenen Kollegen, einem Tutoren, an die Hand genommen. Dieser begleitete uns fortan durch alle Praktika und stand uns mit Rat und Tat zur Seite. Im Grunde wurden wir zu seinem Schatten und standen immer unter seiner schützenden Hand. Hier zeigte sich bereits zum ersten Mal, ob man als Neuling auch teamfähig war. Bevor ich meine ersten richtigen polizeilichen Schritte in der großen weiten Welt gewatschelt bin, konnte ich mit den Worten meines Tutors noch nicht so viel anfangen:

»Das Wichtigste ist, dass wir jeden Tag gesund und munter wieder nach Hause kommen. Alles andere ist erst mal nebensächlich. Deshalb passt hier jeder auf jeden auf.«

Doch bereits nach wenigen Tagen »auf der Straße« war mir klar geworden, was er damit gemeint hatte und wie wichtig es war, dass das Team Polizei nicht nur im Großen und Ganzen, sondern auch im Kleinen auf den Streifenwagen und der Dienstgruppe funktionierte.

Es war erst der dritte Tag in meinem ersten Praktikum. In dieser Nacht war ich zusammen mit meinem damaligen Dienstgruppenleiter und meinem Tutor unterwegs. Obwohl für mich noch jeder Tastendruck am Funkgerät und jedes Knistern der Lautsprecher, was inzwischen zur Routine gehört, spannend und neu war, legte sich meine Aufregung nach den ersten zwei Stunden ein bisschen.

Am Funk war bisher gähnende Stille gewesen, und ich bereitete mich innerlich auf eine eher ruhigere Nacht vor. Wie es wohl ist, jemanden festzunehmen? Meine Gedanken schweiften immer weiter ab. Es knisterte wieder aus den Lautsprechern, und ein leichter Klaps von der Seite holte mich in die Realität zurück.

»Hey, damit sind wir gemeint.«

Wie auf Knopfdruck schoss mein Puls wieder in die Höhe. Die Leitstelle hatte uns mit dem Schlagwort »Ruhestörung« zu einer Party geschickt. Während die beiden alten Hasen im Auto keine Miene verzogen, rutschte ich schon aufgeregt auf meinem Sitz hin und her.

»Das wird nur ein kurzes ermahnendes Gespräch«, versuchte mich der Dienstgruppenleiter zu beruhigen. Die Einsatzörtlichkeit lag direkt an einer dunklen Landstraße, und bis auf ein paar Laternen und die erleuchteten Fenster eines Vereinsheims war weit und breit alles dunkel. Schon von Weitem war das laute Gegröle zu hören. Vor dem Vereinsheim hatten es sich bei den sommerlichen Temperaturen ein paar Jugendliche bequem gemacht. Augenscheinlich neigte sich die dortige Party inzwischen dem Ende zu. Auf die kurze Ansprache meines Kollegen, dass es hier deutlich zu laut sei, reagierte insbesondere ein junger Mann mit weißem T-Shirt, Basecap und Bierflasche sehr gereizt. Es folgten ein Wortgefecht und einige wüste Beschimpfungen. Mein Tutor versuchte ihn ruhig beiseitezunehmen, was allerdings nur als Provokation aufgefasst wurde. Bis dahin schien, zumindest für einen Anfänger wie mich, die Situation noch einigermaßen unter Kontrolle und auch nur geringfügig gefährlich zu sein. Inzwischen waren auch weitere Kollegen eingetroffen. Diese kümmerten sich um die Gruppe vor dem Vereinsheim, während wir uns mit dem uneinsichtigen Jungen »unterhielten« und ihn aufforderten, seine Bierflasche abzustellen. Bis dato hatte ich – wie gelernt – konsequent den aggressiven Basecap-Träger im Auge behalten. Doch plötzlich waren in der Dunkelheit hinter mir mehrere Stimmen zu hören, welche mich nichts ahnend zu einer 180-Grad-Drehung veranlassten. Die nächsten Sekunden liefen für mich wie in Zeitlupe ab. Leider auch mit dem Effekt, dass ich gefühlt auch nur in diesem Tempo reagieren konnte. Ein lauter Schrei nach mir drang an mein Ohr. Ich blickte mich um. Noch bevor ich wirklich begriff, dass da gerade die Bierflasche in der Hand des Jungen gezielt in Richtung meines Kopfes unterwegs war, hörte ich ein klirrendes Geräusch. Im nächsten Moment lag der Übeltäter zappelnd unter meinem Dienstgruppenleiter am Boden. Erst da wurde mir klar, dass die Flasche nicht auf meinem Kopf, sondern am Boden zerschellt war. Die Kollegen hatten ihm reflexartig die Flasche aus der Hand geschlagen und ihn zu Boden gerissen. In diesem Moment kamen mir die Worte, die ich ein paar Tage vorher zwar gehört, aber nicht richtig verstanden hatte, wieder in den Kopf.

»Das Wichtigste ist, dass wir gesund und munter nach Hause kommen. Deshalb passt hier jeder auf jeden auf.«

Ich bin den beiden sehr dankbar dafür, dass nicht direkt an diesem Tag schon meine Dienstzeit für einige Wochen unterbrochen wurde. Der Flaschenschläger hatte sich bei der Aktion übrigens die Schulter gebrochen und in einer Zelle übernachtet.

56. GRUND

Weil man auch mal länger machen »darf«

22:35 Uhr, die Spätschicht neigt sich dem Ende zu, und mit den Gedanken ist man bereits im Feierabend. Mit einem kurzen Piepton meldet sich das Funkgerät:

»Streitigkeiten im Hause Müller, Bahnhofstraße 68, der Sohn hat angerufen. Mutter schlägt den Vater.«

Dieser kurze Funkspruch lässt die gesamte Abendplanung wie ein Kartenhaus zusammenbrechen. Beide Kollegen wissen, dass ein solcher Sachverhalt unter Umständen auch mal mehrere Stunden dauern kann. Eine »HG« (häusliche Gewalt) ist seit einigen Jahren mit einer ganzen Palette an polizeilichen Sofortmaßnahmen und entsprechenden Anzahl an lustigen Schriftstücken behaftet. Nach der ersten leicht grummeligen Reaktion auf den Funkspruch überkommt mich ein leicht ironisches Lächeln. Es ist schließlich erst die dritte Schicht in Folge, wo sich der Feierabend auf unbestimmte Zeit verkrümelt hat.

»Das macht den Job ja so interessant, er ist unberechenbar.«

Mit diesen treffenden Worten leitet der Kollege eine rasante Fahrt mit blauer Beleuchtung und Tatütata durch die Nacht zur Familie Müller ein. Wie sich herausstellen sollte, konnte der Einsatz zu Recht nicht noch ein paar Minuten bis zu unserer Ablösung warten.

Bereits beim Betreten des Hauses drangen uns laute Hilferufe durch die geschlossene Wohnungstür entgegen. Dort schien, entgegen jeglicher Erwartungen, ein Mann Angst um sein Leben zu haben. So muss man sich wohl anhören, wenn man zur Schlachtbank geführt wird. Kurzentschlossen konnten wir uns mit dem »Türöffner« in Größe 46 Zutritt zur Wohnung verschaffen. Die Wohnungstür antwortete dem Tritt des Kollegen mit einem brechenden Geräusch und gewährte uns Einlass. Keine Sekunde zu spät. Auf dem Boden im Wohnzimmer kauerte ein stark blutender Mann. Über ihm stand eine kleine junge Frau, die kontinuierlich mit einem Laptop der Firma mit dem angebissenen Apfel auf ihn einschlug. Das Aluminiumgehäuse des Rechners hatte ganze Arbeit geleistet. Die Platzwunde am Kopf des Mannes war nicht zu übersehen. Zugegeben wirkte die Situation etwas bizarr, und so brauchten wir eine Sekunde, um das Geschehen zu realisieren.

Auch kleine Frauen können enorme und nicht zu unterschätzende Kräfte aufbringen, wenn sie in Rage sind. Dies wurde uns bei der »körperlichen Auseinandersetzung«, um im bürokratischem Slang zu bleiben, aufs Neue schmerzlich bewusst. Ein Gebissabdruck der Dame in meinem Unterarm später war es uns gelungen, sie am Boden zu fixieren. Nachdem sie uns bemerkt und von ihrem Gatten abgelassen hatte, entlud sich ihre Wut auf die Männerwelt an der Staatsgewalt in persona an meinem Kollegen. Neben dem Feuerwerk an wüsten Beschimpfungen verfehlte ihn das fliegende Aluminiumgehäuse nur um Haaresbreite. Ihr Ellenbogen sowie ihr loses Mundwerk fanden allerdings doch noch den von ihr anvisierten Bestimmungsort im Gesicht meines Streifenpartners und in meinem linken Unterarm. Damit endete der Abend für alle Anwesenden wahrscheinlich anders als gedacht. Der Herr durfte in einem Krankenhausbett und die nette Hausherrin in einem 5×5 Meter großen Raum mit Stahltür und einer Matratze übernachten. Auch wir konnten uns nach einer kurzen ärztlichen Behandlung und dem Erledigen des Papierkrams dem Feierabend widmen.

Wahrscheinlich fragen Sie sich bereits, was um Himmels willen denn jetzt daran positiv sein soll? Erst soll ich länger machen und mich dann auch noch einer körperlichen Auseinandersetzung stellen, bei der ich verletzt werde? – Ja, genau das ist unser Job!

Und wenn man es mal von einer anderen Seite aus betrachtet, kann man dem Ganzen tatsächlich auch noch etwas Positives abgewinnen. Aus einem verzögerten Feierabend kann sich durchaus eine neue und bessere Abendgestaltung ergeben. Während man vorher vielleicht nur einen Couchabend vor der Röhre beziehungsweise dem Flatscreen geplant hatte, endete der Abend mit den Kollegen in einer Bar.

Ein weiterer Vorteil ist sicherlich auch, dass man sich keine blöden Ausreden mehr einfallen lassen muss. Sie kennen das doch sicherlich auch. Man ist auf einer Feierlichkeit eingeladen und hat absolut gar keine Lust, dieses natürlich nette Angebot wahrzunehmen? Anstatt sich gezwungen und steif zu unterhalten, würden Sie sich lieber einen netten Abend mit Ihrem Liebsten machen. Doch absagen geht eigentlich auch nicht, und so kommt man meist nicht drum herum. In diesem Fall kann ein Einsatz kurz vor Feierabend durchaus die Problematik in Ihrem Sinne entscheiden. Und mal ehrlich, welcher Gastgeber hätte kein Verständnis dafür, wenn die Pflicht ruft?

Ganz nebenbei bauen Sie natürlich auch noch einige Überstunden auf, welche wahlweise mit Freizeit oder einer Geldauszahlung ausgeglichen werden können. Aber, was bringt einem das Geld, wenn man es aufgrund fehlender Freizeit nicht ausgeben kann?

Es lässt sich sicherlich trefflich darüber diskutieren, ob die ständige Erwartungshaltung eines eventuell wieder unpünktlichen Feierabends ein Pluspunkt für den Polizeiberuf ist. Aber eines hat mir der Einsatz bei Familie Müller mal wieder bewiesen: Lieber gehe ich mit dem Gefühl nach Hause, jemandem geholfen zu haben, als pünktlich mit der Gewissheit, dass ich meiner Pflicht nicht nachgekommen bin. Immerhin bin ich aus einer Überzeugung heraus Polizistin geworden und nicht, weil es mir wichtig war, immer rechtzeitig zur *Tagesschau* am Esstisch zu sitzen. Jeder von uns wusste schon bei seiner Berufswahl, dass die Polizei nicht nur von 8:00 bis 16.00 Uhr – mit Ausnahme der Kriminalpolizei, kleiner Scherz am Rande – arbeitet.

Dass der ungewisse Arbeitsschluss durchaus nerven und im Streifenwagen zu diversen Kraftausdrücken führen kann, ist wahrscheinlich keine Überraschung. So fliegt bei dem Wutausbruch mancher Kollegen auch ganz gerne mal ein Gegenstand in Form einer Mappe oder eines Kugelschreibers durch das Polizeiauto, wenn das teuer bezahlte Konzertticket ungenutzt verfällt.

Polizisten sind schließlich auch nur Menschen.

57. GRUND

Weil Konfliktfähigkeit gelernt sein will

Es klingt abgedroschen, doch jeder Bewerber führt es in seinen Bewerbungsunterlagen im Bereich der sogenannten »Softskills« auf – die Konfliktfähigkeit. Viele vergessen dabei, dass es hier nicht um den innerlichen Konflikt bei der Entscheidung zwischen Schokolade und Gummibärchen geht. Auch der Streit zwischen Geschwistern ist damit nicht gemeint. Es geht darum, ob man in der Lage ist, konstruktiv Auseinandersetzungen zu lösen oder diese direkt im Vorfeld zu erkennen und zu verhindern. Das gilt sowohl im beruflichen als auch im privaten Leben.

Neben einigen anderen Berufszweigen stellt vor allem die Polizei gezwungenermaßen besonders hohe Anforderungen an diese Fähigkeit. Es ist für unseren Beruf eine Art Grundvoraussetzung.

Die beste Waffe für einen Polizisten ist immer das gesprochene Wort. Eine »deeskalierende« Kommunikation ist sozusagen das A und O, doch die will erst mal gelernt sein. Sie wissen selbst, dass es kein Problem darstellt, jemanden zu provozieren und entsprechend nur durch Worte auf 180 zu bringen. Versuchen Sie dann aber mal, diese Person auch wieder nur durch Worte zu beruhigen.

Jeder Bewerber ist zu Beginn natürlich davon überzeugt, diese Fähigkeit zumindest in Grundzügen auch zu besitzen. Im Auswahlverfahren für die Einstellung bei der Polizei werden deshalb häufig Rollenspiele mit solchen Konfliktsituationen durchgespielt und analysiert.

Ob man solchen Situationen allerdings wirklich gewachsen ist, wird einem erst später in den ersten richtigen Einsätzen bewusst. Meist wird man dann eines Besseren belehrt.

Ich hatte gerade meine zweite Schicht als Praktikant und kam mir in der Uniform noch etwas unbeholfen vor, als mein Tutor und ich zu einem Verkehrsunfall gerufen wurden. Es war für uns eigentlich ein relativ einfacher Auffahrunfall. Doch es benötigte nur ein paar versehentlich ungeschickt gewählte Worte von mir, um die eigentlich ganz einfache Geschichte stark zu verkomplizieren.

Etwas tollpatschig hatte ich den Unfallverursacher angesprochen:
»Na, haben Sie einen Schaden?«

Eigentlich wollte ich damit nur fragen, ob sein Auto beschädigt war. Ich bekam allerdings schnell zu spüren, dass eine ungeschickt formulierte Frage schnell eine Kettenreaktion auslösen kann. Der Unfallverursacher schrie wutentbrannt in meine Richtung und schlug dabei so lange um sich, bis seine Faust in der Seitenscheibe seines Autos landete.

»Ich wollte doch nur von Ihnen wissen, ob Sie einen Schaden haben?!«

Auch diese Frage machte die Situation nicht besser. Damals griff mein Tutor an dieser Stelle lachend ein und beruhigte die Situation mit wenigen Worten.

Heute würde ich auch über eine so formulierte Frage meinerseits lachen und mich selbst auf die Schippe nehmen. Damals fehlte mir, obwohl ich mich theoretisch mit dem Thema auseinandergesetzt hatte, schlichtweg noch das nötige Handwerkszeug – hier in Form von Einfühlungsvermögen – für solche ungewollt verursachten Konflikte. Bei diesem Einsatz ist mir bewusst geworden, dass man Konfliktfähigkeit erst praktisch erlernen muss und die bloße Theorie darüber nicht ausreicht.

Die Polizei hat das Problem, dass sie fast immer gegen die Interessen mindestens einer Person handelt. Dadurch kommt es zwangsläufig bei jedem Einschreiten zu einem Konflikt. Die Kunst ist, diesen dann durch Worte zu lösen.

Jeder weiß, dass Worte nicht immer helfen und sich manche Situationen leider nur mit einer entsprechenden Gewalteinwirkung beenden lassen. Schafft man es aber, sich eine kommunikative Stärke anzueignen, wird man auch als Polizist ein relativ gewaltfreies Arbeiten genießen dürfen. Ist man nicht in der Lage, diese Konflikte zu bewältigen, wird man dies körperlich relativ schnell in Form von Widerständen und handfesten Auseinandersetzungen spüren.

58. GRUND

Weil die Polizei Grundsätze hat

»Sicheres Auftreten bei völliger Ahnungslosigkeit.«

Das ist einer der wichtigsten Grundsätze eines Polizisten und auch der Satz, den ich als Erstes in der Polizeischule gehört habe. Auch wenn diese Aussage im ersten Moment vielleicht etwas seltsam klingen mag, so ist an ihr doch etwas Wahres dran.

Wenn jemand die Polizei ruft, dann tut er das, weil er Hilfe benötigt und ihm höchstwahrscheinlich Gefahr droht. Kommen Sie nun als Polizist mit Ihrem Polizeiauto um die Ecke, steigen vollkommen unsicher aus und wissen selbst nicht, was jetzt zu tun ist, wäre das wohl eher suboptimal. Ein souveränes Auftreten auch bei völliger Ahnungslosigkeit ist an dieser Stelle schon die halbe Miete. Sie dürfen es sich nur nicht anmerken lassen. Egal, was Sie jetzt tun, machen Sie es ruhig und zielstrebig. Gleiches gilt auch für jede Frage, mit der sich ein Bürger an Sie als Polizisten richtet. Frage als Gegenfrage wiederholen – damit hat man sich für das Nachdenken schon mal Zeit verschafft –, souverän gucken, eine vorläufige allgemeingültige Antwort geben und als »Zusatzleistung« das Gegenüber einen Moment mit dem Versprechen vertrösten, sich kurz genauer zu informieren. 90 Prozent der Fragen und Fälle können Sie damit getrost abarbeiten, ohne dass Sie in Schwierigkeiten geraten. Im Zweifelsfall appellieren Sie bei Ihrem Gegenüber doch einfach an seinen »gesunden« Menschenverstand, spätestens dann erübrigt sich meistens jede weitere Frage.

Damit hätten wir auch schon den zweiten wichtigen Grundsatz bei der Polizei, »Ruhe bewahren und Überblick verschaffen«, abgehakt. Jetzt wissen Sie auch, warum Polizisten aus ihrem Auto aussteigen und, egal wie sehr Sie auch winken oder rufen, wie computergesteuert erst mal nur die Lage und die Gegend genau sondieren – keine Sorge, es ist eine Routinemaßnahme. Man wird sich sofort um Sie kümmern.

Das dritte Motto im Polizeiladen ist das Prinzip der Reservenbildung: Egal was passiert ist, Reserven schaffen. Ist Ihnen schon mal aufgefallen, dass, egal um welchen Einsatz es sich handelt, Polizisten häufig in Rudeln auftreten? Das hängt mit diesem Prinzip zusammen. Die Polizei hat die Angewohnheit, bei jeder »Lage« – also einem polizeilichen Einsatz –, so viele Polizeikräfte wie nur eben möglich vor Ort zu haben. Der Grund ist relativ simpel: Sicherheit. Man weiß nie, wie sich ein Einsatz entwickelt. Und bevor am Ende zu wenig Kollegen am Einsatzort sind, sammelt man lieber schon mal alle möglichen Kräfte. Eigentlich eine gute Angewohnheit. Leider wird sie manchmal auch etwas übertrieben. Wundern Sie sich also nicht, wenn auf einem Parkplatz in der Innenstadt plötzlich Dutzende Polizeiautos stehen. Wahrscheinlich wurden gerade wieder Reserven gebildet.

Achten Sie bei Ihrem nächsten Kontakt mit der Polizei, zum Beispiel bei einem Verkehrsunfall, mal auf das Verhalten der Kollegen. Sie werden sicherlich mindestens einen der Grundsätze wiederfinden.

59. GRUND

Weil TEAMWORK bei der Polizei großgeschrieben wird (Teil 2)

Vor dem ersten Praktikum war mit uns in den Trainings auf der Polizeischule immer wieder das taktische Vorgehen und die Eigensicherung bei gewissen Einsätzen trainiert worden. Natürlich ist jedem von Beginn an klar gewesen, dass man einem Schurken nicht den Rücken zudreht und dass man sich gegenseitig sichern muss. Doch wie schwer es in einer Schlägerei oder bei einer Durchsuchung wirklich war, dies auch adäquat umzusetzen, hatte ich unterschätzt. Bei der ersten Schlägerei, die ich im Dienst erlebt habe, entstand bei unserem Einschreiten ein solcher Tumult, dass alles taktische Vorgehen vergessen war und jeder nur noch auf sich selbst achten konnte.

Grundsätzlich wird bei der Polizei immer versucht, die »Einsatzbewältigung« möglichst effektiv und sicher zu gestalten. Daher gibt es bei jedem Einsatz eine klare Aufgabenteilung. Bei einer Unfallaufnahme beispielsweise wird sich ein Kollege um die anwesenden Personen und ihre Aussagen kümmern, während der andere sich mit den beteiligten Fahrzeugen, den auf und neben der Fahrbahn liegenden Trümmerteilen, der Vermessung und den Fotos beschäftigt. Anschließend erfolgt ein kurzer Austausch, sodass nichts Wichtiges vergessen wird. Auch bei Ruhestörungen, Streitigkeiten oder Befragungen ziehen die Kollegen nicht immer die »Good Cop – Bad Cop«-Nummer ab, wenn nur der eine Kollege spricht und der andere böse guckt. Das könnte entweder daran liegen, dass der Kollege wirklich schlechte Laune hat oder aus rein taktischen Gründen sich auf die Sicherung des sprechenden Kollegen konzentriert.

Stellen Sie sich eine bei uns fast alltägliche Festnahme vor. Dabei muss jeder Kollege genau wissen, was der andere macht. So sähe es nicht nur für den Zuschauer blöd aus, wenn beide Kollegen jeweils in eine andere Richtung an den Armen des Bösewichtes zögen, es wäre auch gefährlich – für beide Seiten.

Damit das Team auch in einem größeren Einsatz, einer sogenannten »Großlage«, funktioniert, gibt es immer einen Kollegen, der sprichwörtlich den Hut aufhat. Selbst bei der Besatzung eines Polizeiautos wird ein »Streifenführer« festgelegt, der letzten Endes sagt, wo es langgeht. So lässt sich garantieren, dass jeder zwar den

Gesamteinsatz im Kopf hat, sich aber auf seinen Part konzentrieren kann.

Eine solche Großlage, bei der unzählige Kollegen zum Einsatz kamen, war vor einigen Jahren zum Beispiel eine Geiselnahme in einer Kindertagesstätte. Dort hatte sich ein Täter mit mehreren Kindern verschanzt und Forderungen gestellt. Eine zusätzliche Problematik ergab sich dadurch, dass der Ort des Geschehens in einer, positiv ausgedrückt, »polizeifeindlichen« Gegend lag. Man kann sich vorstellen, dass allein für Absperr- und Verkehrsmaßnahmen, erste Befragungen und die Vorbereitung für den Einsatz von Spezialkräften innerhalb kürzester Zeit einiges an Personal- und Koordinationsaufwand nötig ist.

Damit das alles klappt und nicht jeder nach eigenem Gutdünken vor sich hin wurschtelt, werden durch den Einsatzleiter alle Aufgaben zugeteilt und protokolliert. Die Geiselnahme konnte damals übrigens nur gewaltsam durch einen Zugriff beendet werden. Bis auf den Täter wurde dabei glücklicherweise niemand verletzt.

Auch hier war wieder Teamarbeit gefragt.

Nur wenn man sich ständig und absolut auf den Kollegen an seiner Seite verlassen kann, kommen wir, wie mein Tutor schon sagte, gesund und munter nach Hause. Aus diesem Grund wird bei der Polizei TEAMWORK großgeschrieben und gelebt.

60. GRUND

Weil neben dem Arbeitgeber auch Donuts und Kaffee die körperliche Fitness fördern

Die Fahrertür des Polizeiautos öffnet sich, ein Donut guckt heraus, gefolgt von einer Tasse Kaffee, einem prall gefüllten Bauch und der weißen Dienstmütze. Das Klischee des Übergewichtigen und schwerfälligen Polizisten, dessen Leidenschaft dem glasierten

Gebäckkringel und dem Arbeiterkoks – gemeint ist hier natürlich der Kaffee – gilt, hält sich bis heute wacker. Doch ist dem wirklich so? – Jein.

Wenn Sie sich in Ihrer Stadt einmal umschauen, werden Sie feststellen, dass wir Polizisten zwar zwischendurch vielleicht ein paar Kilos zu viel mit uns herumtragen, aber der Donut nicht mehr das Erste ist, was Sie von uns sehen. Die allgemeine Tendenz geht insbesondere bei den jüngeren Generationen zum Anti-Sportmuffel.

Inzwischen hat auch die Polizei als Arbeitgeber erkannt, dass die körperliche Fitness nicht nur das Aussehen der Schutzmänner und -frauen beeinflusst, sondern sich auch auf viele weitere Dinge positiv auswirkt. So sind sportlich aktive Mitarbeiter weniger krankheitsanfällig, psychisch deutlich belastbarer und motivierter. Aber auch einem persönlich hilft es, dem eher so mittelmäßig gesunden Schichtdienst entgegenzutreten.

Neben den ganzen gesundheitlichen Aspekten verlangt aber auch der tägliche Dienst gerne mal spontan ein Maximum an körperlicher Leistungsfähigkeit. Seien es die Sprints den Melonendieben hinterher, Verfolgungsjagden über Stock und Stein oder die Überprüfung der Schlagkraft bei Schlägereien. Und seien wir mal ehrlich, es wäre doch schon sehr peinlich, wenn man nach einem 20-Meter-Sprint nach Luft japsend ins Sauerstoffzelt getragen werden müsste.

Um die Messlatte nun vom Boden aufzuheben und auf eine bestimmte Höhe zu legen, wird von Polizistinnen und Polizisten in NRW zum Beispiel jährlich ein Leistungsnachweis in Form eines Sportabzeichens oder eines Polizeisporttests gefordert. Zur Motivation der Sofasportler wird uns jährlich eine gewisse Anzahl an Arbeitsstunden für das Sportabzeichen und den Dienstsport gutgeschrieben – ein guter Ansatz. On top gibt es in jeder Behörde noch verschiedene Sportkursangebote.

Auch bei der Neueinstellung werden durch einen entsprechenden Sportleistungsnachweis oder einen in das Auswahlverfahren integrierten Sporttest bereits die größten faulen Eier ausgesiebt.

Auch wenn eine gewisse Sportlichkeit sicherlich von Vorteil ist, sind in unserem Trachtenverein natürlich auch Sportmuffel und Donutliebhaber willkommen. Ein guter Polizist zeichnet sich schließlich nicht nur durch seine Fitness aus. Und seien wir mal ehrlich, ganz ohne Naschen übersteht ohnehin kaum ein Kollege oder eine Kollegin die Schicht. Spätestens wenn jemand zum Nachtdienst einen Kuchen in den Aufenthaltsraum stellt, erinnern einige Einsätze später nur noch kleine Krümel an seine vorherige Existenz.

61. GRUND

Weil man Schichtdienst hat

»Schichtdienst« – ein Unwort für jeden Arbeitnehmer. Mit diesem Arbeitsmodell werden hauptsächlich negative Dinge assoziiert. Leider werden die positiven Aspekte dabei oftmals außer Acht gelassen. Natürlich ist es unstrittig, dass die durch den Schichtdienst bedingten Nachtdienste auf die Jahre gesehen gesundheitlich nicht förderlich sind. Dennoch bietet für mich – und das gilt für viele andere Kollegen auch – die Wechselschicht einiges an Vorteilen.

Vorweg möchte ich aber noch kurz auf unsere »Schichtsysteme« eingehen. Wie in der freien Wirtschaft gibt es auch bei der Polizei die unterschiedlichsten Schichtmodelle. Diese variieren nicht nur von Bundesland zu Bundesland und von Behörde zu Behörde, sondern können auch schon auf den einzelnen Wachen unterschiedlich sein. Grundsätzlich liegt aber jedem Modell eine Wochenarbeitszeit von 41 Stunden zugrunde. Mit jeder Variante müssen sieben Tage die Woche, 24 Stunden am Tag und das Ganze dann 365 Tage im Jahr abgedeckt sein. Oder haben Sie am Notruf schon mal gehört, dass die Polizei Ferien macht oder nachts geschlossen hat? Für uns Polizisten wäre das arbeitsmäßig natürlich schön.

Der Tag wird dabei in die Früh-, Spät- und Nachtschicht unterteilt. Neben den sogenannten »Poolmodellen«, in denen man sich seine Schichten in der Woche relativ frei aussuchen und eintragen kann, gibt es verschiedene Systeme. Die meisten sehen dabei sieben Arbeitstage am Stück gefolgt von zwei, drei freien Tagen vor. Eine »Schweinewoche« sähe dann an einem Montag beginnend so aus: Früh, Früh, Spät, Spät, Nacht, Nacht, Nacht. Man käme dann Montagmorgen aus der Nachtschicht und müsste dann am Mittwoch wieder mit einem Frühdienst starten.

Auf die einzelnen Dienstzeiten der drei Schichten gehe ich an dieser Stelle aus taktischen Gründen bewusst nicht weiter ein. Ich hoffe, Sie können es mir nachsehen. Leider ist ja nicht jeder der Polizei wohlgesinnt.

Jetzt wollen wir uns aber den eigentlichen Vorteilen des Schichtdienstes widmen. Abgesehen von der monatlichen Wechseldienstzulage auf unserem Konto eröffnen einem die »ungewöhnlichen« Arbeitszeiten diverse Möglichkeiten. Sie können beispielsweise am Vormittag entspannt Behördengänge erledigen, ohne dafür einen Urlaubstag oder Überstunden abzubauen. Auch die »Freizeitgestaltung« ist deutlich flexibler. So lässt es sich in der Stadt am späten Vormittag viel entspannter shoppen als am Nachmittag. Fast leere Geschäfte, keine Warteschlangen an der Kasse und eine sofortige Bedienung bieten ein vollkommen neues Shoppingerlebnis. Der Besuch eines Freibades oder einer Saunalandschaft ist unter der Woche auch deutlich angenehmer, als wenn Sie am Wochenende wie die Sardinen in der Sardinenbüchse auf der Schwitzbank oder im Freibad hocken. Sie werden auch seltener den Paketboten verpassen. Das hat natürlich auch zur Folge, dass Sie relativ schnell zum Paketumschlagplatz Ihrer Nachbarschaft werden. Schließlich sind Sie häufig vormittags zu Hause.

Erzählen Ihnen Ihre Bekannten ständig vom Berufsverkehr und den Staus auf dem Weg zur Arbeit? Als Polizist können Sie darüber nur noch milde lächeln. Durch Ihre Arbeitszeiten werden Sie solche

Staus zu Rushhour-Zeiten nur noch während des Dienstes erleben und dann werden Sie für die Wartezeit im Stau gut bezahlt.

Es ist zwar nicht jeder für das Arbeiten in der Nacht gemacht, trotzdem bieten Mond und Dunkelheit ein vollkommen neues Arbeitserlebnis. Das Verbrechen schläft schließlich (fast) nicht.

Wenn man nicht sein Leben lang im Schichtdienst arbeitet und sich die Nächte um die Ohren schlagen muss, bietet ein solches Arbeiten also einiges an Vorteilen. Probieren Sie es aus und überzeugen Sie sich selbst!

KAPITEL 7

IM EINSATZ

62. GRUND

Weil Polizisten immer ein Affenkotelett dabeihaben sollten

Eine Banane, auch Affenkotelett oder Affen-Bifi genannt, ist stets ein treuer Begleiter von Polizisten und häufig in unseren Einsatztaschen zu finden. Da unsere Einsätze nicht vorhersehbar sind, lassen sich auch unsere Pausen und Mahlzeiten im Wachdienst nicht planen. Da kann der Hunger schon mal groß werden. Damit dieser im Einsatz aus den Kollegen nicht jedes Mal zwei hungrige »Divas« macht, wird vorgesorgt.

Jetzt könnte man, getreu dem Werbeslogan »Wenn es mal wieder länger dauert«, zu einem bekannten Schokoriegel greifen. Wie wir aber alle wissen, nehmen Polizisten – neben den Donuts und dem Kaffee – selbstverständlich ausschließlich gesunde Nahrung wie Pommes rot-weiß, Gyros oder Pizza zu sich. Daher wird natürlich der ungesunde Schokoriegel durch eine proteinreiche Banane ersetzt. Diese kann, wenn es schnell gehen muss, auch wunderbar im Waffenholster transportiert werden.

Das Affenkotelett erweist sich im Einsatzgeschehen neben seiner Grundverwendung als Nahrungsmittel durchaus auch als multifunktionell. So lässt sich mit der Schale mühelos, ähnlich wie bei einem Nagelband für Autos auf der Straße, ein Verbrecher oder auch der eigene Kollege aufhalten. Möchte man seinem Streifenpartner etwas Gutes tun, legt man die Bananenschale beispielsweise in seinen Fußraum.

»Ich bringe die gleich noch in den Müll.«

Unter Garantie ist die Schale innerhalb weniger Minuten in Vergessenheit geraten und sorgt beim nächsten schnellen Aussteigen für eine akrobatische Meisterleistung des Kollegen – inklusive Abgang. Aber auch Verbrecher wurden von polizeilichen Affenkoteletts schon böse überrascht. Während einer Fußstreife kam es zu einer kleinen Verfolgungsjagd eines fußläufig flüchtigen Täters nach einem Einbruch. Dabei verlor ein Kollege unbemerkt das mitgenommene Mittagessen, seine Banane. Der Einbrecher hatte sich unbemerkt in einem Gebüsch versteckt und an den Kollegen vorbeigeschlichen. Als er dann hinter den beiden über den Gehweg zum Sprint ansetzte, rutschte er gekonnt, einem Surfer gleich, auf der Affen-Bifi aus und fiel wenige Meter weiter rücklings zu Boden. So hat sich in diesem Fall die Banane als gute biologische Nagelsperre für Fußgänger erwiesen.

Vielleicht sollte man bei der Polizei künftig über einen Berechtigungserwerb samt Prüfung für den dienstlichen Umgang mit Bananen nachdenken. Schließlich scheinen sie nicht ganz ungefährlich zu sein.

63. GRUND

Weil kein Tag wie der andere ist

»Bei der Polizei ist kein Tag wie der andere.«

Mit diesem Spruch hat mich damals der Personalwerber meiner jetzigen Behörde angesprochen. Auch wenn er mit dem Versprechen, dass ich Hubschrauber fliegen und Ferrari fahren könne, nicht Wort gehalten hat, stimmt diese Aussage wirklich.

Obwohl sich im Laufe der Zeit natürlich Routinen entwickeln und man häufig mit denselben Einsatzanlässen wie »Verkehrsunfällen«, »Ruhestörungen«, »Schlägereien« und »Streitigkeiten« konfrontiert wird, ist jeder Einsatz doch ein bisschen anders. Während der Auffahrunfall an dem einen Tag schnell aufgenommen ist, gibt es am nächsten Tag bei gleichem Szenario eine verletzte Person und eine Schlägerei zwischen den Unfallgegnern. Auch eine Flucht vom Unfallort ändert sofort den ganzen Sachverhalt.

Neben diesen häufigen »Einsatzanlässen« bringen außergewöhnliche Großeinsätze eine besondere Spannung und Faszination mit sich. Die Stichwörter »Amokalarm«, »Schussabgabe« und »Geiselnahme« können da schon kurz eine Gänsehaut auslösen.

Auch die Gestaltung des Arbeitstages bezüglich etwaiger Pausen lässt sich schwer planen. Während an manchen Tagen wider Erwarten doch viel los ist, herrscht zu Rushhour-Zeiten unerwartet Einsatzebbe. Da wir im Streifendienst auf Notrufe reagieren, ist eine solche Prognose immer schwierig. Eine gewisse Flexibilität ist daher für Polizistinnen und Polizisten unabdingbar. Allerdings ergeben sich auch Freiräume, die andere Arbeitnehmer nicht haben. Diese lassen sich dann »flexibel« und nach Belieben gestalten. Sei es die Fußstreife am Badesee und an der Eisdiele vorbei, der Kontrollgang im Einkaufscenter oder der Kaffee am Feldrand bei Sonnenuntergang mit der Kollegin, es bestehen unzählige individuelle Möglichkeiten.

Neben diesen Freiräumen gibt es kaum etwas Schöneres als die unterschwellige Spannung, wann das Funkgerät wieder knackt und was wohl als Nächstes passieren wird: ein Einbruch, eine Verfolgungsfahrt oder doch eine Schlägerei? – Wer weiß.

64. GRUND

Weil Polizisten Verbrecher fangen

»Halt, stehen bleiben! Polizei! Keine Bewegung! Halten Sie die Hände so, dass ich sie sehen kann! Legen Sie sich ganz langsam auf den Bauch! Die Hände strecken Sie vom Körper weg! Sie sind festgenommen!«

In Amerika würde an dieser Stelle die Belehrung in voller Form, wie Sie es aus den amerikanischen TV-Serien kennen, zelebriert werden:

»Sie haben das Recht zu schweigen. Alles, was Sie sagen, kann und wird vor Gericht gegen Sie verwendet werden. Sie haben das Recht, zu jeder Vernehmung einen Verteidiger hinzuzuziehen.

Wenn Sie sich keinen Verteidiger leisten können, wird Ihnen einer gestellt. Haben Sie das verstanden?«

Hierzulande müssen Beschuldigte in einem Strafverfahren natürlich auch über ihre Rechte belehrt werden. Üblicherweise wird daraus aber keine große Show gemacht. Die Kernelemente, in Deutschland sind es vier Stück, ähneln sich trotzdem größtenteils. Als Beschuldigter einer Straftat hat man hier das Recht, seine Aussage zu verweigern. Kurzum, man darf die »Klappe« halten. Dann muss einem natürlich eröffnet werden, welcher Straftat man bezichtigt wird. Zudem besteht das Recht auf einen Anwalt und die Beantragung von sogenannten »Beweisanträgen«. Das ist im Grunde genommen nichts anderes als ein Antrag an das Gericht, bestimmte Fakten oder Tatsachen zu überprüfen, die einen entlasten könnten.

Auch wenn in Filmen die Verhaftung des Täters meist als Krönung der polizeilichen Arbeit gezeigt wird, ist sie in Wahrheit nur die Hälfte unseres Geschäfts. Mit der Festnahme einer Person ist nur ein Teilziel erreicht. Die weitere Arbeit der Polizeisachbearbeiter besteht nun darin, alle Fakten für den Sachverhalt so weit zu ermitteln, dass eine Gerichtsverhandlung mit einer Verurteilung stattfinden kann. Erst dann ist die Arbeit der Polizei abgeschlossen. Trotzdem bleibt für Polizisten auf der Straße die (erfolgreiche) Jagd nach Verbrechern mit das Aufregendste am Beruf.

Es gibt kaum ein besseres Gefühl, als einem Schurken das Handwerk zu legen und die Handschellen um seine Handgelenke zuschnappen zu lassen. Genau für diesen Moment macht man seinen Job.

Wie an sein »erstes Mal« kann man sich auch nach Jahren noch bildlich an seine erste Verfolgungsjagd mit anschließender Verhaftung erinnern:

In der Nacht war kaum etwas los gewesen. Die ganze Stadt schien zu schlafen. Die Ruhe war schlagartig vorbei, als über Funk die hektische Stimme eines Kollegen zu hören war:

»Wir brauchen Unterstützung! Ein Fahrzeug mit auswärtigem Kennzeichen ist nach einem Einbruch in ein Hosenoutlet flüchtig. Das Auto ist voller Beute und mit zwei Personen besetzt. Wir sind dran und fahren in Richtung Ortsausgang.«

Sofort waren alle hellwach. Mit Tatütata und Blaulicht ging es mit 180 Sachen über die Landstraße in Richtung des Tatortes.

»Theoretisch müssten die uns gleich entgegenkommen …«

Wir steuerten auf eine Einmündung am Ortsausgang zu. Schon von Weitem war das Blaulicht des anderen Streifenwagens zu sehen. Der Fahrer des Fluchtwagens versuchte, an der Einmündung abzubiegen. Als er dort aber einen dritten Streifenwagen sah, verlor er die Kontrolle über sein Auto und kam mitten in der Einmündung zum Stehen. Sekunden später waren die beiden Einbrecher von drei Polizeiautos eingekeilt und guckten in die Läufe von sechs Pistolen. Nachdem der Fahrer langsam mit erhobenen Händen ausgestiegen und auf der Motorhaube gefesselt worden war, mussten wir feststellen, dass den Beifahrer scheinbar vor Schreck die Ohnmacht übermannt hatte und er erst langsam wieder zu sich kam.

Nach dem Transport der beiden Übeltäter fanden sich im Fahrzeug Jeanshosen in einem Wert von mehreren Tausend Euro.

Natürlich laufen längst nicht alle Verhaftungen so spannend ab. Häufig versuchen die Beschuldigten gar nicht erst zu fliehen. Trotzdem sollte man immer auf der Hut sein. Schließlich gibt es nichts Peinlicheres, als wenn man den Täter schon sicher hat und er einem dann noch abhaut. Auch da sollte man sich nicht zu sehr auf die Handfesseln verlassen. Einige schaffen es trotz der auf dem Rücken gefesselten Hände zu entkommen. Obacht!

65. GRUND

Weil die Karnevalstage mit dem richtigen Outfit »a Mordsgaudi« sind

Alljährlich ist es wieder so weit. Laute Musik auf den Straßen, zwischen Obelix und einem mit Bierflaschen bewaffnetem »SWAT-Team« knutscht ein Kampfjetpilot mit einem Cowgirl, und mitten drin stehen wir – wahlweise in grüner oder blauer Tracht. Aber egal, ob es der grüne Hundertschaftsanzug oder die normale blaue Uniform ist, ein Polizist hat jedes Jahr die authentischste Verkleidung. So dauert es in der Regel auch nicht lange, bis die täuschend echt wirkende »Verkleidung« lautstark honoriert wird.

»Du hast aber ein tolles Kostüm!«

»Ist das echt?«

Zu Beginn des Tages zählt man noch die Häufigkeit dieser Frage, doch spätestens ab 11:11 Uhr hat man kapituliert und quittiert den Konversationsversuch nur noch mit einem leichten Lächeln. Immer wieder bemerkenswert sind auch die regen Vorstellungen der Playboy-Bunnys, Cowgirls und Hippiebräute über den weiteren Tagesablauf mit uns:

»Hallo, Herr Polizist, ich war ganz böse. Verhaftest und fesselst du mich?«

Bei einigen sicherlich ein durchaus schmeichelhaftes Angebot. Zur Verwunderung einiger Damen und natürlich auch Herren kommen wir dieser Bitte auch manchmal gerne nach. Bei den meisten Feierwütigen weicht die erste Freude über den stramm am Handgelenk sitzenden silbernen Handschmuck bereits im Polizeiauto einer bösen Vorahnung. Spätestens wenn sich die Zellentür hinter ihnen geschlossen hat oder man volltrunken vor seinen Erziehungsberechtigten steht – es zumindest versucht –, realisieren viele, dass unsere Ablehnung ihrer Sexfantasien mit einem Polizisten durchaus ernst und gut gemeint waren. Auch der Griff des jungen Playboy-Bunnys nach unserer »echt aussehenden Waffe« war sicherlich nicht ihre beste Idee.

Dass an den Faschingstagen eine gewisse sexuelle Energie in der Luft liegt, wird einem jährlich eindrucksvoll demonstriert. Nach einem feuchtfröhlichen Karnevalsumzug durch die Stadt hatten wir unser Polizeiauto, für eine sogenannte »Nachaufsicht«, neben einem Gebüsch abgestellt und waren ausgestiegen. Nach wenigen Minuten war ein seltsames Knurren, gefolgt von einigen heftigeren Atemgeräuschen, hinter unserem Auto zu hören. Gekrönt wurde die musikalische Darbietung von einem Würgen und einem lauten Aufschrei. Eigentlich war ich davon ausgegangen, dass sich aktuell keine Bären im Stadtpark aufhielten. Doch genau ein solcher lag rücklings mit blanken Genitalien zwischen Streifenwagen und Gebüsch. Auf ihm, und ich glaube, das hat die Natur eigentlich nicht so vorgesehen, saß ein kräftiger und relativ nackter Marienkäfer in seiner ganzen Pracht. Wie zu erwarten, war der Paarungsversuch nicht erfolgreich gewesen. Noch bevor es zu einer Kreuzung aus Bär und Marienkäfer – ein Marienbär – kommen konnte, hatte das starke Geschlecht barmherzig seinen Mageninhalt mit seiner Gattin geteilt. Vielleicht wirkt es betrunken anders, aber nüchtern betrachtet hatte das Spektakel doch etwas von einer Comedyshow. Bis zu meinem ersten Karnevalseinsatz im Polizeikostüm war mir verborgen geblieben, dass auch die kleinen niedlichen gelben Küken sich betrinken können. Während des Karnevalszuges beendeten wir gerade die Kontrolle einer Jugendgruppe, als hinter uns ein gelbes Federknäuel mit voller Wucht in eine Schaufensterscheibe einschlug und davon wie ein Gummiball zurückflog. Leicht benommen rappelte sich das Küken wieder auf und rammte mit einem lauten Schrei seinen Kopf wieder gegen die Scheibe – mit dem gleichen Effekt. Neben uns blickten auch die soeben kontrollierten Panzerknacker belustigt und leicht ungläubig auf das Spektakel. Vor seinem dritten Versuch, das Schaufenster mit seinem Kopf endgültig zu durchschlagen, bekamen wir das heranwachsende Vogeltier an seinen kleinen Flügeln zu packen. Wutentbrannt blicke uns der junge Herr im Federkleid durch seine zerbrochene Gesichtsmaske an. Jedes Zureden blieb erfolglos. Stattdessen wurde der Kopf immer röter. Durch eine ruckartige Bewegung schaffte er es, sich loszureißen. Als wäre es der Raserei verfallen, brüllte das Küken aus voller Kehle und titschte wie ein Flummi von links nach rechts gegen die Schaufensterscheiben durch die Ladenpassage. Wie bei Hänsel und Gretel verlor er dabei immer wieder Federn. Wir konnten der Spur bis zu einem Brunnen folgen, in dessen Mitte man schon von Weitem einen gelben Federhaufen liegen sah. Nachdem wir den vollkommen entkräfteten Jungen aus seinem nassen Gewand befreien konnten, erfuhren wir auch, was seinen Tobsuchtsanfall ausgelöst hatte. Seine 15-jährige Freundin hatte sich mit seinem besten Kumpel ein Bier geteilt. Dank des reichlichen Genusses alkoholhaltiger Getränke war das Küken zu der Erkenntnis gekommen, dass ihm seine Herzdame fremdgegangen sein musste.

Die Kopfschmerzen am nächsten Tag werden den Reifeprozess des Jungen deutlich vorangebracht haben.

Und so freue ich mich jedes Jahr wieder darüber, dass ich zum einen das echteste Kostüm anhabe und mich zum anderen kostenlos prächtig amüsieren kann. Polizist sein macht Laune, gute Laune!

66. GRUND

Weil es immer schlimmer geht

»Schlimmer kann es ja wohl nicht mehr werden« – weit gefehlt. Schlimmer geht immer! Damit meine ich weiß Gott nicht meinen Job, sondern vielmehr die Lebenssituation unserer »Kundschaft«. Wer seine eigene Familiensituation als untragbar empfindet, wird wahrscheinlich überrascht sein, dass es immer noch Leute gibt, denen es schlechter geht. Und das soll ein Grund sein, Polizist zu sein? Ja! Denn nur wenn man immer wieder aufs Neue daran erinnert wird, wie gut es einem geht, kann man es auch wertschätzen. Leider benötigen wir dafür immer wieder einen neuen Tritt in den Allerwertesten. Und genau diesen bekommen Sie als Polizist fast täglich, wenn auch nicht (immer) im körperlichen Sinne.

»Zum Glück ist meine Familie normal«, werden Sie jetzt denken. Doch ist »normal« nicht immer relativ? Irgendwie hat doch jede Familie ihre Macken. Manche mehr und manche weniger. Im Einsatz merken Sie schnell, dass viele Familien schon weit über das normale Maß an Problemen hinaus sind.

»Polizei-Notruf.«

»Hilfe, mein Sohn nimmt hier alles auseinander! Kommen Sie schnell!«

Solche Notrufe trudeln täglich mehrfach auf den Polizeileitstellen ein und gehören zur Routine. In Windeseile werden mehrere Fahrzeuge über Funk informiert und zur Wohnanschrift der Melderin geschickt.

In diesem Fall erwartete uns ein vollkommen aufgelöstes Ehepaar zusammen mit seinem elf Jahre alten Jungen an der Tür. Schon im Hausflur konnte man erahnen, dass der Haussegen mehr als nur schief hing. Die gesamte Garderobe samt Sideboard war abgeräumt und lag auf dem Boden verteilt. In der Küche sah es aus, als hätten Kleinkinder eine Essensschlacht veranstaltet. Neben dem Ketchup an den Wänden lagen kaputte Teller, Gurkenstücke und Fleischwurstscheiben überall verteilt. Auch im Wohn- und Esszimmer der Familie sah es nicht wirklich besser aus. Dem Scherbenhaufen auf dem Boden nach zu urteilen, waren mehrere Vasen und Bilder zu Bruch gegangen. Man schilderte uns, dass ihr anderer Sohn an ADHS leide und oft seine Tabletten nicht nehme. Wenn er dann nach Hause komme, suche er immer Streit mit seinem kleinen Bruder. Aktuell habe er sich im Badezimmer eingeschlossen. Unser Störenfried hatte sich also zurückgezogen. Wir nutzten die Gelegenheit, um uns ein Video der Mutter von dem Vorfall an diesem Tag anzugucken. Es war schockierend. Mit einem komplett leeren Blick – man sah fast nur noch das Weiße der Augen – prügelte der Junge auf seinen Bruder ein und warf mit allem um sich, was er in die Finger bekam. Auch vor seinen Eltern machte er nicht halt. Die Mutter erzählte uns, dass sie schon seit über einem Jahr mit dem Jugendamt in Kontakt stehe. Das könne bisher allerdings auch nichts weiter tun.

Die Familie war nervlich komplett am Ende. Obwohl theoretisch gesehen unser akutes Einschreiten nicht mehr erforderlich war, nahmen wir uns die Zeit, mit dem Störenfried zu sprechen. Wie erwartet, zeigte er sich wenig kooperativ und nicht einsichtig, im Gegenteil. Er beschuldigte die ganze Welt, gegen ihn zu sein. Auch die »blöden Bullen« könnten ihm nichts. So ganz unrecht hatte er an dieser Stelle auch nicht. Tatsächlich konnten wir ihm nicht allzu viel tun. Denn wer würde schon einen 14-jährigen Jungen in eine Zelle sperren, wo sonst die ganzen bösen Kerle schmoren? Die Möglichkeit, durch einen Arzt zwangsweise in ein Landeskrankenhaus – eine psychiatrische Klinik – gebracht zu werden, schien ihm allerdings auch nicht sonderlich zu gefallen. Nach einer Stunde brachte er es schließlich doch übers Herz, sich zum ersten Mal bei seiner Familie für sein Verhalten zu entschuldigen.

Nach dem Einsatz blieb uns nicht viel mehr übrig, als einen ausführlichen Bericht an das Jugendamt zu schreiben. Auf der Wache hatten wir noch nicht ganz den Computer gestartet, als die Eltern erneut anriefen. Es ginge schon wieder los.

Durch solche Einsätze wird mir jedes Mal aufs Neue bewusst, wie gut es mir und meiner Familie eigentlich geht. Sind da viele unserer Schwierigkeiten nicht schon reine Luxusprobleme?

67. GRUND

Weil das Funkgerät des Polizisten liebstes Stück ist

Wie für viele das Smartphone der wichtigste und ständige Begleiter im Alltag ist, so ist es für den Polizisten oder die Polizistin das Digitalfunkgerät. Neben der Waffe und den Handfesseln führen wir es im Dienst ständig bei uns.

Obwohl man den deutschen Behörden ja gerne nachsagt, dass sie nicht mit der Zeit gehen, sind wir mit unserer Funktechnik – wenn auch als eines der letzten Länder – inzwischen im 21. Jahrhundert angekommen. Gut Ding will schließlich Weile haben. Ohne die meisten von Ihnen jetzt mit technischen Details langweiligen zu wollen, lassen Sie mich noch ein paar Worte zum Thema »Funk« verlieren. Danach widmen wir uns sofort wieder den polizeispezifischen Dingen.

Bis vor wenigen Jahren haben viele Bundesländer in Deutschland noch den sogenannten »Analogfunk« verwendet. Diese Technik ist sowohl total veraltet als auch nicht einmal ansatzweise abhörsicher. Ist Ihnen mal aufgefallen, wie schnell die Reporter der Presse immer vor Ort waren? – Teilweise sogar einige Sekunden vor uns. Diesem Problem wurde durch den größtenteils abhörsicheren Digitalfunk zumindest entgegengewirkt. Öfter war auch die Reichweite der alten Funkgeräte durch bauliche Gegebenheiten so sehr beeinträchtigt, dass man dem Kollegen besser laut zurufen konnte, als ihn anzufunken. Aufgrund der nicht unbeachtlichen Größe der Handfunkgeräte sollen sich diese allerdings – so erzählen die älteren Kollegen – hervorragend als Wurfgeschosse geeignet haben. Bei einem Durchbruch durch eine Kontrollstelle ist da das ein oder andere Gerät auch schon mal in der Front- oder Heckscheibe eines Autos gelandet.

Jetzt aber zurück zum eigentlichen Thema.

Da wir in Deutschland leben, gibt es nichts, was nicht irgendwo geregelt wäre. So ist auch für den Funkverkehr bei der Polizei einiges in Stein gemeißelt worden. Es beginnt damit, dass jede Polizeibehörde, also jede größere Stadt oder jeder Landkreis, einen eigenen Behördenrufnamen, wie beispielsweise »Arnold« oder »Pony«, hat. Hinzu kommt für die einzelnen Fahrzeuge eine Zahlenkombination, die sich aus dem jeweiligen Wachbereich und der Funktion der Besatzung zusammensetzt. Die Notrufzentrale (Leitstelle) der Stadt wird dabei immer nur mit dem Behördenrufnamen angesprochen. Sie haben doch sicherlich bei der Fernsehsendung *Auf Streife* schon einmal gehört, wie der Kollege gefunkt hat, und sich dabei über die komische Ansprache gewundert, oder? Nach dem obligatorischen Piepen des Funkgerätes dürfte es dann in etwa so geklungen haben:

»Arnold für Arnold 14/21, kommen.«

»Arnold, kommen.«

Zur kurzen Erklärung: In diesem Fall hat der Kollege im Polizeiauto seine Leitstelle »Arnold« angesprochen. Das »kommen« am Ende bedeutet lediglich, dass man mit seinem Funkspruch fertig ist und die Gegenseite antworten kann.

Im Dienst nutzen wir grundsätzlich zwei verschiedene Kanäle, den Hauptkanal und den sogenannten »Pommeskanal«. Während wir auf dem Hauptkanal mit unserer Notrufzentrale kommunizieren und dort sehr auf Funkdisziplin achten – der Vorgesetzte könnte ja mithören –, wird auf dem »Pommeskanal« oft frei Schnauze gesprochen. In Nachtdiensten, in denen das Einsatzaufkommen gering ist, lässt sich auf diesem Kanal auch schon mal der ein oder andere Schlager-Hit vernehmen – verraten Sie es aber nicht der GEZ. Seinen Namen hat der »Pommeskanal«, wie der Name schon vermuten lässt, von diversen Essensbestellungen, die darüber koordiniert werden. Ohne Mampf keinen Kampf! Das gilt auch für die Polizei.

Auch wenn immer sehr professionell mit der Funktechnik umgegangen wird, sorgen sogenannte »Tastenklemmer« im Streifenwagen oft für Erheiterung der Kollegen am Funk.

»Ey Mike, was hast du heute auf deinem Brot?«

»Nur Käse. Wenn du Schinken hast, können wir die Stulle tauschen?«

Neben solchen Routinegesprächen im Streifenwagen, die es ebenso auch schon früher auf dem Schulhof gegeben hat, bringen andere Tastenklemmer die jeweiligen Kollegen doch in arge Erklärungs- und die Zuhörenden vor Lachen in Atemnot. Wer glaubt, es würde bei der Polizei nicht gelästert, liegt falsch. Die scheinbare Privatsphäre in einem Polizeiauto kann ganz schön trügerisch sein.

Zwei männliche Kollegen schienen sich in einem solchen in Sicherheit zu wähnen, während sie sich im Nachtdienst über ihre Beziehungen und die »Kontakte« zu einigen Kolleginnen unterhielten. Leider klemmte zum Zeitpunkt dieses Männergespräches die Sprechtaste am Funkgerät, sodass über 60 Kollegen, u. a. auch die Partnerin des einen sowie einige andere im Gespräch erwähnte Kolleginnen, auf dem Hauptkanal dem Gespräch lauschen konnten. Nach knapp fünf Minuten erfuhren die beiden, dass sie live auf Sendung gewesen waren. Neben den spöttischen und schadenfrohen Kommentaren der Kollegen können Sie sich die Erklärungsnöte der beiden in den nächsten Tagen vorstellen. Die Beziehung des Kollegen hat darunter zwar gelitten, aber man hat die Kurve glücklicherweise noch bekommen.

Bei einer gemischten Autobesatzung, also Männlein und Weiblein, war Folgendes zu hören:

»Versuch ihn doch mal reinzustecken.«

»Ich fummel ja schon.«

»Ah, jetzt ist er drin.«

Laut den Kollegen hat es sich allerdings nur um das Gurtschloss gehandelt. Seltsam, dass sie sich kurze Zeit später auch offiziell näher gekommen sind.

Man merke sich: Auch wenn man sich in einem Polizeiauto in intimer Zweisamkeit wiegt, sollte man das Funkgerät immer im Auge behalten oder es besser noch ausstellen, bevor man sensible Themen bespricht.

68. GRUND

Weil selbst Aliens Angst vor unserer »modernen« Technik haben

Funkgeräte sind ja bekanntlich zum Kommunizieren über eine weite Entfernung gedacht. Was viele aber nicht wissen: Sie sind auch wahre Wunderwaffen im polizeilichen Einsatz. Dank der »modernen« Technik lassen sich mit ihnen sogar übernatürliche Mächte und Außerirdische bekämpfen. Glauben Sie nicht? – Können Sie aber.

»Bitte helfen Sie mir, meine Nachbarn sind andere Wesen, und sie haben meine Wohnung mit einem Strahlenfeld belegt.«

Dieser Notruf des älteren Herrn Kampler ging bei unserer Notrufzentrale ein. Angeblich seien seine Nachbarn von einem anderen Planeten und würden ihn schon seit längerer Zeit mit unsichtbaren Strahlen abhören und einer Gehirnwäsche unterziehen. Jetzt stünde aber unmittelbar seine Entführung durch die Außerirdischen bevor. Er habe inzwischen Gegenmaßnahmen eingeleitet und mithilfe von Alufolie zumindest sein Schlafzimmer isoliert. Allerdings könne er die Strahlen damit nicht langfristig aufhalten.

Was sich anhört wie der Teil eines Science-Fiction-Films, war für den Mann die gefühlte bittere Realität. Er ließ uns in seine Wohnung, gebot uns dabei allerdings, möglichst wenig zu atmen. Es sei nicht auszuschließen, dass die Nachbarn auch in seiner Atemluft in der Wohnung betäubende Stoffe freigesetzt hätten. Sein Schlafzimmer war, wie er berichtet hatte, wirklich komplett mit Alufolie tapeziert. Selbst der Fußboden und die Decke.

Er blickte uns verzweifelt an:

»Sie müssen mir helfen. Die wollen mich holen!«

Mein Kollege hatte eine Idee und bat den Herrn um einen Moment Geduld.

Zwei Minuten später schritten wir mit unseren rauschenden Funkgeräten in der Hand durch die Wohnung. Durch eine Rückkopplung unserer beiden Geräte wurde dabei immer wieder ein schriller Piepton verursacht. Der ältere Herr beobachtete uns wie gebannt. À la »Ghostbusters« entstrahlten wir so mit unseren speziellen Antistrahlungsgeräten Wand für Wand. Hin und wieder waren verwaschene »Alienstimmen« aus den Geräten zu hören – natürlich unsere Kollegen.

»Das ist der Funkverkehr der Außerirdischen, den wir hiermit stören können, Herr Kampler«, erklärte mein Kollege. Dieser war begeistert.

Nach knappen zehn Minuten hatten wir jeden Meter der Wohnung »entstrahlt«.

»Wir werden natürlich noch Ihre Nachbarn überprüfen. Bitte verhalten Sie sich ab jetzt ganz normal, als wüssten Sie von nichts. Ihre Wohnung hat jetzt eine Art Strahlenschutzschild, sodass man Ihnen nichts mehr antun kann.«

Mit diesen Worten verabschiedeten wir uns von dem sichtlich erleichterten Herrn Kampler. Nun schien er endlich wieder Ruhe zu haben. Und wir auch, nachdem er uns in den letzten Tagen förmlich mit Notrufen bombardiert hatte.

Auch wenn wir ihn in diesem Fall ein bisschen angeflunkert haben, war es doch eher eine Art Notlüge, oder?

Zu diesem Zeitpunkt wussten wir allerdings noch nicht, dass wir wenige Tage später erneut mit diesem Einsatz konfrontiert werden sollten. Dieses Mal aber nicht bei Herrn Kampler, sondern im Büro unseres Vorgesetzten. Und das auch nicht zum Entstrahlen seines Schreibtisches. Herr Kampler hatte nämlich einen Brief an die Polizeibehörde geschrieben und sich dort für das »Entstrahlen seiner Wohnung« bedankt.

»Sie haben also wirklich eine Wohnung entstrahlt?«

»Ja, sozusagen. Unsere Funkgeräte sind eben vielseitig einsetzbar.«

Jetzt musste auch unser Dienststellenleiter lachen. Eine solche Geschichte hatte auch er noch nie erlebt.

Der Polizeidienst hat eben immer wieder etwas Kurioses zu bieten.

69. GRUND

Weil Polizisten gerne ihren Status durchgeben

Neben dem eigentlichen Funken gibt es eine weitere Sache, die man mit unseren Funkgeräten machen kann und die der Streifenpolizist täglich auch Dutzende Male praktiziert:

Als kleiner Hinweis: Es ist nicht das Werfen des Funkgerätes nach flüchtigen Verbrechern.

Es ist das Durchgeben des aktuellen Status. Zugegeben, im ersten Moment klingt es etwas seltsam, deshalb möchte ich es Ihnen genauer erklären. Am Funkgerät im Polizeiauto befinden sich mehrere Zahlentasten, meist 0–9. Jede Zahl ist dabei mit einem bestimmten Status belegt. Drückt ein Polizist nun eine Zahl, so wird der jeweilige Rufname des Autos, z. B. Arnold 14/21, mit einer bestimmten Farbe auf den Bildschirmen der Polizeileitstelle hinterlegt und der entsprechenden Zahl gekennzeichnet. So wissen die Kollegen, die Ihren Notruf am Telefon entgegennehmen, was der jeweilige Streifenwagen gerade macht und ob er für einen Einsatz frei ist. Da man nun nicht jedes Mal per Funk die Leitstelle ansprechen muss, lässt sich durch diese Methode der Funkverkehr deutlich reduzieren. Folgende Statusmitteilungen nutzen wir jeden Tag:

»Einsatz übernommen«
»Eintreffen am Einsatzort«
»Auf der Wache«
»Sprechwunsch«
»Streifenfahrt«
»Datenabfrage benötigt« – Diesen Status nutzen wir, um Personalien zu überprüfen und mit unserem Fahndungssystem abzugleichen.

Als Polizist muss man es lieben beziehungsweise lieben lernen, ständig und in jeder Situation seinen »Status« durchzugeben. Mit der Zeit wird es zu einer Art Automatismus, der auch vor dem Privatleben nicht haltmacht. Wenn Sie sich dabei erwischen, wie Sie beim Abstellen Ihres privaten Autos auf Ihrem Radio eine Zahl drücken, um mitzuteilen, dass Sie am Einsatzort angekommen sind, und dann ruckartig aussteigen, wissen Sie, dass Sie urlaubsreif sind. Spätestens dann, wenn Sie nach einem Date Ihre Begleitung nach Hause gefahren haben und diese in Ihrem Auto vor dem Aussteigen selbstverständlich eine Zahlentaste auf dem Radio drückt, sollte Ihnen bewusst sein, dass Sie es nicht mit einer psychischen kranken Person zu tun haben. Stattdessen handelt es sich höchstwahrscheinlich um einen Polizisten oder einer Polizistin, die den Status für »Feierabend« gedrückt hat – nur eine kleine Berufskrankheit.

70. GRUND

Weil »dies das Ananas«

Nicht alle Diebe sind von Grund auf böse Menschen. Es gibt einige, die einen gewissen »Anstand« – man könnte sogar fast sagen: eine »soziale« Ader – haben. Manche versuchen sich dann sogar als Sahnehäubchen noch in der Kunst des Dichtens:

Ein bei uns auf der Wache inzwischen als »Dies das Ananas«-Dieb berühmt gewordener Herr hatte uns alle mit seinem »Sozialshopping« sehr erstaunt.

Über mehrere Wochen wurden wir beinahe täglich zu Ladendiebstählen in der Innenstadt gerufen. Für uns war das an sich nichts wirklich Besonderes. Nur die Tatsache, dass der in Fachkreisen sogenannte »modus operandi« – die wiederkehrende Art der Tatausführung – sehr speziell war, machte uns langsam stutzig. Jedes Mal, nachdem der Dieb etwas geklaut hatte, hinterließ er eine Kopie seiner Krankenkassenkarte zusammen mit einer Liste der geklauten Dinge. Nun sollte man meinen, dass die Taten dadurch sehr schnell aufgeklärt werden konnten. Leider bestand das Problem, dass der gute Herr keine Wohnanschrift hatte, sondern als »ofW« (ohne festen Wohnsitz) – also obdachlos – bei der Stadt gemeldet war. So schaffte man es auch nach mehreren Wochen und unzähligen Kopien der Krankenkassenkarte nicht, seiner habhaft zu werden. Doch dann eilte Kommissar Zufall zu Hilfe:

Nachdem wir am Nachmittag in einem Schuhladen mal wieder die Kopie der Krankenkassenkarte des Diebes in der Hand gehalten hatten, wurden wir am frühen Abend zu einer hilflosen Person, in der Polizeisprache kurz »Hilo« genannt, gerufen. Ein Mann war in der Innenstadt gestürzt und lag nun regungslos auf dem Boden. Zeitlich mit dem Rettungswagen trafen wir am Einsatzort ein, wo sich bereits eine Menschentraube gebildet hatte. Auf dem Boden lag ein junger zierlicher Mann mit russischem Aussehen. Am Kopf war eine Platzwunde zu sehen. Neben ihm lag eine Plastiktüte mit einem Schuhkarton. Obwohl er bisher regungslos am Boden verharrt hatte, sprang er plötzlich auf, als die Sanitäter seine Kopfwunde behandeln wollten. Erst nachdem die Kollegen der Feuerwehr mehrere Minuten auf ihn eingeredet hatten, begab er sich unter leichtem Protest mit uns in den Rettungswagen.

Es war schnell klar, dass die Wunde im Krankenhaus behandelt werden musste und der Fahrgast wahrscheinlich einiges an Drogen eingeworfen hatte. Ebenso wie die Erstversorgung gestaltete sich auch die Kommunikation mit ihm etwas komplizierter:

»Wie ist das Ganze denn passiert?«

»Und dies das! Bist du cool, sind die anderen schwul!«

»Wir müssen jetzt mit Ihnen in ein Krankenhaus fahren, okay?«

»Dies das Ananas!«

»Guter Herr, wir haben keine Ananas. Wir müssen Ihre Kopfwunde behandeln.«

»Fahren wir jetzt oder wie oder was?«

Egal welche Frage wir ihm stellten, die Antwort war immer eine Art Reim, der zusätzlich mit einem »dies das Ananas« oder einem »oder wie oder was« geschmückt wurde.

Während der Fahrt fanden Rettungssanitäter einen Ausweis und eine Krankenkassenkarte in seiner Jacke.

»Moment mal, diese Karte kenne ich doch ...«

Und tatsächlich, es war genau die Karte, von der wir über 20 Kopien bereits auf der Wache liegen hatten. Auch der Schuhkarton mit den schwarzen Lederschuhen passte zu dem Diebstahl am Nachmittag.

Im Krankenhaus verweigerte unser Dieb dann allerdings jegliche Behandlung. Aufgrund der Kopfverletzung und der konsumierten Betäubungsmittel wurde dann über eine Zwangseinweisung in eine Psychiatrie nachgedacht. Entscheiden konnten das aber nur der Arzt und ein Zuständiger vom Ordnungsamt.

Während wir auf die beiden warteten, nutzten wir die Zeit, um ihn auf seine Beutezüge anzusprechen:

»Sind Sie der nette Dieb, der immer eine Kopie von seiner Krankenkassenkarte hinterlässt?«

»Klaut man zum Schutze, zieht's einen durch den Schmutze und dies das.«

Während viele Bösewichte doch ein recht aggressives Verhalten an den Tag legen, wirkte unser dichtender Dieb eher niedlich.

»Dies das Ananas, klaut man die Hosen für 39 Euro wie doof, bekommt man dafür nur fünf Euro am Hauptbahnhof. Oder wie oder was.«

In einem Meer aus Phrasen und Reimen erzählte er uns dann, dass er die Klamotten immer klaue, um sie dann am Hauptbahnhof für wenig Geld zu verkaufen. Anders könne er die Drogen nicht mehr finanzieren. Er sei auch kein schlechter Mensch, und ihm tue es leid, daher habe er immer die Kopien hinterlassen. Er wolle niemandem schaden.

Nachdem ihm klar wurde, dass ihm keiner etwas Böses wollte, begab er sich am Ende dann freiwillig in die Psychiatrie und ließ seine Wunde versorgen. Zum Abschied reichte er uns die Hand und verabschiedete sich:

»Mein Leben war bisher eine Quälerei, vielen Dank Herr Polizei.«
Es bleibt ihm zu wünschen, dass er den Entzug geschafft und vielleicht auch endlich seine Ananas bekommen hat.

Bösewicht ist eben nicht gleich Bösewicht, es gibt auch »liebe« Diebe.

71. GRUND

Weil man die Polizei für ein Taxiunternehmen hält

Wenn Sie ein besser bezahlter Taxifahrer werden möchten, dann heuern Sie doch bei der Polizei an. Zumindest, wenn es nach vielen meist angetrunkenen Mitbürgern geht, will man die Polizei zwar nicht haben; wenn sie aber schon rumfährt, dann doch bitte als Taxi. Schließlich zahlt man ja auch Steuern. Es ist nicht so, als ob wir das in einzelnen Fällen – wer lässt nachts schon eine Dame alleine durch die Gegend wandern – nicht auch gerne tun würden. Allerdings säßen wir damit leider sehr schnell am Fliegenfänger. Die Streifenwagenbesatzungen dürfen Personen nämlich nur aufgrund von »polizeilichen Maßnahmen« transportieren. Dazu zählen Festnahmen – versteht sich ja irgendwie von selbst –, Identitätsfeststellungen, Blutproben und natürlich Schüler- oder Jurapraktikanten. Auch zum Schutz der Person, wenn wir zum Beispiel Vermisste oder Leute in hilfloser Lage aufgefunden haben, werden »kostenfreie« Fahrten im Polizeiauto spendiert. Aber keine Regelung ohne Ausnahme: Alle Personen, die auf irgendeine Weise verletzt oder krank sind, dazu zählen auch psychische Erkrankungen, dürfen nur in einem Rettungswagen durch unsere Kollegen der Feuerwehr mitgenommen werden.

Neben den Taxiwünschen der Partywütigen erfordern manche Beförderungsanliegen dann allerdings doch ein polizeiliches Handeln:

In diesem Fall war der Protagonist ein älterer Herr, der über die »110« mitgeteilt hatte, dass er versehentlich ein geparktes Auto angefahren habe und nun die Polizei benötige – sehr löblich, nicht einfach abzuhauen! Die meisten würden wahrscheinlich eher die Beine beziehungsweise ihr Lenkrad in die Hand nehmen und sich flink vom Ort des Geschehens entfernen. Als wir an der Unfallstelle ankamen, stand dort ein älterer Herr zusammen mit einer jungen Mutter und ihrem Baby. Da sich erst niemand bemerkbar machte, wollte ich mich kurz durch das geöffnete Seitenfenster vergewissern, dass wir an der richtigen Örtlichkeit waren:

»Guten Morgen, haben Sie die Polizei gerufen?«

Der ältere Herr drehte sich verwundert um, musterte mich sowie das Blaulicht auf dem Dach und ließ dann seinen Blick über unsere Seitentüren mit der Aufschrift »Polizei« schweifen. Mit einem ernsten Blick erwiderte er dann auf meine Frage:

»Entschuldigung, aber ich habe kein Taxi bestellt. Haben Sie trotzdem vielen Dank. Ich warte hier auf die Polizei, die müsste gleich hier sein.«

»Okay. Wir sind aber die Polizei. Sie haben uns gerufen«, antwortete ich mit einem Lächeln.

»Und warum haben Sie dann ›Taxi‹ auf Ihrem Auto stehen? Ich glaube nicht, dass Sie von der Polizei sind.«

»Nicht, dass wir das falsche Auto aus der Garage genommen haben ...«, warf die Kollegin vom Beifahrersitz aus kichernd ein.

Nach einigen Minuten und zahlreichen Erklärungsversuchen konnten wir den guten Herrn dann schließlich doch noch überzeugen, dass wir wirklich von der Polizei waren. Der eigentliche Unfall hatte sich inzwischen für uns allerdings schon erledigt, da die Dame mit dem Kind und unser Protagonist sich schon selbst geeinigt hatten. So konnte die Kollegin immer noch lachend den Einsatz mit diesen Worten abmelden: »Selbsteinigung vor Eintreffen und trotzdem ein Bericht an das Straßenverkehrsamt zur Überprüfung der Eignung zum Führen von Kraftfahrzeugen. Wir müssten dann auch noch unser Fahrzeug an der Wache tauschen. Wir scheinen versehentlich heute das Polizeitaximobil genommen zu haben.«

72. GRUND

Weil das Verbrechen niemals schläft

Während die Straßen in den Schein des Mondes gehüllt sind und alles schläft, ist das Verbrechen hellwach. Nicht, dass es tagsüber schlafen würde, im Gegenteil. Es gibt wohl keine Tages- und Nachtzeit, zu der die Bösewichte nicht zugegen sind. Die irrige Annahme, dass Einbrecher nur in der Dunkelheit kommen, ist schlichtweg falsch. Ob am Vormittag – wenn viele für ihr Geld schuften –, am Nachmittag oder in der Nacht, Langfinger nutzen jede Gelegenheit, Sie um Ihr Hab und Gut zu erleichtern.

Trotzdem suggeriert das subjektive Gefühl, dass nachts deutlich mehr Türen aufgebrochen und Fenster eingeschlagen werden. Tatsächlich ist es nur so, dass die Dunkelheit auch mit der dunklen Seite der Macht verbunden wird. Egal ob Schlägereien, Einbrüche und Überfälle, Lichtverhältnisse sind dabei eher nebensächlich.

Trotzdem sieht die Welt nachts doch ganz anders aus als am Tag. Wenn Sie in der Dunkelheit schon einmal durch Ihre Wohngegend oder den eigentlich heimischen Wald gelaufen sind, wissen Sie, was ich meine.

Um Einbrechern auf die Schliche zu kommen, habe ich mir unlängst eine komplette Nacht in einem Gebüsch um die Ohren geschlagen. Sie glauben gar nicht, welche seltsamen Geräusche Sie in der angenehmen Stille der Nacht plötzlich wahrnehmen und nicht zuordnen können: War es doch nur ein knackender Ast, oder steht da jemand hinter mir? Was raschelt denn hier neben mir?

Alle vorbeischreitenden Passanten machten den Eindruck, als würden sie sich durch die Dunkelheit sichtlich unbeobachtet und anonym fühlen. Ob in der Nase bohren, am Hintern kratzen oder doch unauffällig an einen Baum urinieren, alles schien im Schutz der Dunkelheit kein Problem zu sein.

Passiert in einer Nachtschicht nichts, werden nach ein paar Stunden im Gebüsch oder im Streifenwagen die Augen schnell schwer und die Müdigkeit fast unerträglich. Trotzdem sind für mich die Nachtschichten mit die schönsten Dienste. Auf den Straßen ist kaum jemand zu sehen, alles schläft, auch die Alltagshektik, keine E-Mails, die Luft ist kühl und frisch, besser kann das Arbeiten doch gar nicht sein.

Obwohl das Verbrechen ja eigentlich niemals schläft, gibt es auch unter den Schurken ein paar Ausnahmen:

Während eines Nachtdienstes wurde uns ein Einbruch in eine Firma gemeldet. Nachdem wir das Gebäude umstellt hatten, durchsuchten wir es Büro für Büro. Laut den Angaben des Melders war der Einbrecher inzwischen seit einer knappen Stunde in dem Gebäude. In der zweiten Etage stießen wir dann auf eine Schokoriegelverpackungsspur. Alle paar Meter lag ein Riegelpapier auf dem Boden. Diese Spur führte uns bis zum Büro des Firmenchefs. Die Bürotür war nur leicht angelehnt. Aus dem Zimmer drang ein rhythmisches Geräusch, das dem eines Sägewerkes doch sehr ähnlich war. Wir stürmten in das Büro:

»Polizei, keine Bewegung!«

Nichts regte sich. Es wurde weiter im Takt gesägt. Schließlich fanden wir das kleine Sägewerk unter dem Schreibtisch. Dort hatte sich unser Einbrecher mit einer Packung Schokoriegel, einer Geldkassette und einigen Autoschlüsseln zusammengekauert, um scheinbar mit seinem Winterschlaf beginnen.

Wenn man die ganzen Nächte in fremde Wohnungen einsteigt, muss man ja auch irgendwann mal schlafen dürfen. Und was eignet sich da besser, als direkt während der »Arbeit« mal ein kurzes »Powernapping« zu machen.

73. GRUND

Weil Murphys Gesetz auch für Polizisten gilt

»Alles, was schiefgehen kann, wird auch schiefgehen.«

Mit Murphys Gesetz wird wohl jeder schon seine Erfahrungen gemacht haben:

Sie kommen vom Einkaufen mit dem Auto zurück, und vor der Haustür ist natürlich kein Parkplatz frei. Die schweren Einkäufe lassen sich schließlich ganz bequem noch ein paar extra Meter tragen. Selbstverständlich reißt auf dem Weg zur Wohnung die Einkaufstüte, und der Joghurt verteilt sich geschmeidig über den gesamten Gehweg. In diesem Moment ist auch der Parkplatz direkt vor der Haustür frei geworden, und spätestens jetzt ist das Fass unter Ihrer Hasskappe übergelaufen. Kennen Sie diese Situation?

Auch das dienstliche Leben eines Polizisten oder einer Polizistin macht vor Murphys Gesetz nicht halt.

Die Außentemperatur übersteigt die 35-Grad-Marke, und die Sonne brennt unermüdlich auf unser blau-silbernes Polizeiauto herab. Trotz Klimaanlage hat sich der eigentlich helle Blauton der Hemden über der Schutzweste in ein schönes Dunkelblau gefärbt. Willkommen im Hochsommer bei der Polizei.

»Es könnte schlimmer sein.« – Wird es auch.

Es ist ein ungeschriebenes Gesetz, aber wenn wir Wohnhäuser betreten, sind die Wohnungen der Betroffenen oder Tatverdächtigen immer im Dachgeschoss. Dies ist vorzugsweise dann der Fall, wenn es sich um ein mindestens fünfgeschossiges Haus handelt. Ist man dann samt seinem Gerümpel am Gürtel die Treppen hochgestapft, stellt sich heraus, dass der Täter doch im Keller ist. Im Keller angekommen, flüchtet dieser natürlich. Nach einer Verfolgungsjagd über Stock und Stein, über Felder und durch Wälder sind dann auch die frisch geputzten Einsatzstiefel wieder dreckig. Vollkommen durchgeschwitzt mit »Ring 50« unter den Armen sitzt man dann mit dem

Täter auf dem Rücksitz des Polizeiautos. Dieser hat während der Fahrt zur Wache dann nichts anderes zu tun, als sich würgend zu übergeben. Gibt es etwas Schöneres? Zu allem Überfluss wird man dann auf der Wache noch zu seinem Wachleiter zitiert:

»Warum sind Ihre Stiefel nicht geputzt?«

Beliebt unter Kollegen sind auch die Arbeitstage, an denen man aufgrund eines Termins pünktlich die Waffe in sein Schließfach legen und die Heimfahrt antreten möchte. Entweder geht der Tag schon direkt zu Beginn des Dienstes schief, indem man von einem schweren Verkehrsunfall zum nächsten geschickt wird und sich die schriftlichen Vorgänge stapeln, die noch am selben Tag geschrieben werden müssen, oder alles läuft bis fünf Minuten vor Dienstschluss rund.

»Heute schaffe ich es. Ich komme pünktlich raus.«

»Raub in der Innenstadt, Täter vor Ort.«

Und da läuft auch schon der pünktliche Feierabend fröhlich winkend an einem vorbei.

Wie Sie sehen, macht Murphys Gesetz auch bei Gesetzeshütern keine Ausnahmen.

74. GRUND

Weil Polizisten andere Leute einsperren dürfen

Welche Szene sieht man fast in jedem Krimi oder jeder Polizeiserie? – Richtig, eine Metalltür, die hinter dem Beamten schwer ins Schloss fällt und verriegelt wird. Auf der anderen Seite der Tür schmort dann meist der Übeltäter auf einer Pritsche.

Auch im echten Polizeileben gibt es diese schweren Metalltüren und Zellen, den Polizeigewahrsam. In diesem Gewahrsamstrakt bekommen die Leute aus den unterschiedlichsten Gründen eine Übernachtung spendiert:

Während die »Besoffskis« nur für die Zeit bis zur Ausnüchterung einen Zellenplatz bekommen, werden andere aufgrund von begangenen Straftaten eingesperrt. Wenn zum Beispiel jemand bei einem Einbruch erwischt wird, findet er sich höchstwahrscheinlich in der Zelle wieder. Je nach Schwere der Straftat und der persönlichen Vorgeschichte werden die Übeltäter dann am nächsten Werktag einem Haftrichter vorgeführt und gegebenenfalls vom Polizeigewahrsam in ein richtiges Gefängnis überführt. Dort übernehmen dann Justizangestellte die Aufsicht. Der Polizeigewahrsam ist in solchen Fällen nur eine Art Kurzzeit- oder Übergangsknast.

Als Gewahrsamsdienst – so werden die Kollegen genannt, die sich um die Gefangenen kümmern müssen – erlebt man immer mal wieder unangenehme und auch lustige Überraschungen.

Angefangen von abartigen Geruchsausdünstungen des menschlichen Körpers, die ich mir in meinen schlimmsten Vorstellungen nicht hätte träumen lassen, bis hin zu außergewöhnlichen Verstecken. Bevor die Zellentür hinter jemandem ins Schloss fällt, wird dieser vorher körperlich genauestens durchsucht. Dazu zählen auch sämtliche Köperöffnungen. Sie können sich vorstellen, dass dies mitunter keinen Spaß macht. Wenn Sie glauben, Sie wüssten, wie richtige Käsefüße duften, dann nehmen Sie mal eine Nase im Polizeigewahrsam. Ich musste wirklich würgen und hätte mich beinahe übergeben. Sofern man den gewöhnungsbedürftigen Geruch dann überlebt hat, verstecken findige Übeltäter auch gerne einmal eine Rasierklinge in ihrem Anus oder – bei den weiblichen Vertreterinnen – einen Autoschlüssel im Genitalbereich. Über den Erfindungsreichtum lässt sich da nur noch staunen.

Für die meiste Belustigung im Gewahrsam sorgen allerdings immer noch die volltrunkenen Gäste:

Während einer Nachtschicht, in der ich als Gewahrsamsdienst fungierte, hatte ein Taxifahrer vor unserer Wache einen betrunkenen Mann abgeliefert, der partout nicht zahlen wollte oder konnte.

»Entschuldigung. Helfen mir bitte. Ich Taxi. Mann, betrunken in Taxi. Nix zahlen.«

Draußen erwartete uns eine betrunkene Tragödie. Ein koordinativ größtenteils außer Gefecht gesetzter Mann mit heruntergelassener Hose, einer 1-Liter-Dose des guten Bieres »Faxe« (die zweite offene Dose rollte bereits langsam in Richtung Kreuzung) und einigen vollgestopften Plastiktüten lehnte an einem Taxi.

»Halloooooo, isch bin auch schon hier!«, rief er uns entgegen.

»Guten Abend. Die Polizei hier.«

»Ich bin der Markuuuuuus.«

Der Markus wusste allerdings weder, wo er wohnte, noch wo er überhaupt war. Und bevor wir überhaupt eine weitere Frage stellen konnten, fiel er steif wie ein Brett nach vorne um. Glücklicherweise landete er auf seinen Tüten.

»Ey, ich brauche Geld. 45 Euro!«, meldete sich jetzt auch der Taxifahrer wieder zu Wort. Mehr als die Personalien des Mannes und einen Hinweis auf den Zivilrechtsweg konnten wir ihm allerdings nicht anbieten. Damit gab er sich immerhin auch zufrieden.

In der Wache versuchten wir dann zusammen mit »Markuuuuus« vergeblich, Angehörige zu erreichen. Allerdings hatte dieser nach wenigen Minuten plötzlich keine Lust mehr zu warten und entschied sich stattdessen, schwankend gegen den Türrahmen zu laufen und den Ausgang zu suchen. Bevor er die Wache verlassen konnte, bekamen wir ihn noch rechtzeitig zu fassen. Doch anstatt sich helfen zu lassen, beschloss der gute Mann Selbstjustiz zu üben, indem er versuchte, einen Mülleimer samt Aschenbecher in unsere Richtung zu werfen. Leider war dieser im Boden verankert.

»Isch hab kenen Bock mehr hier zu warten ... isch gäh jetzt ...«

Nach ein paar weiteren Versuchen, uns seine Faust ins Gesicht zu drücken, fiel er über seine eigenen Beine rücklings zu Boden. Nun war der Zeitpunkt gekommen, ihm ein Zimmer für die Nacht in unserem Keller anzubieten. Nachdem er mit viel Widerwillen dann doch den Weg zur Zelle geschafft hatte, ergab ein Atemalkoholtest einen Wert von 2,5 Promille. Man konnte ihm also nicht wirklich böse sein.

Noch bevor die Tür dann wirklich ins Schloss fiel, schien ihm die Zelle dann aber doch nicht ganz zuzusagen.

»Lasst mich hier raus! Das ist nicht fair, ich will nach Hause! Ich muss morgen arbeiten. Ihr seid richtig böse!«

Nach weiteren zehn Sekunden durchbohrte er mich mit einem glasigen Blick:

»Du bist ein ganz Süßer.«

Mit diesen Worten wendete er sich Ann-Kathrin zu.

»Sie aber auch.«

Danach drehte er sich wieder um, legte sich hin und schlief ein. Bis auf ein aktives Sägewerk war dann erst mal Ruhe. Allerdings nur zwei Stunden. Am frühen Morgen begann er damit, sich komplett auszuziehen und die gesamte Zelle mit Eigenurin zu lackieren. Nicht nur der »nette« Geruch schlug sich im Zellentrakt nieder.

Gegen 6:00 Uhr beschloss unser Zellenbewohner dann, dass es nun doch endlich an der Zeit wäre, ihn herauszulassen. Schließlich sei er nicht mehr betrunken und wisse auch gar nicht, warum er überhaupt eingesperrt sei.

»Das kann ich Ihnen sagen. Sie waren total betrunken und haben versucht, die Kollegin und mich mit einem Aschenbecher zu schlagen. Anschließend haben Sie die ganze Zelle vollgepinkelt.«

»Was habe ich? Ach du Schei**! Machen Sie die Tür wieder zu und lassen Sie mich eingesperrt.«

Mit diesen Worten nahm er beschämt wieder in der Zellenecke Platz. Die Frage nach dem »Warum« schien wohl beantwortet zu sein.

Abgesehen von solch »lustigen« Zeitgenossen, werden in unseren Zellen auch richtig böse Leute eingesperrt. Ich werde nie vergessen, wie ich einem Mörder und Kinderschänder gegenüber stand, um ihm sein Mittagessen in die Zelle zu bringen – ein richtig komisches und bedrückendes Gefühl, zumal er sich mir gegenüber auch noch richtig zuvorkommend verhielt. Trotz meiner innerlich massiven Abneigung musste auch er von uns fair behandelt werden – sicherlich nichts für schwache Nerven.

75. GRUND

Weil vielleicht doch jeder eine Leiche im Keller hat

»Oh, guck mal da, die Polizei. Habe ich was falsch gemacht? Fahre ich gerade zu schnell? Was ist passiert?«

Bei vielen löst die Polizei neben dem Aspekt der »Sicherheit« auch ein ungutes Gefühl aus. Man könnte ja gerade etwas falsch gemacht haben. Ist man als Polizistin in Uniform auf der Straße unterwegs, bekommt man schnell das Gefühl, dass jeder scheinbar irgendetwas zu verbergen und doch noch irgendwo eine Leiche im Keller versteckt hat. Die amüsanten Reaktionen auf das Erblicken einer Uniformierten reichen dabei von einem erschrockenen Blick, einem hektischen Gruß, einem flirtenden Blick über aggressive Drohgebärden bis hin zu einem »unauffälligen« Wegdrehen – schließlich hat man ja als Kind gelernt, dass, wenn man jemanden nicht mehr sehen kann, dieser einen dann auch nicht mehr sieht. Dabei möchte man an Ort und Stelle schnellstmöglich im Boden versinken oder sich durch einen imaginären Tarnumhang in Luft auflösen. Einige verhalten sich dabei so krampfhaft unauffällig, dass sie schon wieder extrem auffallen. Das beste Beispiel kam mir vor einigen Tagen auf einem Tankstellengelände entgegen. Während wir mit unserem Polizeiauto an einer Zapfsäule standen, schlurfte uns langsam ein Jugendlicher im »Gangsta«-Outfit (Basecap, Hose in den Kniekehlen und dicke Kopfhörer) mit gesenktem Blick entgegen. In dem Moment, wo er schon drohte, gegen den Streifenwagen zu kriechen, hob er den Kopf. Erschrocken blickte er sich um, legte seinen Kopf in den Nacken, drehte ihn leicht immer wieder von der einen zur anderen Seite und begann, gelangweilt vor sich hin zu pfeifen. Komisch, warum sich dann der ganze Körper verkrampft und der Schritt beschleunigt wird? – Sie können sich denken, was er in seinen Taschen dabeihatte? Ein paar Tütchen Marihuana.

Wenn er sich normal verhalten hätte, wäre er (wahrscheinlich) in diesem Moment niemals kontrolliert worden. Da hat seine Leiche im Keller sich sozusagen noch für sein Verhalten bedankt.

Auch wenn wir mit dem Polizeiauto im Straßenverkehr unterwegs sind, fallen die Reaktionen nicht anders aus. Viele packen sich sofort instinktiv an den Gurt oder zucken zusammen. Und hat man dann doch mal etwas falsch gemacht, könnte man ja theoretisch dazu stehen. Oder man leugnet es einfach so vehement, dass es schon wieder unglaubwürdig ist:

»Guten Tag, Polizei. Wir haben Sie angehalten, weil Sie während der Fahrt nicht angeschnallt waren.«

Mit einem unschuldigen Hundeblick schaute uns der Fahrer an.

»Ich? Niemals. Ich wurde erst vor einer Woche von Ihren Kollegen kontrolliert und musste 30 Euro wegen des Gurtes zahlen. Können Sie sich das vorstellen? Seitdem lege ich vor jedem Fahrtantritt (dieses Wort hatte er wohl von dem Kollegen aus der letzten Kontrolle) meinen ›Sicherheitsgurt‹ an.«

»Ja. Und wie Sie dann ja auch wissen, ist das Ganze eine Verkehrsordnungswidrigkeit und kostet 30 Euro. Die Belehrung ist Ihnen dann ja auch bekannt, oder?«

Jetzt wechselte der Fahrer von extremer Unschuld ein bisschen in Richtung Gleichgültigkeit.

»Ich muss dazu nichts sagen. Mache ich aber. Ich verspreche Ihnen, ich war angeschnallt. Ich traue mich seit letzter Woche noch nicht mal mehr ohne meinen Führerschein – auch nicht als Beifahrer – in ein Auto.«

»Okay, das habe ich wohlwollend zur Kenntnis genommen. Trotzdem muss ich Ihnen das Verwarngeld anbieten. Sie können es ablehnen, per EC-Karte zahlen, oder ich stelle Ihnen einen Zahlschein aus.«

»Mhm, Zahlschein. Aber ich war 1000-prozentig angeschnallt. Fragen Sie doch mal bei meiner Familie nach, die wird es Ihnen bestätigen. Soll ich kurz anrufen?«

»Nein, danke. Nicht nötig. Aber ich schreibe es gerne so auf.«

Im Streifenwagen notierten wir uns dann die Personalien und füllten die Zahlkarte aus. Schließlich sollten seine schauspielerischen Leistungen auch anerkannt werden. Mit ganzen 30 Euro. Plötzlich klopfte jemand gegen die Seitenscheibe.

»Ja, was möchten ...«

Weiter kam ich mit meiner Frage nicht, denn der Mann schien jetzt sein volles schauspielerisches Talent aufzubieten. Oder war es wirklich echt? Wir blickten in ein verheultes Gesicht. Schniefend und mit Tränen in den Augen stand er vor uns:

»Es tut mir so leid. Ich habe Sie belogen. Ich fühle mich so schlecht. Ich war wirklich nicht angeschnallt. Ich wollte Sie nicht belügen. Es tut mir leid.«

»Ähm ... ja ...«

Nachdem wir den guten Herrn wieder beruhigt hatten und er scheinbar doch wirklich reumütig war – ansonsten wäre seine Vorstellung wirklich filmreif gewesen –, boten wir ihm ein reduziertes Verwarngeld an. Er verabschiedete sich dann mit dem Versprechen, nie mehr das Gesetz zu brechen. Ein edles Vorhaben!

Wenn man davon ausgeht, dass man sich normal verhält, wenn man nichts zu verbergen hat, dann scheint jeder etwas ausgefressen zu haben. Dabei sind wir Polizisten doch auch nur normale Menschen – die meisten zumindest.

76. GRUND

Weil Polizisten auch im »bürgerlichen Gewand« unterwegs sind

Was um Himmels willen ist ein bürgerliches Gewand? Genau diese Frage habe ich mir während eines Gesprächs mit meinem Dienststellenleiter auch gestellt. Dabei ist die Antwort relativ einfach: Zivile, also stinknormale Kleidung, die nichts mit einer Uniform zu tun hat. Ich hätte es wahrscheinlich so formuliert: »Die Kollegen sind in Zivil unterwegs.« Wenn man es aber eben etwas edler formulieren möchte:

»Die Kollegen sind im bürgerlichen Gewand (oder Kleid) unterwegs.«

Wie dem auch sei, nicht überall, wo nicht »Polizei« draufsteht, ist auch nicht Polizei drin. Ein Teil der Polizisten arbeitet in Zivil und ist daher als Ordnungshüter, zumindest auf den ersten Blick, nicht zu erkennen. Auf den zweiten Blick verrät sich der ein oder andere dann allerdings doch mal durch seinen antrainierten »Schutzmannsblick«. Trotzdem hat es Vorteile, nicht direkt und offensichtlich als Kuttenträger erkannt zu werden. Welcher Taschendieb oder Einbrecher würde zuschlagen, wenn wenige Meter neben ihm gerade ein Polizist in Uniform patrouilliert – die selten dämlichen Diebe mal ausgenommen? Ich habe selbst einige Einsätze in ziviler Kleidung mitmachen dürfen. Es war schon erstaunlich, wie unbemerkt man den Taschendieben in der Stadt auf die Schliche gekommen ist.

Das bürgerliche Gewand bietet sich aber nicht nur an, um Diebe zu fangen. Genauso effektiv ist es bei der Jagd nach den Verkehrssündern unter Ihnen. Schauen Sie morgen auf dem Weg zur Arbeit mal, wie viele Leute ihr Handy am Ohr oder in der Hand haben? Es werden eine Menge Autofahrer(innen) sein. Noch ein letzter Blick in den Rückspiegel und nach vorne, bevor Sie noch mal eben schnell auf das Handy gucken. Ein Polizeiauto wäre ja schon von Weitem zu erkennen. Blöd nur, wenn gerade ein Zivilwagen der Polizei hinter Ihnen fährt. Wer rechnet schon wirklich damit? Im Kampf gegen Raser und grobe Verkehrsrowdys setzt die Polizei häufig sogenannte »Provida«-Fahrzeuge (Autos und Motorräder) ein. Diese sind mit speziellen Kameras für Geschwindigkeits- und Abstandsmessungen ausgestattet – denen entgeht nichts.

Wie wenig man mit zivilen Polizisten im Straßenverkehr rechnet, machte mir ein netter Verkehrsteilnehmer deutlich:

Zusammen mit einer weiteren Kollegin war ich im Zivilwagen auf der Autobahn unterwegs. Der Verkehr war, wie könnte es nachmittags in Deutschland auch anders sein, relativ zähflüssig. Wir nutzten die Zeit, um mal etwas genauer in die Autos links und rechts neben uns zu schauen. Und siehe da, nach wenigen Metern grinste mich der Fahrer eines weißen Kleinwagens verschmitzt mit seinem Handy am Ohr an. Ich lächelte freundlich zurück. Immerhin wusste ich ja, was jetzt gleich passieren würde. Nachdem er noch eine Augenbraue hochzog und mich anzwinkerte, hob ich die »Kelle« aus dem Fußraum, hielt sie in Richtung Scheibe und deutete mit dem Finger drauf. Der Fahrer mit dem Handy am Ohr blickte mich irritiert an. Ich wedelte nochmals mit der Kelle und bedeutete ihm, an der nächsten Möglichkeit von der Autobahn abzufahren. Zögernd ordnete sich der weiße Wagen ein und kam kurz nach der Ausfahrt zum Stehen.

»Schönen guten Tag, die Polizei.«

Da wir keine Uniform trugen und unser Auto nicht nach Polizei aussah, hielt ich ihm noch meinen Dienstausweis unter die Nase.

»Ich habe echt gedacht, Sie hätten eine Spielzeugkelle hochgehalten und sich einen Spaß erlaubt. Zwei schöne Frauen in einem Auto ... Sie sehen noch so jung und hübsch aus.«

»Vielen Dank für das Kompliment. Das hört jede Frau gerne. Leider sind die Kelle und auch ich schon etwas älter.«

Resignierend blickte er uns an.

»Na gut, dann muss ich wohl blechen...«

War es also doch zu etwas gut, dass ich noch jünger aussehe, als ich eigentlich bin. So hält mich ohne die Uniform keiner für eine Polizistin.

Denken Sie dran, die Polizei ist nicht immer nur in Kutte, also in Uniform und mit beschrifteten Polizeiautos unterwegs. In jedem Fahrzeug könnte ein Bulle lauern ...

KAPITEL 8

MÄDCHEN FÜR ALLES

77. GRUND

Weil Polizisten auch Autoren sind

Sie wollen Schriftsteller werden? Dann sind Sie im Land der Bürokratie bei der Polizei genau richtig! Ihre Tätigkeit wird dabei nicht nur das Schreiben von endlosen Paragrafenketten umfassen. Vielmehr werden Sie kuriose Geschichten, wilde Erzählungen und viele Märchen niederlegen.

Gehen wir ein bisschen ins Detail:

Fast täglich können Sie sogenannte »Strafanzeigen« zu Papier bringen. Sie müssten sich dabei theoretisch noch nicht einmal an eine Form halten. Die Anzeige könnte auch auf einer Rolle Toilettenpapier geschrieben stehen. Lediglich die Unterschrift des Anzeigenerstatters und der Straftatbestand sollten grob daraus hervorgehen. Allerdings erwartet Ihr Dienstherr von Ihnen, dass Sie trotz alledem eine gewisse Form wahren und den »Sachverhalt« strukturiert, grammatikalisch richtig und in einem zumindest teilweise elaborierten Sprachcode niederlegen. Ansonsten sind Ihren Schreibkünsten keine Grenzen gesetzt. Sie sollten allerdings darauf achten, dass etwaige Märchengeschichten – und davon werden Sie viele schreiben – als Zitate gekennzeichnet und diese nicht Ihrer Fantasie entsprungen sind.

Sind Sie eher der sachliche Typ? Dann wird Ihnen das Schreiben von Unfallanzeigen Freude bereiten. Hier ist Ihr Gespür für konkrete und auf den Punkt gebrachte Formulierungen gefragt. Dabei sollten Sie alle Faktoren wie Licht- und Witterungsbedingungen, den Straßenzustand, die Unfallbeteiligten, die Autos und natürlich den Unfallhergang genauestens beleuchten, um so eine Rekonstruktion zu ermöglichen.

Sie schreiben gerne Tagebuch und legen so Ihre persönlichen Erlebnisse schriftlich nieder? Dann kommt Ihnen die Polizeiarbeit direkt doppelt entgegen.

Zum einen sollten Sie sich nach besonderen oder erwähnenswerten Einsätzen ein Gedächtnisprotokoll mit Ihren persönlichen Eindrücken anfertigen, um später vor Gericht noch eine adäquate Zeugenaussage machen zu können. Ansonsten dürfte es Ihnen nach einem Jahr schwerfallen, zwischen den in dieser Zeit erlebten ähnlichen Einsätzen noch differenzieren zu können.

Zum anderen gehört es zu Ihrem Aufgabenbereich, Berichte über Ihre Beobachtungen und Feststellungen zu fertigen. Damit sind unter anderem alle Fahrzeuge, Personen und sonstige Feststellungen gemeint, die Ihnen verdächtig vorkommen. Sei es der dunkle Transporter mit auswärtigem Kennzeichen, der nachts durch eine Wohnsiedlung rollt oder die Personengruppe grölender Jugendlicher, die in der Nähe einer Schlägerei angetroffen wird. Vielleicht kann ja später durch Ihren Hinweis ein Einbrecher oder Täter geschnappt werden?

Nachdem Sie Ihr Schriftstück fertiggestellt haben, wandert es, nach vorheriger Kontrolle durch Ihren Vorgesetzten, auf den Schreibtisch des zuständigen Sachbearbeiters des jeweiligen Kommissariats. Bei etwaigen Rechtschreibfehlern oder fehlerhaftem sowie unklarem Inhalt geht Ihr Werk natürlich selbstverständlich mit einem entsprechenden Hinweis für eine erneute Überarbeitung an Sie retour.

Egal welcher Schreibtyp Sie auch immer sind, als Polizist dürfen Sie alles – und ich meine auch wirklich alles – schriftlich niederlegen. Im Zweifelsfall sollten Sie lieber ein bisschen mehr aufgeschrieben haben als zu wenig. Dies kann Sie vor einer Menge unliebsamer Nachfragen bewahren. Immer getreu dem Motto meines Vorgesetzten:

»Nur wer schreibt, der bleibt.«

78. GRUND

Weil die Auskunft die Aufschrift »Polizei« trägt

»11880 – da werden Sie geholfen«, oder wenden Sie sich an Ihren örtlichen Polizeibeamten. So oder so ähnlich könnte man eigentlich den Slogan der Auskunft erweitern. Zumindest bekommen Polizisten auf Streife schnell ein solches Gefühl. Es ist schon erstaunlich, mit welchen Themen die Leute an einen herantreten, wenn man eine Uniform trägt und im Auftrag des Landes unterwegs ist.

Die mit Abstand am häufigsten genutzte Anrede, um mit einem Polizisten ins Gespräch zu kommen, ist folgende:

»Entschuldigen Sie, Herr Wachtmeister, jetzt, wo ich Sie gerade sehe, darf ich Sie mal was fragen?«

Auf diese Frage, welche selbstverständlich mit »Ja, natürlich« beantwortet wird, folgen die unterschiedlichsten Themen. Angefangen von politischen Debatten, ob nicht etwa das »Gras« bald legalisiert werde oder mehr Geld in die innere Sicherheit gesteckt werden solle, bis hin zu beobachteten Einbrüchen:

»Also letzte Woche habe ich gesehen, wie nebenan am Nachmittag zwei Männer mit einer Leiter über den Balkon unseres Nachbarn geklettert sind.«

»Herr Wachtmeister, sagen Sie mal, vor ein paar Tagen waren zwei Männer bei uns im Hausflur und haben mich nach Strom für ihre Bohrmaschine gefragt. Sie wollten das Schloss der Nachbarwohnung aufbohren. Meinen Sie, es war richtig, Ihnen Strom zu geben? Als meine Nachbarn aus dem Urlaub gekommen sind, haben sie festgestellt, dass bei ihnen eingebrochen wurde.«

So lustig es im ersten Moment auch klingen mag, so sehr bekommt man vor Verwunderung über diese Naivität doch kurzzeitig Schnappatmung.

Eine Sache, die vielleicht noch nicht so weit verbreitet, unter Polizisten aber häufig praktiziert wird, ist, sich bei den örtlichen

Kollegen Informationen über ihre Erfahrungen in bestimmten Straßenzügen und Stadtteilen einzuholen. Das kann mitunter bei der Wohnungssuche und einem bevorstehenden Umzug in eine andere Stadt ganz hilfreich sein.

Bei Informationen über Discos und Lokalitäten zum Feiern nutzen allerdings schon mehr Leute diesen kostenlosen »Service«. Bitte kommen Sie aber nun nicht auf die Idee und wählen den Notruf, um sich nach Ihrer Gegend zu erkundigen. Das könnte nach hinten losgehen. Sprechen Sie stattdessen einfach mal einen Bezirksdienstbeamten oder einen Kollegen auf der Straße freundlich an, die helfen Ihnen bestimmt gerne weiter.

Die Polizei findet auch gerne als »Touristikguide« Verwendung:

»Entschuldigen Sie, was sollte man sich hier in der Stadt unbedingt ansehen? Haben Sie einen Geheimtipp?«

»Können Sie mir ein gutes Hotel empfehlen?«

»Können Sie mir sagen, wo wir hier in der Stadt die beste Currywurst bekommen?«

Natürlich helfen wir auch in diesen Fällen gerne weiter. Es scheint sich herumgesprochen zu haben, dass Imbissbuden, die viele Polizisten und Feuerwehrleute zu ihren Stammkunden zählen, gut sein müssen.

Die Polizei ist auch ein beliebter Ansprechpartner, wenn es darum geht, verloren gegangene Telefonnummern wiederzubeschaffen. So sprach uns eine raffinierte junge Dame während einer Fußstreife durch die Stadt an:

»Entschuldigen Sie, Herr Polizist, ich finde in meinem Handy doch tatsächlich Ihre Handynummer nicht mehr. Könnten Sie mir Ihre Nummer noch mal geben?«

79. GRUND

Weil Polizisten auch Seelenklempner sind

Nicht selten kommt es vor, dass die Leute, mit denen wir im Einsatzgeschehen zu tun haben, aus den verschiedensten Gründen einen enormen Redebedarf haben und gerne vergessen, dass wir eigentlich wegen einer Straftat gerufen wurden. Stattdessen findet man sich in der Situation eines Hobbypsychologen beziehungsweise -therapeuten wieder, dem erst die gesamte Lebensgeschichte und im Anschluss die angestauten Probleme offenbart werden. Auch wenn es aktuell in den Medien nicht so scheint, haben sehr viele Leute in persönlichen Notlagen immer noch ein großes Vertrauen in uns Uniformierte. So sehr sich viele auch über die Polizei ärgern, wenn sie eine Knolle bekommen, so groß ist die Erleichterung über unser Erscheinen, wenn man nicht mehr weiterweiß. Das Wählen der Notrufnummer »110« hat nicht immer Straftaten oder Verkehrsunfälle als Grund, vielmehr befinden sich die Anrufer meist in einer für sie persönlich ausweglosen und emotionalen Ausnahmesituation. Was einem Außenstehenden und neutralen Beobachter harmlos oder fast lächerlich erscheinen mag, ist für die Betroffenen eine ernste Situation. So absurd die Einsätze bei der Vergabe durch die Leitstelle über Funk manchmal auch klingen – und man zugegeben auch hin und wieder schmunzeln muss –, hilft die Polizei trotzdem gerne weiter.

Vor einiger Zeit wählte eine ältere Dame den Polizeinotruf mit der Bitte, man möge ihr dringend helfen. Sie hätte einen Albtraum gehabt und könne nun nicht mehr schlafen. Eigentlich kein Einsatz für die Polizei, trotzdem nahmen wir uns ihres Anliegens gerne an. Schließlich ist die Polizei ja auch Freund und Helfer. Sie empfing uns freudig und großmütterlich in einem pinken Nachthemdchen bereits an der Haustür. Sie bat uns, einzutreten und im Wohnzimmer Platz zu nehmen. Aus der Küche kam uns ein leichter Kaffeegeruch entgegen. Noch bevor wir einen Ton sagen konnten, hatten wir bereits eine Tasse frischen Kaffee und ein Stück Marmorkuchen vor uns. Die Situation wirkte etwas bizarr. Meine Kollegin und ich waren beide noch keine 30 Jahre alt und hätten gut und gern ihre Enkelkinder sein können, die zu Kaffee und Kuchen vorbeigekommen waren. Sie setzte sich zu uns, erzählte von ihrem Traum und davon, dass sie nicht mehr schlafen könne. Nahtlos übergehend berichtete sie von ihren Jahren als junges Mädchen an der Nordsee und ihrer ersten großen Liebe. Wir mussten schmunzeln. Die Dame hatte einfach nur Redebedarf und keine Enkelkinder, denen sie ihre Geschichten erzählen konnte. Nach einer knappen halben Stunde mussten wir das nette Kaffeetrinken leider abrupt beenden. Überfallalarm auf eine Spielhalle. Glücklich über unseren Besuch, versprach sie uns vorher aber noch, sich wieder ins Bett zu legen. Gestärkt und mit einem Lächeln im Gesicht ging es wieder zurück in die nächtliche Welt des Verbrechens. Übrigens: Der Alarm erwies sich wenige Minuten später als Fehlalarm.

In fast regelmäßigen Abständen benötigt auch Frau Blume von uns therapeutische Hilfe. Vorzugsweise in den späten Abendstunden. Hatte es am Anfang nur mit ständigen belanglosen Anrufen auf der Polizeiwache begonnen, bei denen sie sich nach der aktuellen Wettervorhersage, dem Fernsehprogramm oder dem Wohlergehen des Kollegen erkundigte, so verursachte sie kurze Zeit später diverse Polizeieinsätze. Sie müssen sich Frau Blume als eine Dame mittleren Alters vorstellen, die alleine in einem Reihenhaus lebt. Seit dem Tod ihres Ehemannes entwickelte sie wahrscheinlich durch ihre Einsamkeit zunehmend psychische Probleme, die dann auch die Polizei auf den Plan rief. In diesem Fall bat uns ihre Nachbarin um Hilfe. Sie sei von Frau Blume in deren Küche eingeschlossen worden. Vor ihrer Haustür stehend hatten wir Frau Blume geschlagene fünf Minuten glaubhaft machen müssen, dass wir wirklich von der Polizei waren. Ihr Misstrauen richtete sich inzwischen gegen alles und jeden. Selbst ihre hilfsbereite Nachbarin, die nur bei ihr nach dem Rechten gesehen hatte, wurde verdächtigt.

Dieses Mal bezichtigte sie mehrere Männer des Einbruchs. Sie seien durch ihre Küche eingestiegen und hätten das Alte Testament aus ihrer Bibliothek im Dachgeschoss geklaut. Nach dem Betreten des Hausflures erwarteten uns zu allen Seiten verschlossene Türen. Vor der Küchentür war zusätzlich noch ein Stuhl unter die Türklinke geklemmt worden. Triumphierend hielt uns Frau Blume einen riesigen Schlüsselbund entgegen.

»Ich schließe jetzt immer alle Türen im Haus ab. Nur wenn ich in einen anderen Raum möchte, öffne ich sie kurz und verschließe sie danach direkt wieder. So kann mir keiner mehr etwas klauen.«

»Und wen haben Sie dort in der Küche eingeschlossen?«

»Die Einbrecher, die mein Altes Testament geklaut haben, natürlich!«

»Okay, schließen Sie dann bitte die Küchentüre auf, damit wir nachsehen können?«

»Auf keinen Fall! Vielleicht gehören Sie ja auch dazu?!«

»Wir sind von der Polizei, Frau Blume. Wir wollen Ihnen helfen. Sie haben Ihre Nachbarin in der Küche eingeschlossen.«

Die Diskussion ging noch ein paar Minuten weiter, bis sie uns den Schlüsselbund überreichte. Und Tatsache, in der Küche saß die inzwischen vollkommen verzweifelte Nachbarin auf einem Stuhl:

»Ich wollte nur gucken, ob bei ihr alles in Ordnung ist. Sie hat wieder um Hilfe gerufen. Angeblich habe man ihr etwas geklaut.«

»Ja, das Alte Testament.«

»Na ja, das Testament liegt hier in ein Handtuch gewickelt in der Küche auf dem Stuhl dort drüben.«

Die Nachbarin deutete mit einem Lächeln in eine Ecke der Küche.

Mit dem Buch in der Hand wollte ich Frau Blume die frohe Kunde überbringen, als ein lauter Schrei aus dem Wohnzimmer zu hören war.

Meine Kollegin hatte in der Zwischenzeit Bekanntschaft mit einem weiteren Mitbewohner der Frau Blume gemacht. Mitten im

Wohnzimmer, wo sonst üblicherweise ein Tisch steht, befand ein etwa 180 Zentimeter großer und mit einem schwarzen Seidentuch bedeckter Käfig. Wie wir jetzt wissen, war er auch vollkommen zu Recht abgedeckt. Die Kollegin hatte das Seidentuch angehoben und wurde mit einem »Geh weg« und einem Biss in den Zeigefinger begrüßt. Wer konnte schon ahnen, dass sich unter dem Tuch ein Papagei befindet, der fremde Leute nicht leiden kann? – Na ja, nachher ist man ja bekanntlich immer schlauer.

Frau Blume glaubt übrigens bis heute, dass wir ihr Altes Testament geklaut und ihr eine »billige« Kopie in die Küche gelegt haben.

Inzwischen wird sie zusammen mit ihrem aggressiven Papagei in einer Seniorenresidenz betreut und gepflegt. Komischerweise haben seitdem auch die Anrufe aufgehört.

80. GRUND

Weil Polizisten Fachanwälte für alle Rechtsfragen sind

Wer hätte ihn nicht immer gerne in seiner Nähe, den persönlichen Fachanwalt für alle Rechtsfragen im Leben?

Meine Familie und mein Freundeskreis haben ihn – mich. Zumindest scheine ich ihnen für jegliche Rechtsfragen als erste Ansprechpartnerin zu dienen. Ich muss immer schmunzeln, wenn auf meinem Handy oder Anrufbeantworter eine Nachricht von meiner Familie mit den Worten »Hallo Ann-Kathrin, ich hätte da mal eine rechtliche Frage an dich als Polizistin« beginnt. Natürlich versuche ich gerne, meiner Familie mit Rat und Tat zur Seite zu stehen. Häufig beziehen sich die Fragen dabei auf verkehrsrechtliche Dinge:

»Sag mal, Ann-Kathrin, wir haben bei uns eine Art Kreisverkehr, aber ohne entsprechende Schilder. Wie muss man sich dort verhalten?«

»Wie ist das eigentlich: Ich habe letztens ein Knöllchen bekommen. Dort stand auch kein Schild, dass ich nicht parken darf. Kann ich gegen die Knolle was machen, oder muss ich die bezahlen?«

Zwischendurch beziehen sich die Sachverhalte aber durchaus mal auf Bereiche, die wir als Polizisten eigentlich nicht beackern. Durch das Studium haben wir als Polizisten zwar auch eine breite Palette an Rechtsgebieten zumindest einmal angekratzt und ein spezielles Verständnis für Gesetzestexte entwickelt, dennoch konzentriert sich unsere tägliche Arbeit mehr auf straf-, verkehrs- und eingriffsrechtliche Maßnahmen. So können wir Fragen aus dem Zivilrecht oder anderen Bereichen nicht immer aus dem Stegreif beantworten. Auch hier kennen Polizisten bestimmt jemanden, der einen kennt, der wiederum einen kennt.

Neben der eigenen Familie gönnen sich auch die Mitbürger auf der Straße diesen Luxus. So wird man während einer Streife gerne mal aus dem Nichts heraus mit Rechtsfragen in jeglicher Form konfrontiert:

»Darf mein Nachbar den Stuhl in meinen Sichtbereich stellen?«

»Wie hoch darf die Hecke sein?«

»Ich habe etwas bei Ebay-Kleinanzeigen verkaufen wollen. Ein Käufer war auch bei mir. Er wollte es sich noch mal überlegen und meldet sich nicht mehr. Was kann ich jetzt machen?«

»Wie lange ist die Garantie für Bohrmaschinen?«

»Was muss ich beachten, wenn ich eine Vogelzucht eröffnen möchte?«

Auch wenn Polizisten natürlich keine Fachanwälte und Spezialisten für alle Bereiche sind, versuchen wir natürlich, jedem, so gut es geht, zu helfen und notfalls auch einen entsprechenden Ansprechpartner zu vermitteln. Außerdem muss man nicht alles wissen, man muss nur wissen, wo es steht.

81. GRUND

Weil man eine wandelnde Landkarte ist

»Entschuldigen Sie bitte, wo finde ich denn hier die Bachstraße?«

Mit einem Lächeln hilft der Schutzmann an der Ecke natürlich gerne weiter.

»Gute Frau, Sie sind bereits ganz in der Nähe. Nur noch die Straße entlang und dann rechts.«

An manchen Tagen kommt man so auf eine beachtliche Anzahl an Routenplanungen. Man gewöhnt sich daher recht schnell an den Nebenjob als wandelnde Landkarte.

Doch zwischendurch gibt es ein paar Wegbeschreibungen, die es in sich haben:

Eines Nachts war ich zusammen mit einem Kollegen gegen 4:00 Uhr im Polizeiauto in der menschenleeren Innenstadt unterwegs. In der Nacht war nicht viel los gewesen, und so freuten wir uns auch schon auf den Feierabend in wenigen Stunden. Vereinzelt stolperte uns ein Zeitungsausträger oder eine Schnapsleiche über den Weg.

»Guck mal dahinten, Ann-Kathrin, da winkt jemand am Taxi relativ hektisch«, warf mein Kollege in die angenehme Stille im Fahrzeug ein.

»Oha, die Fahrgäste scheinen nicht so erfreut zu sein«, scherzten wir und beschlossen, uns die Sache anzugucken.

Das Taxi mit Kennzeichen aus einem anderen Bundesland stand an einer Bushaltestelle. Rings um das Fahrzeug standen fünf aufgebrachte Personen samt hektischem Taxifahrer. Dieser drehte unschlüssig eine Landkarte hin und her.

»Können wir Ihnen helfen?«

»Oh ja. Ich muss diese vier Herrschaften zum Flughafen Frankfurt-Hahn bringen. Sie müssen dort ihren Flug nach Brasilien bekommen.«

»Okay, und was machen Sie dann hier in Haan?«

»Dann bin ich doch richtig, oder? Flughafen Hahn?«
Wir konnten uns das Lachen kaum noch verkneifen.
»Also Sie sind hier in Nordrhein-Westfalen. Und hier in der Stadt Haan gibt es noch nicht einmal einen Segelflugplatz. Wo sind Sie denn losgefahren?«
»Frankfurt Hauptbahnhof. Wir sind jetzt schon seit über zwei Stunden unterwegs.«
Jetzt gab es für uns beide kein Halten mehr. Wir mussten uns kurz wegdrehen. Der arme Taxifahrer war doch tatsächlich statt zum Flughafen Frankfurt-Hahn, der nur unweit vom Flughafen Frankfurt entfernt liegt, nach Nordrhein-Westfalen in die Kleinstadt Haan gefahren.
Jetzt schaltete sich einer der aufgebrachten brasilianischen Fahrgäste ein.
»Entschuldigung. Mein Deutsch schlecht. Wir falsch hier?«
Mit gespielt ernster Miene antwortete mein Kollege:
»Total falsch.«
»Wir müssen Flug um 5:20 Uhr nach Hause.«
Ein Blick auf die Uhr verriet uns, das könnte ganz schön eng werden.
Mit einer Kopfbewegung in Richtung Taxifahrer fragte er weiter:
»Darf ich schlagen?«
»Würde ich an Ihrer Stelle wohl auch tun. Aber machen Sie es besser nicht«, entgegnete mein Kollege.
Wir wandten uns wieder an den Taxifahrer.
»Ist es Ihnen nicht komisch vorgekommen, dass Sie schon in einem anderen Bundesland sind?«
»Doch, aber auf der Karte ist doch diese Stadt hier.«
»Okay, kürzen wir es ab.«
Mit einem Stift markierten wir ihm die schnellste Strecke.
»Wenn Sie das Gaspedal durchtreten, schaffen Sie es vielleicht noch. Lassen Sie sich nur nicht blitzen.«
»Ja, vielen Dank. Oh Mann, das ist mir so peinlich.«

Mit diesen Worten stieg er in sein Taxi und fuhr mit quietschenden Reifen davon. Ob er es wohl jemals zurück nach Frankfurt geschafft hat? Oder ist er vorher von den Insassen gelyncht worden? Zum Glück kannten wir die brasilianischen Bräuche diesbezüglich nicht.

So waren wir auch in dieser ruhigen Nacht unserem Job als Landkarte erfolgreich nachgegangen.

82. GRUND

Weil Polizisten fotografisches Talent und künstlerische Fähigkeiten besitzen

Erinnern Sie sich noch an die angesprochene Unfallaufnahme, wo Sie als Polizist auch als Autor tätig waren und den Unfallbericht geschrieben haben? Während der Kollege sich den Sachverhalt und die Zeugenaussagen notierte, war bereits vor Ort Ihre künstlerische Ader gefragt gewesen. Sorgfältig hatten Sie mit weißer Sprühkreide die Radstände, die herumliegenden Trümmerteile und sonstige Spuren auf der Fahrbahn markiert und durchnummeriert. Schließlich würde man Ihr Werk dank der wasserfesten Kreide ja noch Wochen später auf dem Asphalt bewundern können. Anschließend waren Sie mit einem Händchen fürs Detail fotografisch tätig geworden. Nur im Schein des Mondes auf einer dunklen Landstraße war es Ihnen irgendwie gelungen, die Spiegelreflexkamera zu Höchstleistungen zu treiben, sodass trotz der Dunkelheit jedes noch so kleine Detail auf den Bildern zu erkennen war.

Während sich auf der Wache nun der Kollege mit dem Darlegen der Fakten in der Unfallanzeige beschäftigt, ist es Ihr Job, erneut Ihre künstlerischen Qualitäten beim Zeichnen der Unfallskizzen einzubringen. Wie zeichnen Sie am besten einen Radfahrer, der unter einem Auto liegt, welches wiederum im Graben hinter der

Leitplanke geparkt hat? Für einen gekonnten Zeichner wie Sie kein Problem! Anschließend fügen Sie flink noch alle Maße hinzu, sodass man theoretisch die beteiligten Autos wieder 1:1 an den Unfallort stellen könnte. Und schon ist Ihre Skizze perfekt.

Zum Abschluss Ihres Meisterwerkes fertigen Sie noch mit wenigen Mausklicks auf dem Computer einen Bildbericht, auch Lichtbildmappe genannt. Damit ist zumindest für einige Minuten bis zum nächsten Einsatz Ihr künstlerisches Schaffen vollbracht.

Sicherlich sind Ihnen schon mal die Phantombilder von Straftätern, Tatverdächtigen oder vermissten Personen auf Fahndungsplakaten in der Innenstadt, den öffentlichen Verkehrsmitteln oder im Fernsehen aufgefallen. Diese werden durch geschulte und in diesem Bereich besonders talentierte Polizisten in den jeweiligen Landeskriminalämtern gefertigt. Anhand der Beschreibungen der gesuchten Person durch Zeugen zeichnet der Sachbearbeiter ein möglichst genaues Profilbild. Früher geschah dies noch mit einem Bleistift und einem Blatt Papier. Heute werden die Kollegen durch entsprechende Programme am Computer unterstützt. Auch hier wäre Ihr künstlerisches Talent gefragt.

Sollten Sie keine Affinität zur Kunst haben oder sich, wie bei mir, Ihr Zeichentalent auf Strichmännchen beschränken, warten im Alltag eines Polizisten noch weitere Berufe auf Sie – versprochen!

Trotzdem müssen Sie natürlich Ihre Skizze, auch wenn sie eher moderner Kunst gleicht, fertigstellen.

83. GRUND

Weil Polizisten als Seelenklempner auch mit dem Tod konfrontiert werden

Eigentlich schwingt in jedem Polizeieinsatz immer ein bisschen der Beruf des Seelenklempners mit. Egal, ob bei einer häuslichen Gewalt, kurz »HG«, bei einer Vermisstensache oder bei einem Unfall. Auch wenn wir wahrscheinlich gerade einmal fortgeschrittene Anfänger oder Langzeitpraktikanten auf dem Gebiet der Psychologie sind, lernt man als Polizist immer wieder etwas dazu und kann es beim nächsten Mal gewinnbringend einsetzen. Man legt sich sozusagen mit der Zeit in seinem persönlichen Werkzeugkasten für den jeweiligen Einsatz ein entsprechendes Werkzeugtool bereit und erweitert seinen Werkzeugbestand nach Möglichkeit bei jedem Angebot. So kommt man auch als Klempner weiter. Aber auch der Umgang mit dem Werkzeug will gelernt sein. Da leider kaum ein Polizist eine psychologische Ausbildung oder ein entsprechendes Studium vorweisen kann, müssen wir uns auf unsere eigenen Erfahrungen sowie auf die der älteren Kollegen verlassen.

Auch wenn viele Teile dieses Buches oft mit einer Prise Selbstironie und Humor gewürzt sind, möchte ich an dieser Stelle ein Thema ansprechen, mit dem Polizisten weitaus häufiger als gedacht und in den verschiedensten Varianten konfrontiert werden – den Tod und dabei insbesondere den Suizid. Der Selbstmord von Personen gehört nämlich ebenfalls zu unserem Einsatzgeschehen dazu. Ich möchte hier sicherlich keine Abhandlung über die Definition, die Erklärungsversuche und Hintergründe schreiben. Vielmehr geht es mir darum, wie wir solche Dinge im Einsatz erleben und worauf man sich als Polizist gefasst machen muss.

»Arnold 14/21, vermutlicher Suizidversuch in der Gartenstraße. Person ist aus dem vierten Stock gesprungen und noch ansprechbar. Die Feuerwehr ist unterwegs. Sonder- und Wegerechte sind freigegeben.«

Solche Einsätze zählen für mich mit zu den schlimmsten. Es erwartet einen meist eine schwer verletzte Person, die um ihr Leben kämpft, auch wenn sie es wenige Sekunden vorher noch selbst beenden wollte. Als Einsatzkraft steht man in solchen Einsätzen einer gewissen Hilflosigkeit gegenüber, denn bis zum Eintreffen der Rettungskräfte können wir nichts weiter tun, als Erste Hilfe zu leisten.

Ohne weiter ins Detail zu gehen, können Sie sich wahrscheinlich vorstellen, dass solche Situationen nicht schön sind.

Nach der Übergabe an den Rettungsdienst, wenn er nicht vor uns schon eingetroffen ist – die Jungs und Mädels der Feuerwehr sind häufig schneller als wir, was nicht an den Donuts liegt –, beginnen die polizeispezifischen Ermittlungen. Dabei wird zum Schutz der Person in alle Richtungen ermittelt.

Liegt eine Fremdeinwirkung in Form einer Straftat vor?
Wollte vielleicht jemand die Person umbringen oder verletzten?
War es ein (selbst verschuldeter) Unfall?
Gibt es einen Abschiedsbrief?
Gibt es Angehörige?

Dabei bleibt die Polizei meist so lange involviert, bis der Tathergang abschließend geklärt ist und die Person nach einer ersten medizinischen Versorgung professionelle psychologische Hilfe erhält.

Neben Suizidversuchen, die oft alleine durchgeführt werden, gibt es eine Art des Selbstmordes, die Polizisten direkt betrifft und oft deutliche Spuren bei den eingesetzten Beamten hinterlässt. Seit einigen Jahren wird das Phänomen als »Suicide by Cop« bezeichnet. Dabei provozieren die Suizidenten in fingierten Polizeieinsätzen einen Schusswaffengebrauch, sodass sie durch die Hand eines Polizisten sterben. Wir werden dabei sozusagen dazu benutzt, um für den Suizidenten die tödliche Handlung auszuführen. Auch wenn in den Medien nicht oft darüber berichtet wird, gibt es doch in Deutschland leider zunehmend solche Fälle. Oftmals leiden die eingesetzten Polizisten danach an posttraumatischen Symptomen.

Wie bei einem versuchten Selbstmord wird die Polizei von der Feuerwehr auch verständigt, wenn sich jemand bereits das Leben genommen hat.

In diesem Fall wird dann von der Streifenwagenbesatzung der »Tatort« abgesichert, bis die Kriminalpolizei eintrifft. Diese führt dann eine erste »Leichenschau«, also eine Untersuchung des Leichnams auf Besonderheiten und eine mögliche Fremdeinwirkung, durch. Im Anschluss wird dann der »Tatort« nach Spuren und Hinweisen unter die Lupe genommen. Die ganze Prozedur muss übrigens auch durchgeführt werden, wenn der Notarzt den Tod einer Person feststellt und die Todesursache nicht einwandfrei klären kann. Der Leichnam wird dann in beiden Fällen obduziert.

Weitaus häufiger erreichen die Polizei aber Suizidankündigungen. Angehörige wählen oft den Notruf, weil eine Person im Familien- oder Freundeskreis aufgrund persönlicher Probleme andeutet, sich das Leben nehmen zu wollen. In einem solchen Fall ist von der Polizei ein schnelles und durchdachtes Handeln erforderlich. Wenn wir Kenntnis von einem solchem Sachverhalt erlangen, befindet sich die betroffene Person häufig auf dem Weg zur Tatausführung oder setzt aktuell ihren Plan in die Tat um. Daher ist unser oberstes Ziel immer das Auffinden der Person. In Situationen, in denen jemand bereit ist, sich das Leben zu nehmen, oder sich in einer psychischen Ausnahmesituation befindet, sprechen wir häufig von einem »die freie Willensbestimmung ausschließenden Zustand«. Es ist demnach davon auszugehen, dass sich diese Person der Folgen ihres Handelns nicht mehr bewusst ist. Die Person muss also mit allen Mitteln möglichst schnell gefunden werden. Dabei kommen neben Hubschraubern und Suchhunden auch technische Mittel, wie beispielsweise die GPS-Standortbestimmung des Mobiltelefons, zum Einsatz. Eine solche Suche mit entsprechenden Ermittlungen wird bei wirklich akuten Lagen mit einer Menge an Polizistinnen und Polizisten durchgeführt.

Glücklicherweise werden in der überwiegenden Anzahl der Fälle die Personen noch rechtzeitig aufgefunden, sodass ihnen professionell geholfen werden kann.

84. GRUND

Weil Polizisten als Agenten in die Fußstapfen von Sherlock Holmes treten

Sie kennen doch sicherlich die Detektivgeschichten von Sherlock Holmes und Dr. John Watson? Stellen Sie sich so auch den Polizeiberuf vor? – Wahrscheinlich nicht.

Dabei hat unser Job als Gesetzeshüter nicht nur etwas mit Verkehrsunfällen und Streitigkeiten zu tun. Polizisten retten zwar nicht täglich und in jeder »Folge« die Welt, dennoch gibt es auch bei der Polizei Agenten und Detektive.

Neben dem allen bekannten »Streifendienst« hat die Polizei auch viele »Ermittler«. In den verschiedensten Kommissariaten gibt es Brandermittler, Drogenfahnder, Ermittler nach Kapitalverbrechen – zum Beispiel Mord und Totschlag – und diejenigen, die sich mit der Terrorbekämpfung auseinandersetzen. In allen Bereichen gibt es auch Kollegen und Kolleginnen, die verdeckt und unerkannt arbeiten – sozusagen unsere Agenten. Im Gegensatz zu Holmes und Watson endet aber nicht jeder Arbeitstag in einer wilden Schießerei und großen Explosionen. Vielmehr geht es darum, unauffällig weitere Informationen für ein Strafverfahren zu sammeln oder Straftaten – wie Terroranschläge – schon im Vorfeld zu verhindern. Dazu werden bestimmte Personen, meist ohne deren Wissen, beobachtet (»observiert«), »ausspioniert« und schlussendlich auch festgenommen.

Wer also schon immer von einem Agentenleben geträumt hat, findet eventuell bei der Polizei die Möglichkeit, sich diesen Traum zu erfüllen. Ob allerdings à la James Bond auch ein Raketenregenschirm oder ähnliche futuristische Gadgets dabei sind, ist fraglich. Auch ein Codename wie »007« wird Ihnen leider verwehrt bleiben.

85. GRUND

Weil Polizisten auch Reporter sind

Neben den Tätern sind Ordnungshüter und Rettungskräfte die Ersten an einem Tatort – ein Traum für jeden sensationshungrigen Reporter.

Nicht nur, dass wir die ersten Fotos am Tatort machen und eventuell sogar noch die Tat selbst in Teilen miterleben, so führen Polizisten in ihren Zeugenvernehmungen auch noch »strukturierte Interviews«. Im Grunde genommen machen wir die gleiche Arbeit wie Reporter. Wir versuchen, uns schnell einen Überblick zu verschaffen, dokumentieren den Unfall- oder den Tatort mit Fotos und sprechen mit den anwesenden Personen. Anschließend schreiben wir dazu einen Sachverhalt – also eine Art Zeitungsartikel – und pressen die Fotos in einen Bildbericht oder in eine Bilderserie. Dabei wird von den Polizisten, genauso wie von den Redakteuren auch, in den Artikeln stets versucht, die sieben goldenen W-Fragen zu beantworten:

Wer?
Wann?
Was?
Wo?
Wie?
Warum?
Womit?

Werden in einem Artikel oder Sachverhalt diese sieben W-Fragen beantwortet, hat man höchstwahrscheinlich an alle wichtigen Fakten gedacht.

Ein Polizist ist also der perfekte Reporter mit gewissen berufsbedingten Vorzügen, insbesondere, was die Informationsquellen angeht. Wobei Pressevertreter seltsamerweise immer verdächtig schnell an unseren Einsatzorten auftauchen. Woher da wohl die Informationen kommen?

Während einige genervt von den überall wie Mistfliegen auftauchenden Reportern sind, können sie für die polizeilichen Ermittlungen durchaus wertvoll sein. Da Polizisten meist erst spät im Einsatz Zeit für den Blick durch den Sucher der Kamera und das Betätigen des Auslösers finden, sind die Pressefotografen schon direkt zu Beginn des Einsatzes fleißig mit dem Produzieren von Lichtbildaufnahmen beschäftigt. Auf ihren Bildern sind daher auch oft die Täter und der Verlauf des Einsatzes abgelichtet. Für uns und die weiteren Ermittlungen eine große Hilfe.

Man könnte also sagen, dass in Reportern ein bisschen Polizist und, umgekehrt, in Polizisten ein Teil Reporter steckt.

KAPITEL 9

DIE RENNLEITUNG AUF DEUTSCHLANDS STRASSEN

86. GRUND

Weil Polizisten mit Horn und Blaulicht
durch die Straßen rasen dürfen

»Schlägerei mit mehreren Personen vor der Kneipe Bullenkopf, Sonder- und Wegerechte frei.«

Das Adrenalin schoss mir durch den Körper. Noch jetzt bekomme ich eine Gänsehaut, wenn ich an diese Situation denke.

Er war endlich da, der Moment, auf den ich seit drei Jahren gewartet hatte. Mit einem Druck auf die zwei roten Tasten in der Mittelkonsole begann meine erste Sonder- und Wegerechtsfahrt auf dem Fahrersitz eines Streifenwagens. »Tatütata«, trotz einer guten Isolierung des Polizeiautos drang der rhythmische Klang des Martinshorns an meine Ohren. Das flackernde Blaulicht wurde von den Verkehrszeichen reflektiert und tauchte die Nacht in ein leichtes Blau. Mit der rechten Hand zog ich den Schaltknauf des VW-Passats auf »Sport« nach hinten. Ein Grinsen breitete sich in meinem Gesicht aus. Los geht's: Vollbremsung vor der ersten Kreuzung, langsam reintasten und weiter über die rote Ampel. Vorbei an den zur Seite gefahrenen Autos und weiter mit Vollgas.

Bei weitem nicht jeder reagiert auf unser Blaulicht so, wie man es vielleicht erwarten mag. Eine Dame wollte sich vor Schreck am liebsten wegbeamen und bugsierte ihr Auto fluchtartig vor uns in den Straßengraben. Ein junger Mann trat ebenfalls sofort die Flucht in Richtung Gegenverkehr und des gegenüberliegenden Bushaltestellenhäuschens an. Sie müssen nicht um jeden Preis Platz machen. Es reicht, wenn Sie an den Fahrbahnrand fahren und anhalten.

Wieder eine Vollbremsung vor der nächsten Ampel, gerade noch rechtzeitig. Ein Lkw-Fahrer hatte uns »übersehen«. Und weiter ging die Fahrt. Wir kamen zeitgleich mit weiteren Kollegen und den Rettungskräften am Einsatzort an. Zum Absichern der Örtlichkeit parkte ich das Polizeiauto halb auf der Straße und halb auf dem

Gehweg. Mein breites Grinsen muss beim Aussteigen nicht zu übersehen gewesen sein. Draußen stieg mir sofort ein penetranter Geruch von verbranntem Gummi, ähnlich wie am Bahnsteig neben den Zügen, in die Nase. Die Bremsen des Streifenwagens schienen ganz schön heiß geworden zu sein.

Trotz der Schlägerei, bei der zwei Personen massiv verletzt und deshalb zügig in ein Krankenhaus transportiert wurden, musste ich immer wieder grinsen. Es war wirklich bizarr, aber meine erste Einsatzfahrt hatte mich auf Neudeutsch regelrecht »geflasht«, sodass ich mich nur schwer auf den eigentlichen Einsatz konzentrieren konnte. Doch das war normal, wie mir mein Dienstgruppenleiter nach dem Einsatz erzählte. Ihm war es damals nicht anders ergangen. Die Polizistinnen und Polizisten unter Ihnen werden dieses Gefühl wahrscheinlich gut nachvollziehen können. Seine erste Einsatzfahrt vergisst man wohl nie.

Mit der Zeit stellt sich aber ein gesundes Mittelmaß an freudiger Aufregung und Anspannung während der Einsatzfahrten ein. Es wäre auch schlimm, wenn nicht. Schließlich geht es ja nicht um die Fahrt mit Blaulicht und Horn, sondern um den eigentlichen Einsatz. Ein Polizist, der seine persönliche Kapazitäts- und Belastungsgrenze bereits auf der Anfahrt erreicht hat und schweißgebadet mit Ring 30 unter den Achseln aussteigt, bringt vor Ort niemandem mehr etwas. Die meisten Kollegen – und ich sagte bewusst die meisten – haben nach den ersten Wochen den richtigen Dreh raus. Dennoch bleibt, zumindest bei mir, jedes Drücken der beiden roten Tasten mit einem gesunden Adrenalinkick verbunden. Und Sie wissen ja, Adrenalin ist wie eine Art Droge, es macht süchtig. Wobei ich mir weitaus schlimmere Abhängigkeiten, als mit Blaulicht und Horn durch die Straßen zu fegen, vorstellen kann. Und zu guter Letzt macht es den Polizeiberuf ja auch noch ein bisschen interessanter.

87. GRUND

Weil sich Autofahrer immer ertappt fühlen

»Ich habe nichts gemacht, Herr Wachtmeister! Wirklich nicht.«
»Eigentlich wollten wir Ihnen nur sagen, dass Sie eben gut reagiert haben mit Ihrem Auto.«
»Oh, ähm, ach so. Danke.«

In den Köpfen scheint sich das Gefühl manifestiert zu haben, dass man von der Polizei nur angesprochen wird, wenn man etwas falsch gemacht hat. Um das zu ändern, haben einige Kollegen begonnen, auch Autofahrer anzuhalten, die beispielsweise in einer Gefahrensituation gut reagiert haben.

Manchmal bestraft sich der ein oder andere Autofahrer bei Verkehrskontrollen mit seinen Schuldgefühlen allerdings selbst ...

»Guten Tag. Es tut mir leid. Ich weiß schon, ich bin über Rot gefahren.«
»Gut zu wissen. Dann muss ich Ihnen wohl ein Knöllchen schreiben. Eigentlich wollte ich nur Ihren Führerschein einsehen und Sie darauf aufmerksam machen, dass Ihr linkes hinteres Rücklicht defekt ist.«

Der gute Herr wird sich in diesem Moment wahrscheinlich zu Recht über seine Aussage geärgert haben. Am Ende wurde er allerdings nicht für seine Ehrlichkeit bestraft. Wir haben es bei einer mündlichen Verwarnung belassen.

Wir wollen Ihnen nicht immer etwas »Böses«. Manchmal sind wir auch wirklich nur »Freund und Helfer«.

Es ist erstaunlich, was Autofahrer alles machen, wenn sie einen Polizeiwagen erblicken:

Der erste hektische Blick geht zum Tacho, gefolgt von einer Vollbremsung, um ja auch knapp unter der zulässigen Geschwindigkeit zu fahren. Am besten noch etwas langsamer, vielleicht so 5–10 km/h weniger. Dann hält die Polizei einen bestimmt nicht an.

Die nächste Reaktion ist der panische Griff an den Gurt. »Habe ich auch wirklich den Gurt angelegt?«

»Sitzt er auch gut?«

»Oh nein, ich habe mein Handy ja die ganze Zeit in der Hand. Vielleicht hat der Polizist es aber auch nicht gesehen. Ich lasse es einfach geschickt aus meiner Hand in den Fußraum gleiten, ohne meine Hand zu bewegen.«

Kennen Sie diese Gedankengänge? Dann sollten Sie die folgenden Zeilen aufmerksam lesen:

Lieber Verkehrsteilnehmer,

höchstwahrscheinlich haben wir Ihr Handy mit dem jetzt kaputten Display bereits gesehen, weil wir durch Ihre Vollbremsung fast auf Ihr Auto aufgefahren wären und wir uns seitdem darüber ärgern, dass Sie als mobile Straßensperre die Straßen entlangschleichen. Dadurch kommen wir später zum nächsten Einsatz und könnten Ihren Unfall auch erst nach einer längeren Wartezeit aufnehmen. Solange Sie nicht wie ein Berserker durch die Straßen brettern und sich einigermaßen an die Geschwindigkeitsvorgabe halten, hier sind 5–10 km/h schneller für uns vollkommen okay, interessiert uns Ihre Geschwindigkeit nicht. Achten Sie statt auf uns lieber auf die Straße und spielende Kinder. An dieser Stelle können wir auch direkt den weit verbreiteten Mythos aufklären, dass alle Polizeiautos automatisch Ihre Geschwindigkeit messen. Das ist bisher nicht der Fall! Es gibt nur wenige Streifenwagen, die eine solche Technik verbaut haben. Und bei denen handelt es sich meistens um Zivilfahrzeuge, unsere »Providawagen«, die Sie im Rückspiegel sowieso nicht erkennen. Und auch die interessieren sich für Raser und wahrscheinlich nicht für Sie. Diese rot blinkende Kamera am Rückspiegel der Polizeiautos, welche Ihnen so schön entgegenlächelt, zeichnet zwar das Geschehen vor dem Polizeiauto auf, kann aber nicht Ihre Geschwindigkeit messen und dient für uns als Eigensicherung.

Allzeit gute Fahrt,
Ihr »Herr Wachtmeister«

PS: Noch ein kleiner Tipp: Wenn ein Polizist bei einer Verkehrskontrolle oder einem Unfall Ihre Antwort auf seine Frage mit anderen Worten leicht umformuliert wiederholt und dieses mehrmals mit Nachdruck tut, will er Ihnen vielleicht etwas Gutes tun. Manchmal entscheiden kleine Nuancen in der Wortwahl über Ordnungswidrigkeit mit einem kleinen Bußgeld oder Straftatbestand mit einer deutlich höheren Strafe. Zur Verdeutlichung: Wenn Sie am Steuer kurz unaufmerksam waren und es daher zum Unfall kam, ist es »nur« ein Bußgeld. Sind Sie aber, wie viele sagen, kurz eingeschlafen oder Ihnen sind die Augen zugefallen, erfüllen Sie einen Straftatbestand. Sie verstehen, worauf ich hinauswill – oder?

88. GRUND

Weil Verkehrssünder (fast) alles tun, um einer Strafe zu entgehen

Wie weit würden Sie gehen, um dem Bußgeld und dem Punkt in Flensburg in der Verkehrssünderdatei für das Benutzen des Mobiltelefons während der Fahrt zu entkommen? Mit der letzten Änderung des Bußgeldkataloges macht sich die Erfüllung dieses »Tatbestandes« immerhin mit 60 Kröten zuzüglich Verwaltungsgebühren in Ihrem Portemonnaie bemerkbar.

Neben diversen – teils auch wirklich guten – Ausreden scheinen einige Autofahrer(innen) diesbezüglich nur sehr geringe Hemmungen zu haben.

Ein Verkehrsrowdy mit einem Handy am Ohr hatte sich kurzerhand überlegt, dass er mit seinem Geld die ganze Angelegenheit schon regeln werde. Während der Kontrolle überreichte er uns seine Fahrzeugdokumente sowie seinen Führerschein. Unter diesem befand sich allerdings noch ein Stück Papier, genauer gesagt ein bedrucktes Papier. In einem schönen orangen Farbton lächelte mich eine 50 an.

»Ist das Ihr Ernst?«

»Nein. Sie haben recht. Hier sind noch mal 50 Euro für Ihren Kollegen. Hauptsache, ich bekomme den Punkt nicht.«

»Überlegen Sie sich das noch mal gut.«

Der Herr blickte uns durch das Fahrzeugfenster kurz an und öffnete wieder seine Geldbörse.

»Okay, ich lege noch mal 50 Euro drauf. 150 Euro müssen jetzt aber reichen.«

Die 150 Euro haben dann auch in der Tat gereicht – für eine Strafanzeige. Nachdem wir ihm drei Mal die Gelegenheit gegeben hatten, darf er sich nun über den Jackpot freuen. Eine Strafanzeige wegen Bestechung, das immer noch vorhandene Bußgeld wegen des Handys, und seine 150 Euro als Tatmittel für die Bestechung sind ebenfalls weg.

Wenn das mal kein teures Telefongespräch mit seinem »Freudenmädchen« geworden ist. Im Nachhinein stellte sich heraus, dass er während der Fahrt mit seiner Geliebten telefoniert hatte und deshalb mit allen Mitteln verhindern wollte, dass seine Affäre ans Tageslicht kommt. Lügen haben eben kurze Beine.

Eine andere Autofahrerin hingegen ließ ihren ganzen körperlichen Charme spielen, um ein Bußgeld zu verhindern.

Sie hatte an der Ampel neben uns gehalten, während sie noch wild gestikulierend mit ihrem mobilen Endgerät am Ohr telefonierte. Wir guckten ganze 15 Sekunden genüsslich rüber in ihr Auto, bis sie uns erschrocken bemerkte. Zu diesem Zeitpunkt war ihre Bluse noch bis zum obersten Knopf geschlossen. Ich bedeutete ihr, dass sie uns folgen sollte. Wenige Meter weiter hielten wir auf einem Parkplatz und traten an ihr Auto heran. In diesen wenigen Sekunden hatte die Fahrerin ganze Arbeit geleistet. Das leichte Sommerlüftchen schien durch die geöffneten Seitenfenster ihres Autos sämtliche Blusenknöpfe geöffnet und ihren Rock bis zur Hüfte hochgeschoben zu haben. Der böse Windhauch hatte wohl zudem auch die Frechheit besessen, ihren Führerschein in den Fußraum auf der Beifahrerseite zu wehen, weshalb sich dann beim Bücken auch noch der Büstenhalter löste. Dessen Verschluss war offenbar zufällig beschädigt worden. Die arme Frau. An einer anderen Örtlichkeit hätte Man(n) sicherlich einiges an Geld für diese Zufälle und Gemeinheiten des Wettergottes auf den Tisch legen müssen. Wenn ihr Plan nicht sowieso von vornherein schon zum Scheitern verurteilt gewesen wäre – schließlich sind Beamte ja unbestechlich –, so hätte sich die Dame spätestens beim Einschreiten von Ann-Kathrin, die zu Beginn der Kontrolle noch im Polizeiauto gesessen hatte, gewünscht, im Bett geblieben zu sein. Meine liebe Kollegin hatte sich natürlich nur aus Gründen der Gleichberechtigung prompt des Sachverhalts professionell angenommen.

Vielleicht ist wirklich manchmal weniger mehr.

89. GRUND

Weil Polizisten mit der Laserpistole rumballern dürfen

»Ping«, ein rötlicher Lichtblitz, und schon ist es passiert: Sie sind geblitzt worden und haben wahrscheinlich bald ein neues Passfoto in Ihrem Briefkasten. Allerdings wird Sie in wenigen Metern wahrscheinlich kein Polizist mit der Kelle herauswinken. Wenn Sie hingegen vollkommen überraschend aus dem fließenden Verkehr gezogen werden, hat wohl ein Polizist mit der Laserpistole um sich »geschossen« und Ihre (leichte) Geschwindigkeitsübertretung gemessen.

An dieser Stelle können wir uns direkt mit dem Mythos beschäftigen, dass immer Lichtbilder vom Fahrer als Beweismittel für seine Raserei gemacht werden müssen. Diese Annahme ist leider falsch. Alle Geräte, bei denen es blitzt, wenn man sein Fahrzeug vorbeijagt, machen Fotos. Unsere »Laserpistolen« hingegen messen mit einem Laserstrahl die Entfernung und die Geschwindigkeit eines Fahrzeuges an einem bestimmten Punkt. Der Laserstrahl muss dabei von einer reflektierenden Fläche des Autos, wie zum Beispiel Scheinwerfer oder Kennzeichen, zurückgeworfen werden. Erst dann zeigt das Gerät eine Messung an. Und wo ist jetzt hier das Beweismittel? Das Beweismittel ist unser Protokoll. Die Ergebnisse der Messung werden von einem »Messbeamten« in das Protokoll eingetragen oder mündlich an den Protokollführer übermittelt. Zu Ihrer eigenen Sicherheit steht nach Möglichkeit jedem »Temposünder« natürlich frei, einen Blick auf die Messergebnisse am Gerät zu werfen und sich diese zu notieren.

Wenn Sie jetzt der Meinung sind, dass diese Methode fehleranfällig sei, dann kann ich Sie beruhigen. Früher wurde mit mehreren Stoppuhren eine Weg-Zeit-Berechnung zur Ermittlung der Geschwindigkeit durchgeführt, und die Zeiten wurden dann über Funk weitergegeben. Wenn da die heutigen Methoden nicht mal deutlich fairer sind.

Mehrmals jährlich wird in Deutschland und auch europaweit der allseits beliebte »Blitzmarathon« durchgeführt. Vor einiger Zeit durfte ich auch dienstlich diesem Event beiwohnen. Die Kinder einer örtlichen Grundschule hatten sich an einer Messstelle dabei eine ganz besondere Aktion für die Autofahrer ausgedacht. Eine rote Karte mit einem Daumen runter für die Raser und eine grüne Karte mit dem erhobenen Daumen für die »Richtigfahrer«. Damit die Kinder aber auch die grüne Karte überreichen und applaudieren konnten, mussten natürlich auch Autofahrer angehalten werden, die alles richtig gemacht und sich an die Geschwindigkeitsvorgaben gehalten hatten. Bereits der zweite Autofahrer rastete beim Erblicken der Kelle vollkommen aus. Wutentbrannt sprang er aus seinem Auto:

»Das kann ja wohl nicht wahr sein! Ich halte mich hier an die Geschwindigkeit, und jetzt wollen Sie mich abziehen? Anzeigen werde ich Sie! Verarschen kann ich mich alleine.«

»Die Kinder und wir wollten Sie eigentlich nur dafür loben, dass Sie alles richtig gemacht haben.«

Ganz klein mit Hut begab er sich wieder in sein Auto und versank peinlich berührt im Fahrersitz. Einen Applaus der Kinder und die grüne Karte gab es trotzdem noch.

Jeder kennt wahrscheinlich die Situationen, in denen das eigene Gehirn scheinbar einen Totalausfall hat. Einer Fahranfängerin erging das genauso. Für den Neustart des Gehirns musste sie allerdings ein paar Euro bezahlen:

Wir hatten uns mit der Laserpistole direkt neben einer Schule in einer Garageneinfahrt aufgebaut. Nach ein paar Minuten bat uns eine Frau, sie kurz mit ihrem Auto aus ihrer Garage zu lassen. Sie winkte noch freundlich und fuhr mit ihrem weißen Fiat 500 davon. Nach knappen zehn Minuten schoss uns ein kleines weißes Auto direkt vor die Linse.

»15 km/h drüber, du kannst das weiße Auto anhalten«, rief mein Kollege an der Laserpistole.

Bei näherer Betrachtung war das kleine weiße Auto ein Fiat 500 mit einer jungen Frau auf dem Fahrersitz. Sie ahnen es, es war die gleiche, die eben mit ihrem Auto aus der Garage an uns vorbeigefahren war und gewinkt hatte. So schnell kann es gehen. Sie nahm es nach einem anfänglichen kleinen Tränchen am Ende doch noch mit Humor.

90. GRUND

Weil der Verkehr sich nicht von alleine regelt

Es gibt den »Verkehr«, bei dem Mann und Frau eigentlich nicht viel falsch machen können. Für den Straßenverkehr gilt das allerdings nicht.

Mit dem »erfolgreichen« Bestehen der Fahrprüfung sollte man zumindest über Grundkenntnisse der Verkehrsregeln verfügen. Merksätze wie »Siehst du Brust oder Rücken, musst du auf die Bremse drücken« oder »Siehst du die Hosennaht, hast du freie Fahrt« könnte man da auch schon mal gehört haben. Selbst wenn nicht, steht jemand – insbesondere ein Mensch in Uniform – mitten auf der Straße, sollte der gesunde Menschenverstand einem sagen »Achtung, hier stimmt was nicht«. Schafft man es dann noch, sich die beiden Merksätze in Erinnerung zu rufen, kann eigentlich schon nicht mehr viel schiefgehen. Denkste! So krumm, wie manche Autofahrer(innen) denken, kann keine Kurve sein.

Die Kolleginnen und Kollegen unter Ihnen dürften wissen, was ich meine. All diejenigen, die noch nicht das Vergnügen hatten, den Scheinwerfern eines aggressiven Autofahrers ins Auge zu blicken und den eigenen Verstand bei der Verkehrsregelung zu verlieren, werden auch gleich nachvollziehen können, was es damit auf sich hat.

Im Grunde ist es ja eigentlich nicht schwer. Sie stehen auf der Kreuzung, recken Ihren Arm nach oben in die Luft, und die Autos, die auf Sie zufahren, müssten anhalten. Bereits jetzt werden Sie schon in die ersten fragenden Gesichter der Verkehrsteilnehmer schauen, die sich mal mehr und mal weniger zögernd einfach weiter auf Sie zubewegen.

»Ob er wohl mich damit meint? Aber meine Ampel zeigt doch Grün? Ich fahre einfach weiter.«

»Abbiegen kann ich ja eigentlich noch, da scheint ja nichts zu sein.«

Wahrscheinlich werden es solche oder ähnliche Gedanken in deren Köpfen sein.

Spätestens dann, wenn Sie gezielt auf ein Auto zeigen und ihm bedeuten, über die Kreuzung zu fahren, und der Fahrer Ihnen mit einer Handbewegung in Richtung Ampel signalisiert, dass diese doch rot ist, wissen Sie, was die Stunde geschlagen hat.

Neben den Verkehrsteilnehmern, die allein schon mit Gas und Bremse im Auto Ihre persönliche Belastungsgrenze erreicht haben, gibt es auch solche, die bei jeder Gelegenheit zum »Straßenhulk« werden und gerne noch eine Runde mit Ihnen plaudern möchten:

»Sind Sie irre?! Sie können mich doch hier nicht einfach umleiten! Ich muss zur Arbeit!«

Wenn der »Straßenhulk« dann auch noch einen schlechten Tag erwischt hat, versucht er, Sie einfach konsequent über den Haufen zu fahren. Meistens mit mäßigem Erfolg und einer netten Rechnung.

Und einer Sache können Sie sich auch gewiss sein: Fährt erst einer los, dann folgen alle anderen, wie Lemminge. Auch wenn Sie jetzt wie Rumpelstilzchen auf der Kreuzung umherspringen, können Sie dieser Eigendynamik nicht entgegenwirken. Genießen Sie stattdessen am besten einfach das Schauspiel aus der ersten Reihe. Wer nicht hören will, muss fühlen. Seien es Blechschäden oder ein absolutes Verkehrschaos mit einem schönen Stau, den nur Sie gnädigerweise nach ein paar Minuten langsam wieder auflösen können. Danach beginnt das ganze Spektakel auch schon wieder von vorne.

Aber vielleicht klappt es ja dann bei der nächsten Fahrt mit den Verkehrsregeln.

91. GRUND

Weil nicht nur durch die Polizei Straßen gesperrt werden

Nicht immer, wenn es auf Deutschlands Straßen nicht weitergeht, trifft die böse Polizei mit ihren ganzen Blinklichtern die Schuld an der Straßensperrung. Auch so manch mündiger Bürger nimmt, mitunter nicht immer freiwillig und mit den seltsamsten Methoden, gerne mal eine solche Sperrung selbst in die Hand.

So erreichte uns in einer Sonntagnacht von unserer Leitstelle folgender Funkspruch:

»Fahrt mal zur Kaiserallee. Dort hat jemand ein Küchengerät mittig auf die Straße gestellt.«

Wahrscheinlich hatte mal wieder jemand seinen Haushalt aufgelöst und alles einfach auf die Straße geworfen. Davon gingen wir zumindest aus.

Doch vor Ort erwartete uns kein kleines Küchengerät. Es war eine große amerikanische Kühl- und Gefrierkombination mit Doppeltür, die dort mitten auf der Fahrbahn stand. Sie war so geschickt abgestellt worden, dass direkt die Fahrstreifen für beide Richtungen blockiert waren. Wir konnten uns das Lachen nicht verkneifen. Unglaublich, was man alles so auf den Straßen findet. Da es eine sehr warme Sommernacht war, öffneten wir natürlich voller Vorfreude auf ein Kaltgetränk die Türen. Der Kühlschrank war zwar brandneu, aber leider befand sich keine erfrischende Hopfenkaltschale im geräumigen Inneren.

Noch während wir das »kleine Gerät« von der Fahrbahn rückten, meldete sich auf der Polizeiwache der Fahrer eines Pritschenwagens. Er wolle eine Anzeige erstatten. Man habe ihm eine große Kühl- und Gefrierkombination einfach von der Ladefläche geklaut. Welch ein Zufall. Wenige Minuten später nahm der Fahrer mit scheinbar eher gemischten Gefühlen den leicht verbeulten Kühlschrank in Empfang.

Das, was in dieser Nacht an Bier im Kühlschrank gefehlt hatte, war einige Tage später in der Einfahrt zu unserer Wache zu viel gewesen. Der Fahrer eines Getränketransporters hatte sich kurzerhand entschlossen, seinem Lkw eine Zwangspause zu gönnen und ihn deshalb seitlings mitten auf die Kreuzung zu legen. Seine Ladung, Hunderte Liter an feinstem Bier, sahen es ähnlich und verteilten sich großräumig auf der Straße. Da floss der Zweijahresvorrat Bier eines Mehrfamilienhauses dahin. Unbemerkt hatte die Sonne ihr Übriges zu diesem Unfall dazugetan und das Bier »getrocknet«. Sehr zum Leidwesen einiger Autofahrer, die sich krampfhaft durch die Unfallstelle gezwängt hatten und die kleine »Straßensperre« nicht akzeptieren wollten. Deren Autos klebten nämlich jetzt wortwörtlich am Asphalt fest. Das Bier-Limonaden-Gemisch war so klebrig, dass es sich an den Reifen festgesetzt hatte und wie Sekundenkleber wirkte. Erst dank dem Wassereinsatz der Feuerwehr und der freundlichen Unterstützung des örtlichen Bauhofes mit ihren Kehrmaschinen konnte die ungewollte Straßensperre nach einigen Stunden beseitigt werden. Zum Abschluss spendierte der arme Getränkelieferant noch eine Runde alkoholfreies Bier. Dieses war, wie durch ein Wunder, fast unversehrt.

Wie Sie sehen, sperren nicht nur wir die Straßen. Auch möchte die Polizei mit der Absperrung (meist) niemanden böswillig behindern, sondern vor Gefahren bewahren. Seien sie auch noch so klebrig oder bizarr.

92. GRUND

Weil manche (Ausreden) einfach gut sind

»Fahrzeugkontrolle.«

»Ach ja, dann könnten Sie auch gleich Öl und Wasser kontrollieren, bitte.«

»Polizeikontrolle, wo ist Ihr Verbandskasten?«

»Hat der Wachtmeister ein Aua?«

»Nehmen Sie mich auf den Arm?!«

»Oh, so schlimm ist es schon?«

»Sie wissen schon, warum Sie angehalten wurden!?«

»Einsam?!«

Manche Leute sind einfach schlagfertig. Da fehlen auch einem Polizisten schon mal die Worte. Im Gegensatz dazu, zeichnen sich andere durch gute Ausreden aus.

Wer kennt die Situation nicht? – Das Handy klingelt, man wirft kurz einen Blick auf das Display, tippt auf ein paar Tasten und hat gar nicht gemerkt, dass schon seit 20 Sekunden ein Polizeiauto direkt hinter einem fährt. Erst durch das komische rote Licht im Rückspiegel dämmert es einem – »Stop Polizei«.

Was nun? Jetzt kann nur noch eine plausible Ausrede helfen. Und die ist manchmal so amüsant oder überraschend, dass der ein oder andere Verkehrsteilnehmer auch schon mal ohne Strafe davongekommen sein soll.

Ein Handysünder ist mir dabei besonders in Erinnerung geblieben.

Wir standen an einer roten Ampel und beobachteten den fließenden Verkehr vor uns. Von links kommend fuhr ein älterer Mercedes-Kombi mit einem Mann samt Mobiltelefon am Steuer an uns vorbei. Wenige Sekunden später leuchtete »Stop Polizei« in seinem Rückspiegel auf – ohne Reaktion. Auch von dem Blaulicht und der Durchsage über den Außenlautsprecher fühlte er sich scheinbar nicht angesprochen. Unbeirrt fuhr er mit seiner Hand am Ohr vor uns her, bis er nach knapp drei Minuten schließlich auf dem Parkplatz einer Postfiliale anhielt. Dies tat er allerdings nicht, um uns eine Kontrolle zu ermöglichen, sondern um seine Post abzugeben. Vollkommen verwundert blickte er uns an. Nachdem wir ihn auf seinen Verkehrsverstoß mit seinem Handy angesprochen hatten, tischte er uns eine astreine Ausrede auf.

»Ich habe nicht telefoniert. Ich habe noch nicht mal ein Handy dabei. Sie können mich gerne durchsuchen. Ich komme gerade vom Friseur. Gucken Sie mal, wie kurz meine Haare sind. Wollen Sie mal fühlen? Es fühlt sich total kitzelig im Nacken an. Ich muss die ganze Zeit mit meiner Hand dahin fassen und fühlen. Meinen Sie, meine Haare sind zu kurz? Was meine Frau wohl dazu sagen wird. So kurz waren meine Haare noch nie. Wenn Sie möchten, kann ich Ihnen auch die Rechnung vom Friseur zeigen?«

Tatsächlich waren seine Haare äußerst kurz, und die Rechnung war auch vorhanden. Mit dieser netten Geschichte hatte er uns wirklich überrascht und es geschafft, an einer Geldstrafe vorbeizukommen.

Ein anderer spitzfindiger Autofahrer setzte die Kollegen durch seine bestechende Logik matt. Nachdem er ein Stoppschild überfahren hatte, ohne an der entsprechenden durchgezogenen Linie zu halten, wurde er wenige Meter später auf seine kleine Verkehrssünde aufmerksam gemacht. Das angebotene Verwarngeld in Höhe von zehn Euro lehnte er winkend ab:

»Also Herr Wachtmeister, meine Vorderreifen haben auf jeden Fall gestanden. Wie es bei meinen Hinterreifen ausgesehen hat, weiß ich nicht.«

Was soll man dazu noch sagen?

Am Ende musste er trotz seiner durchdachten Argumentation das Verwarngeld bezahlen. Sein Anwalt hatte ihm eindringlich dazu geraten und ihm anscheinend ein paar kleine Fehler in seiner Theorie aufgezeigt.

So gut oder lustig eine Ausrede auch ist, können Polizisten natürlich nicht immer nach dem Motto »Gnade vor Recht« handeln. Aber auch wir haben in einigen Dingen einen Ermessensspielraum. Und letzten Endes geht es doch darum, den Fehler beim Autofahren nicht noch einmal zu machen und mögliche Unfälle dadurch zu verhindern. Manchmal helfen Worte mehr als das Minus auf dem Konto.

93. GRUND

Weil Verfolgungsjagden der pure Adrenalinkick sind

5:00 Uhr an einem warmen Samstagmorgen im Spätsommer. Wir stehen mit mehreren Kollegen an einer größeren Kontrollstelle auf einer Landstraße. Unser Ziel: Wohnungseinbrecher und fahrende Schnapsleichen aus dem Verkehr ziehen! Während die einen die Nacht durchzechen, bereichern sich die Fachkräfte für spontane

Eigentumsübertragung – zu deutsch Einbrecher – fleißig am fremden Hab und Gut.

Während ein Kollege alle Autos mit der gefürchteten »Kelle« rauswinkt und mehrere die Kontrolle durchführen, war es an diesem Tag meine Aufgabe, das Verfolgungsfahrzeug zu besetzen.

Kurz zur Erklärung: Auch wenn man es nur aus Filmen kennt, kommt es tatsächlich hin und wieder vor, dass der ein oder andere Autofahrer geneigt ist zu versuchen, sich der Kontrolle zu entziehen. Dafür wird beispielsweise gerne beim Erblicken der Uniformierten eine Vollbremsung mit anschließendem U-Turn hingelegt oder versucht, mit Vollgas das eigene Vehikel durch die Kontrollstelle zu bugsieren. Meist mit mäßigem Erfolg. Die Gründe für ein solches Verhalten sind dabei teilweise so nichtig, dass man es kaum glauben kann. Aus Angst, seinen Ausweis nicht vorzeigen zu können – der lag nämlich noch bei seiner »Affäre« –, hat ein junger Mann sich eine 20-minütige Verfolgungsjagd mit uns geliefert und dabei so viele Verkehrsregeln gebrochen, dass der Lappen dann tatsächlich weg war. Wie sagt man so schön: Wer sein Auto liebt, der schiebt. Dabei wären schlimmstenfalls für ihn zehn Euro Verwarngeld fällig gewesen. Aber natürlich gibt es auch Leute, die etwas zu verbergen haben und aus »gutem« Grund flüchten.

Aus diesen Gründen steht immer ein Streifenwagen bereit, der sofort die Verfolgung aufnehmen kann.

Und genau das war an diesem Tag mein Job. Mit einem Kaffeebecher bewaffnet, beobachteten wir in einiger Entfernung entspannt das Treiben an der Kontrollstelle. Bisher hatten nur zwei Fahrer dem Alkohol in der vergangenen Nacht ein bisschen zu sehr zugesprochen, und es verlief alles ruhig. Für uns schien es eher ein langweiliger Tag zu werden.

Denkste! Noch während ich es nicht ganz zu Ende gedacht hatte, hörten wir einen Motor aufheulen. Der Fahrer eines weißen VW Sprinters hatte die Pylone umgefahren, die Kontrollstelle durchbrochen und fuhr jetzt in unsere Richtung. Unweigerlich schießt einem in diesem Moment das Adrenalin in den Körper. Von null auf hundert. Das noch warme flüssige Gold in unseren Bechern fand in Sekundenbruchteilen sein jähes Ende im Gras neben unserem Streifenwagen. Wenige Augenblicke später rauschte der Sprinter an uns vorbei. Mit eingeschaltetem Blaulicht und Martinshorn nahmen wir die Verfolgung auf. Wie erwartet, reagierte der Fahrer nicht auf die Ansprachen über den Außenlautsprecher. Stattdessen beschleunigte er weiter und machte auch vor roten Ampeln nicht halt. Über Funk hielt der Kollege auf dem Beifahrersitz unsere Leitstelle über die aktuelle Position, die Geschwindigkeit und die Verkehrsverstöße auf dem Laufenden, sodass weitere Polizeiautos herangeführt werden konnten. Die Geschwindigkeit war inzwischen so hoch geworden, dass wir uns etwas zurückfallen lassen mussten, damit der Fahrer nicht noch schneller wurde. Trotzdem war es zwei Kurven später so weit: Der weiße Sprinter geriet außer Kontrolle und kippte in einer Rechtskurve um.

»Der Flüchtige ist in einer Kurve verunfallt. Wir brauchen einen Rettungswagen. Verlassen jetzt das Fahrzeug.«

Nach dem kurzen Funkspruch näherten wir uns mit gezogenen Waffen dem Fahrzeug. Der Fahrer blickte uns durch die Frontscheibe an und hob seine Hände:

»Ich ergebe mich.«

Da sich keine Türen an dem Fahrzeug öffnen ließen, war er wortwörtlich gefangen und konnte erst kurze Zeit später durch die Feuerwehr befreit werden. Bis auf ein paar Schnittwunden und Prellungen war er körperlich unbeschadet davongekommen. Der Grund für seine semiprofessionelle Flucht war kein Einbruch, sondern eine fehlende Fahrerlaubnis. Den Führerschein hatte man ihm schon vor einigen Monaten abgenommen.

Es ist tatsächlich so, dass vielen unserer Verfolgungsfahrten keine schweren Verbrechen zugrunde liegen, sondern schlichtweg »Lappalien«. Sei es der nicht mitgeführte Führerschein oder auch nur ein schlechtes Gewissen.

Auch wenn bei uns nicht ständig Autos explodieren, ist eine Verfolgungsfahrt der pure Adrenalinkick. Es gibt kaum einen Kollegen, der nicht mit leuchtenden Augen von solchen Erlebnissen erzählen könnte. Trotz allen Jagdtriebs muss man sich immer des Risikos und der extremen Gefahren für alle (Un-)Beteiligten bei einer Verfolgungsjagd bewusst sein.

94. GRUND

Weil man als Polizist eine Anhaltekelle hat

Die Polizisten unter Ihnen werden jetzt ein bisschen die Augen verdreht haben. Natürlich heißt es im Fachjargon »Anhaltestab« und nicht »Anhaltekelle«. Trotzdem werden viele das gute weiße Stück mit rotem Licht und der Aufschrift »Halt Polizei« eher als Kelle oder Winkerkelle kennen. Woraus sich auch die internen Kommentare wie »kurz kellen gehen« oder jemanden »kellen« ableiten lassen. Übersetzt bedeutet es im Grunde genommen nichts anderes als ein paar nichts ahnende Verkehrsteilnehmer herauszuwinken und zu kontrollieren. Böse Zungen behaupten wahrscheinlich an dieser Stelle, dass es dabei nur um das »Abziehen« von armen Autofahrern geht, die natürlich nichts gemacht haben. Aber hatten Sie vorhin nicht auch Ihr Handy beim Fahren in der Hand?

Nicht jedes Mal, wenn wir in grellgelber Warnweste auf der Straße stehen und mit der Kelle wedeln, wollen wir einen Autofahrer kontrollieren. Grundsätzlich verbinden wir mit der erhobenen rot leuchtenden Kelle schlichtweg den Wunsch, dass man bitte mit seinem Auto in ausreichendem Abstand und mäßiger Geschwindigkeit vor uns zum Stehen kommt. Um dies noch einmal zu verdeutlichen und unmissverständlich klarzumachen, hat man diese verkehrsrechtliche »Weisung« zusätzlich in weißen Großbuchstaben auf die Haltekelle plakatiert, »HALT POLIZEI«.

Eigentlich bin ich davon ausgegangen, dass diese Aussage keinen weiteren Spielraum für persönliche Interpretationen lässt. Eine nette Fahrzeugführerin klärte mich allerdings eindrucksvoll darüber auf, dass dies wohl nicht vollkommen ausgeschlossen ist.

Während eines sonnigen Spätdienstes hatte uns die Leitstelle der Feuerwehr über einen Wohnungsbrand in einem Mehrfamilienhaus informiert. Bei solchen Einsätzen der Feuerwehr übernehmen wir oft die Verkehrsregelung, damit die wasserspritzenden Kollegen in Ruhe arbeiten und ihre Schläuche ausrollen können, ohne dabei über den Haufen gefahren zu werden. Mit meiner weißen Mütze, der gelben Warnweste und dem Anhaltestab bewaffnet, hatte ich mich in die nächstgelegene Einmündung gestellt, um dort den Verkehr anzuhalten und abzuleiten. Die Kinder des direkt an der Straßenecke befindlichen Kindergartens kamen dabei sichtlich auf ihre Kosten und drückten begeistert die Nasen durch den Zaun. Während ich noch den Kindern zuwinkte, näherte sich relativ flott ein kleiner älterer roter Ford Fiasco, entschuldigen Sie, Fiesta. Ich hielt die Kelle in die Luft und deutete mit meiner freien Hand nach links in die Einmündung. Anders als von mir erwartet, fuhr die ältere Dame allerdings schnurstracks auf mich und meine Kelle zu. Dabei machte sie keine Anstalten, ihr Tempo auch nur ansatzweise zu verringern. Im letzten Moment konnte ich meine Füße mit einem Schritt zur Seite in Sicherheit bringen. Unbeirrt hatte die Dame mich mit ihrem Auto einfach passiert – wahrscheinlich auch, wenn ich dort weiter gestanden hätte. Ein Schlag mit der Faust auf ihr Autodach bewegte sie dann doch noch, kurz hinter mir anzuhalten.

Vollkommen verständnislos blickte sie mich durch das geöffnete Seitenfenster an: »Ja bitte, was möchten Sie?«

»Was ich möchte? Sie hätten mich gerade beinahe über den Haufen gefahren. Haben Sie mich nicht gesehen?«

»Natürlich habe ich Sie gesehen! Wie könnte man die gelbe Weste übersehen?«

»Und warum halten Sie dann nicht an?«

»Weil ich hier hinter Ihnen in der Straße parken möchte. Dort stehe ich immer.«

Da fehlten mir zugegebenermaßen kurz die Worte.

»Nur weil Sie irgendwo immer parken, überfahren Sie einfach jemanden, wenn er auf der Straße steht?«

»Nein. Ich bin ja an Ihnen vorbeigefahren.«

»Aber die Straße ist gesperrt!«

»Das macht ja nichts. Ich stelle nur kurz mein Auto dort hinten ab.«

Tja, man lernt nie aus. Seitdem weiß ich, dass das persönliche Gewohnheitsrecht natürlich über jeder verkehrsrechtlichen Anordnung einer Polizistin steht. Schließlich hat sie schon immer dort geparkt.

Auch wenn manche Autofahrer unserer schönen Kelle immer wieder mit Ignoranz begegnen, spätestens das Knöllchen lässt diejenigen ihr Gewohnheitsrecht vielleicht doch mal überdenken.

95. GRUND

Weil man als Polizist Straßen sperren darf

Als Polizist hätte man theoretisch ständig und überall die Möglichkeit, einfach eine Straße oder einen Gehweg abzusperren. Natürlich müssen auch wir uns an Gesetze halten und machen dies nur, wenn es zwingend notwendig ist. Dabei gilt der Grundsatz: Die Absicherung von Gefahrenstellen hat Vorrang, trotzdem muss der Verkehrsfluss so gut wie möglich gewährleistet werden. Sie können sich denken, dass uns diese Aufgabe regelmäßig vor ein kleines Problem stellt. Einerseits müssen wir Unfallstellen gut und klar erkenntlich absichern, andererseits müssen wir uns immer überlegen, wie wir den Verkehr am besten um- oder vorbeileiten, ohne dass ein Riesenstau entsteht. Und wie schnell ein solcher entsteht, wissen Sie.

Wir haben im Dienst allerlei Hilfsmittel dabei, um einen Verkehrsteilnehmer auf eine Sperrung hinzuweisen. So könnten ein quer auf der Fahrbahn stehendes Polizeiauto mit eingeschaltetem Blaulicht, mehrere Lübecker Hüte (die orangefarbenen Absperrhütchen), blinkende Nissenleuchten oder auch kleine blau leuchtende aufgestellte Stäbe zumindest auf eine Teilsperrung der Straße hindeuten. Zur Verdeutlichung können wir seit einiger Zeit zusätzlich zwischen den beiden Blaulichtern auf dem Dach unseres Streifenwagens, wo sonst immer nur »Stop Polizei« oder »Bitte folgen« zu lesen war, alternative Texte wie »Vollsperrung«, »Spur gesperrt« oder »Unfall« einblenden.

Man sollte meinen, dass Polizisten einen lauen Job in einer Absperrung haben, wenn erst mal alles auf der Straße aufgestellt und gesperrt ist – einfach gemütlich im Wagen sitzen, abwarten, bis der Einsatz vorbei ist, und Geld dafür bekommen. Diese Meinung hält sich bis heute hartnäckig, auch in meinem Freundeskreis. Früher habe ich auch gedacht, dass die ganzen blinkenden Hinweise in jeglicher Farbvariation von Gelb über Rot bis Blau ausreichend deutlich machen, dass man dort nicht langfahren darf. Leider weit gefehlt. Sie glauben gar nicht, wie kreativ manche Autofahrer sind, wenn es darum geht, Straßensperren zu überwinden.

Wenn zum Beispiel der Streifenwagen quer auf der Straße steht und neben ihm ein paar schicke Absperrhütchen, kann man ja immer noch heimlich über den Gehweg fahren, wenn der Polizist nicht guckt. Schließlich ist dort ja nicht gesperrt. Und sollte dort auch ein Hütchen stehen oder es keinen Gehweg geben, steigt man einfach aus und stellt es so hin, dass man in Ruhe durchfahren kann. Sollte die Ausfahrt aus einem Kreisverkehr gesperrt sein, bietet es sich auch an, einfach mittig über die kleine Verkehrsinsel in der Ausfahrt zu fahren. Es ist ja immerhin nur die asphaltierte Straße und nicht der Bordstein gesperrt. Auch die Autobahnabfahrten sperren wir natürlich oft ohne Grund. So ist es kein Problem, wenn Sie einfach über die Wiese an unserem Polizeiwagen vorbeifahren oder, wenn es zu eng wird, ihn auch einfach mit Ihrem Auto touchieren und ein kleines Stück beiseiteschieben.

Um solche Situationen zu vermeiden, stehen die meisten Kollegen deshalb direkt an der Absperrung und sitzen nicht im Auto. Aber auch dann sollte man sich als Polizist ein dickes Fell anschaffen. Viele Verkehrsteilnehmer wissen nämlich besser, wie man seinen Job zu machen hat. Genau das lassen sie einen auch gerne unverblümt wissen:

»Da passt doch noch locker jemand lang.«

»Sie dürfen die Straße hier nicht einfach sperren.«

»Machen Sie doch mal etwas Sinnvolles, anstatt mich hier aufzuhalten, ich muss hier durch.«

Gerne nehmen wir diese konstruktive Kritik an unserer Arbeit mit einem Lächeln entgegen.

Es gibt noch eine dritte Kategorie an Verkehrsteilnehmern, die in einem Polizisten mehr sehen als nur den Schutzmann. Nämlich den »Erklärbären«. Sie stehen auf einer Landstraße, die durch ein Waldstück führt. Neben Ihnen blinkt das Blaulicht des Streifenwagens, und dazwischen leuchtet die Aufschrift »Vollsperrung«. Unmittelbar hinter dem Streifenwagen liegen zwei große Bäume komplett auf der Fahrbahn. Die Feuerwehr zerlegt mit dem lauten Getöse von Kettensägen langsam, aber sicher den Baum in seine Bestandteile. Bei diesem Anblick dürfte jedem klar sein, dass die Straße gesperrt ist und man hier aktuell nicht mit seinem Auto durchkommt. Es sei denn, man ist, wie üblich, mit seinem Räumpanzer beim Einkaufen gewesen. Trotz alledem hält knapp jedes zweite Auto mit offenem Seitenfenster bei Ihnen an:

»Ist hier gesperrt?«

»Kann man hier nicht durchfahren?«

»Was ist hier passiert?«

»Wie lange dauert es noch?«

»Ich muss aber hier durch.«

»Ich müsste hier durch. Könnten Sie mal kurz den Streifenwagen zur Seite fahren und das Hütchen wegnehmen?«

Antwortet man in den ersten 15 Minuten noch relativ gelassen auf die Fragen, ist es nach mehreren Stunden mit der Geduld nicht mehr so weit her. Verzeihen Sie uns daher bitte die teils sarkastischen Antworten:

»Wie kommen Sie denn darauf, dass hier gesperrt sein könnte?«

»Natürlich fahre ich für Sie den Streifenwagen beiseite. Sie dürfen als Einziger über den Baum fahren.«

Sollten Sie übrigens ein lautes Plopp hören, fragen Sie besser nicht weiter. Dann könnte es der Geduldsfaden des Kollegen gewesen sein.

Sie sehen, das Sperren von Straßen ist eine schöne Sache, hat aber auch seine Tücken.

96. GRUND

Weil das Blaulicht eine faszinierende Wirkung hat

Ein faszinierter Blick nach links, unbemerkt schaltet die Ampel auf Rot, der Kopf dreht sich wieder nach vorne, die Augen weiten sich vor Schreck. »Bumm!« Noch bevor er reagieren konnte, hatte er sein Auto mit knappen 40 km/h zielsicher in das Heck des Sportwagens vor ihm gerammt. Aber warum hatte er so lange nach links geguckt, und wieso kann ich mich daran noch so gut erinnern?

An diesem Tag war ich mit einer Kollegin zu einem Unfall auf einer Hauptstraße gerufen worden. Die Straße hatte für jede Fahrtrichtung einen Fahrstreifen und kurz vor dem Kreuzungsbereich auch noch einen zusätzlichen für Linksabbieger. Der Unfall, den wir aufnahmen, war ein »einfacher« Auffahrunfall auf genau diesem Fahrstreifen für Linksabbieger. Eine Dame hatte kurz nicht aufgepasst und war der Frau vor ihr in den Karren gefahren. Um die Unfallstelle abzusichern, hatten wir unser Polizeiauto rückwärts direkt vor den Unfall mit der Fahrzeugfront leicht in Richtung des entgegenkommenden Verkehrs gestellt und das Blaulicht eingeschaltet. Sollte uns nun jemand in das Auto fahren, würde er uns immerhin frontal erwischen, und unsere Airbags könnten den Aufprall vernünftig abfangen. Während ich hinter dem Steuer unseres Polizeiautos die Unfallmitteilungen ausfüllte, konnte ich schön beobachten, wie die entgegenkommenden Fahrer(innen) mich und das Blaulicht immer wieder fasziniert musterten.

Irgendwann wird es hier gleich noch krachen ..., ging es mir durch den Kopf.

In diesem Moment fuhr ein blauer Opel an dem Polizeiauto vorbei. Der Fahrer blickte abwechselnd das Blaulicht und mich an. Für mich lief das Geschehen wie in einer Zeitlupe ab, als er mir etwa in Höhe meines Seitenfensters in die Augen guckte, ich meine Hand hob und in seine Fahrtrichtung deutete. In diesem Moment war die Ampel gerade auf Rot gesprungen. Sein Kopf drehte sich wieder nach vorne, und seine Augen weiteten sich vor Schreck. Sie wissen, was dann passierte. Kopfschüttelnd applaudierte ich. Auch den Kommentar über den Außenlautsprecher, »Gut gemacht! Immer schön gaffen«, konnte ich mir nicht mehr verkneifen.

Das Blinken eines Blaulichtes hat nicht nur auf Kinder eine anziehende Wirkung. Auch Erwachsene scheinen dieser Faszination, insbesondere während der Autofahrt, verfallen zu sein. Ich selbst kann mich davon auch nicht freisprechen. Nicht umsonst bin ich ja schließlich Polizist geworden und kann mich dieser Faszination sogar täglich hautnah hingeben – und glauben Sie mir, das Blaulicht nicht nur angucken zu können, sondern es selbst zu nutzen, um damit durch die Straßen zu heizen, bringt den Adrenalinpegel erst richtig in Schwung. Aber das ist ein anderer Punkt.

Hartnäckig hält sich das Gerücht, dass Polizei und Feuerwehr auch zum Pommesholen gerne mal das Blaulicht einschalten. Als

Beispiel wird gerne die Situation genommen, wo das Polizeiauto am Schalter im Drive-in mit eingeschaltetem Blaulicht steht. Ohne rechtlich jetzt weit ausholen zu wollen, dürfen wir die Sonder- und Wegerechte (Blaulicht und Horn) nur dann benutzen, wenn es »zwingend erforderlich« und »höchste Eile geboten« ist. Frittierte Kartoffelstäbchen schmecken zwar gut, sind aber selten zwingend erforderlich. Auch ist höchste Eile für den Transport zwar sinnvoll – Fritten werden kalt schließlich ungenießbar –, dennoch nicht geboten, um Menschenleben zu retten. Wenn aber ein Streifenwagen hinter Ihnen im Drive-in einer Fastfood-Kette dann doch mal das Blaulicht einschaltet, wird die Besatzung wahrscheinlich über Funk einen Einsatz bekommen haben, der eben genau diese höchste Eile erforderlich macht. Zugegeben, es sieht dann natürlich schon recht lustig und seltsam aus.

Schwarze Schafe im Kollegenkreis, die dann doch mal mit den heißen Pommes zur Wache düsen, sind natürlich auch hier nicht auszuschließen.

Zum Schluss und bei allem Spaß noch ein mahnendes Wort an uns alle: Blaue Lichter sind zwar toll, aber Gaffen ist lebensgefährlich. Der eigentliche Unfall ist meist schon schlimm genug, und die ganzen blauen Blinklichter leuchten dort nicht zum Spaß. Einen Stau und einen weiteren schweren Unfall auf der Gegenfahrbahn kann niemand gebrauchen. Denken Sie daran und gucken Sie immer auf Ihre Fahrbahn!

KAPITEL 10

KAUM ZU GLAUBEN ...

97. GRUND

Weil auch mal der Mond geklaut wird

Ja, Sie haben richtig gelesen.

Weil auch mal der Mond geklaut wird. Und nein, wir sind nicht bei »Gru« und den kleinen gelben Minions im Film *Ich – Einfach unverbesserlich*, sondern im Schreibraum einer Polizeiwache in Nordrhein-Westfalen. Mir gegenüber sitzt eine aufgebrachte und wild gestikulierende Dame mittleren Alters.

»Und wenn ich es Ihnen doch sage, er ist weg. Einfach geklaut worden.«

»Sie sagen also, der Mond wurde gestern Nacht geklaut?«

»Genau! Jetzt haben Sie es endlich verstanden!«

Unser Gespräch im Schreibraum der Wache war zu diesem Zeitpunkt schon 30 Minuten alt. Am späten Vormittag war die Dame im Empfangsbereich unserer Wache mit dem Anliegen, einen Diebstahl melden zu wollen, aufgekreuzt. Auf die Frage, was denn geklaut worden sei, erhielten wir mit einem geheimnisvollen Flüstern immer die gleiche Antwort:

»Etwas von unschätzbarem Wert für die Menschheit. Nun wird sich alles verändern.«

Mit der Vorahnung, dass sich ihr seltsames Anliegen etwas länger hinziehen könnte, hatten wir sie in die Wache gebeten.

»Also gut, Frau Sommer, was ist denn passiert?«

»Wusste ich es doch. Die Polizei hat davon noch nichts mitbekommen. Was ist Ihnen letzte Nacht aufgefallen?«

»Eigentlich nichts Besonderes. Es war eine kalte und sehr dunkle Nacht.«

»Sehen Sie. Da haben Sie schon den ersten Beweis!«

»Frau Sommer, es gibt viele kalte Nächte.«

»Ja, wenn etwas fehlt!«

»Oder wenn, wie im Moment, Winter ist.«

»Sie wollen es nicht verstehen, oder? Es wurde etwas Großes geklaut. Etwas, was alles verändern wird.«

»Sie müssen mir schon sagen, was Sie meinen. Oder fangen wir doch damit an: Wann und wo ist es geklaut worden?«

»Letzte Nacht. Wenn Sie die Nacht genau beobachtet hätten, dann wüssten Sie es.«

»Das einzig Große, was letzte Nacht nicht zu sehen war, ist der Mond gewesen, Frau Sommer.«

»Ha! Sie haben es ja doch bemerkt? Und warum ermitteln Sie nicht bereits deswegen?!«

Sie blickte mich unverständlich an.

»Frau Sommer, der Mond ist nicht geklaut worden. Er war nur nicht zu sehen. In den nächsten Tagen ist er wieder da. Wir haben Neumond.«

»Und wenn ich es Ihnen doch sage, er ist weg. Einfach geklaut worden.«

»Sie sagen also, der Mond wurde gestern Nacht geklaut?«

»Genau! Jetzt haben Sie es endlich verstanden!«

Da saßen wir nun seit einer halben Stunde. Das Gespräch drehte sich immer wieder im Kreis. Jede Bemühung, ihr den Gang der Dinge zu erklären, fand keine Beachtung. Auch mehrere Internetartikel und Fotos konnten sie nicht davon abbringen. Die einzige Lösung: Wir nehmen die Anzeige einfach auf.

»Also gut, Frau Sommer. Ich nehme Ihre Anzeige auf. Aber machen Sie sich nicht allzu große Hoffnungen, okay?«

»Ich wusste, dass es schwer wird, Ihnen das zu erklären. Ich bin froh, dass Sie es endlich erkannt haben.«

Mit einem leichten Lächeln im Gesicht nahm ich ihre Freude zur Kenntnis. Einen solchen Kriminalfall hat man wirklich selten. Ich begann, ihre Aussage aufzunehmen:

»Am heutigen Tag erschien Frau Sommer auf der Polizeiwache und gab Folgendes zu Protokoll: Am gestrigen Tag sei ihr bei Dunkelheitsanbruch aufgefallen, dass sich der Mond nicht wie gewohnt am Himmel befand. Trotz einer sofortigen Absuche des Horizonts ihrerseits konnte der Mond nicht aufgefunden werden. Auch im Verlauf der Nacht blieb er verschwunden.«

»Haben Sie denn jemanden bei der Tat beobachten können?«

»Nicht richtig, aber ich glaube, es war ein kleiner dicker Mann mit schwarzen Klamotten und Kapuze. Er ging leicht gebückt durch die Straßen und hat etwas Schweres auf dem Rücken getragen.«

Frau Sommer konnte im Nahbereich des Tatortes eine männliche Person mit einem schwarzen Kapuzenpullover feststellen, der augenscheinlich geduckt mit einem schweren Gegenstand auf dem Rücken durch die Straßen gegangen war.

Die Tatausführung selbst konte durch die Anzeigenerstatterin nicht beobachtet werden.

Ein Lichtbild des entwendeten Mondes liegt dem Vorgang bei.

»So, Frau Sommer, lesen Sie sich die Anzeige bitte durch und unterschreiben Sie unten, wenn alles richtig ist.«

Sichtlich erleichtert unterschrieb die Dame die Anzeige und gab sie mir dankend zurück.

»Hoffentlich können Sie die Menschheit noch retten.«

»Wir werden alles dafür tun, was in unserer Macht steht.«

Sie bedankte sich nochmals und verließ dann zufrieden die Wache.

Beim wiederholten Lesen des Schriftstücks musste ich lachen. Bildlich konnte ich mir vorstellen, wie die schwarze Figur von den »Vorsicht Einbrecher«- Schildern geduckt mit einem Sack auf dem Rücken durch die Siedlung schleicht und den Mond mit sich herumträgt.

Der Vorgang ging natürlich nicht in ein Kriminalkommissariat, in welches auch? Schließlich ermittelt die Polizei nur äußerst selten am Sternenzelt.

Damit die Kollegen aber trotzdem ein Auge auf den Mond werfen, wurde die »Anzeige« an das schwarze Brett gehängt. Schließlich weiß man ja nie, vielleicht findet man den Mond bei einer Verkehrskontrolle im Kofferraum wieder.

Ich kann Sie allerdings beruhigen, nur wenige Stunden später war zumindest ein Teil des Mondes wieder zurück an seinem Platz.

98. GRUND

Weil Polizisten für Stripper gehalten werden

Auch dieser Punkt steht unverkennbar im direkten Zusammenhang mit dem Tragen der Polizeiuniform. Als »Partyschreck« sind wir in den Nachtdiensten auf vielen Feierlichkeiten zu Gast. Die Einladungen dazu bekommen wir meist von Anwohnern, denen die Fete nebenan dann doch ein bisschen zu laut ist.

Allerdings werden wir nicht immer direkt als die »Partycrasher« wahrgenommen. Vielmehr sieht man in unserem Erscheinen manchmal das genaue Gegenteil, nämlich den »heißen Teil« der Party. So werden die kleinen Gags aus den Comedyshows auch schon für Kommissaranwärter in den ersten Praktika ein Stück weit zur Realität.

In dieser Nacht waren wir zu dritt unterwegs. Mein Kollege und ich hatten einen Auszubildenden mit an Bord. Voller Vorfreude und unwissend, was ihm in wenigen Minuten widerfahren würde, nahm er den ersten Einsatz der Schicht entgegen.

»14/31, für euch geht es zu einer Ruhestörung auf einem Reiterhof. Dort wird wohl ausgelassen gefeiert.«

Schon aus weiter Ferne war die Partymusik vom Reiterhof zu hören. Im Streifenwagen bat der Praktikant darum, den Einsatz selbst bewältigen zu dürfen. Wir ließen ihm gerne freie Hand, zumindest solange seine Hände noch »frei« waren. Das Polizeiauto hatten wir an der Zufahrt abgestellt und uns zu Fuß der Partyscheune genähert. Beherzt schoben wir die Eingangstür auf. Und da standen wir, drei Polizisten, vor knapp 40 ausgelassen feiernden Mädels. Noch bevor wir reagieren konnten, wurde unser Praktikant in die Menge gezogen und von allen Seiten umringt. Neben lautem Geschrei und freudigem Gequietsche wurde der Stripper in Polizeiuniform mit den Worten »Guckt mal da! Die Polizei mit ihren harten Stöcken ist da, um uns zu versohlen. Waren wir so böse?« begrüßt.

Mit Mühe und Not konnten wir uns zu unserem Praktikanten durchkämpfen. Sein Hemd war schon komplett aufgeknöpft, und eine Frau hatte sich mit ihren Plüschhandfesseln schon an ihn gekettet:

»Verhaftet mich. Ich war unartig.«

»Ich glaube, die hier ist die Verantwortliche«, grinste der Prakti.

»Ich wurde noch nie von so vielen Frauen angefasst. Das fühlte sich an, als wollten die einen zerreißen.«

Es dauerte zwar ein bisschen, aber nach einigen Minuten realisierte die Dame, dass sie sich mit rosa Handschellen an einen richtigen Polizisten gefesselt hatte. Sichtlich peinlich berührt, vergewisserte sie sich aber noch einmal.

»Sie sind wirklich Polizisten und keine Stripper, oder?«

»Ja, obwohl uns Ihr Empfang natürlich gefallen hat. Allerdings können wir uns weder ausziehen, noch werden wir Sie jetzt verhaften. Nur wenn Sie die Musik nicht leiser machen, müssen wir über die Handfesseln wohl noch mal nachdenken. Allerdings ohne Plüschbezug.«

»Oh nein. Wie peinlich! Entschuldigen Sie. Aber ich dachte echt ...«

»Kein Problem. Wir freuen uns, freudig empfangen zu werden. Ich hoffe, Sie haben den Schlüssel für Ihren Handschmuck dabei?«

»Ähm ja, in meinem BH ...«

Jetzt konnten auch wir uns ein Lachen nicht mehr verkneifen. Diese Party würde die junge Dame wohl nicht mehr so schnell vergessen. Nachdem sich unser »strippender Kollege« wieder befreit hatte und die Lautstärke der Musik reguliert worden war, begegneten uns draußen dann tatsächlich noch zwei »Handwerker«, die auf dem Weg zur Partyscheune waren.

»Jungs, wir waren schneller!«

Denken Sie dran, nicht überall, wo Polizei draufsteht, ist auch ein Stripper drin.

99. GRUND

Weil man andere beim In-der-Nase-Bohren beobachten kann

»Ja, komm! Es geht noch ein Stück tiefer. Genau. Ah, da ist es ja.«

So oder so ähnlich scheint es sich regelmäßig in den Köpfen einiger Kraftfahrzeugführer abzuspielen. Dabei gehört eine genaue Kontrolle des »erbeuteten Objektes« genauso dazu wie das Entfernen desselbigen in den Fuß- oder Mundraum.

Hört sich seltsam und ekelig an, aber genau das ist der belustigende Eindruck, den man bekommt, wenn man mit seinem Streifenwagen in einer Einfahrt steht und den Straßenverkehr überwacht.

Mein Kollege und ich haben uns vor einiger Zeit mal den Spaß gemacht und die Anzahl der festgestellten Verkehrsverstöße mit denen der penetranten Nasenbohrer verglichen. Interessanterweise kamen dabei auf einen Verkehrsverstoß elf Fachkräfte für Bohrungen im Nasengewinde. Bei unserer kleinen Studie durfte natürlich auch die Befragung der unfreiwilligen Probanden nicht fehlen.

Auf die Frage, ob man sich vorstellen könne, warum man angehalten worden sei, gaben die meisten an, dass man wahrscheinlich etwas falsch gemacht habe. Umso erleichterter war man dann kurzzeitig, dass dies nicht der Fall gewesen war.

»Waren Sie denn erfolgreich in Ihrer Nase?«

In Bruchteilen von Sekunden war bei unserer Verkehrsteilnehmerin die »rote Lampe« an.

»Ähhhm ...«, brachte sie mit einem verschmähten Lächeln hervor.

»Wie konnten Sie mich denn dabei sehen, ich war doch im Auto?«

»Na ja, die Scheiben sind schon noch durchsichtig.«

Die angehaltenen Autofahrer waren uns übrigens nicht böse und froh darüber, nichts »falsch« gemacht zu haben.

Die dünne Blechkarosserie und die Fenster scheinen vielen Leuten ein Gefühl von Sicherheit und geschützter Privatsphäre zu geben.

Unabhängig von den Bohraktivitäten im Fahrzeug scheint es keine Grenze für interessante Aktivitäten während einer Autofahrt zu geben. Zu meinen bisher erlebten Highlights gehört ein junger Autofahrer, der mit weißem Schaum vor dem Mund neben uns die Autobahn befuhr und diesen in unregelmäßigen Abständen aus dem bei 100 km/h geöffneten Seitenfenster herausbeförderte. Auf Nachfrage gab er in der Verkehrskontrolle an, dass er verschlafen habe und zu einer Klausur müsse. Deshalb müsse er die Zähne während der Fahrt putzen. Wie der Fahrzeuginnenraum ausgesehen hat, können Sie sich vorstellen.

Ähnlich sah das Fahrzeug auch bei einer Dame aus, die sich während der Fahrt dem Schmieren und Belegen von Butterbroten gewidmet hatte. Nach einer Vollbremsung, die bei einem ständigen Blick durch die Frontscheibe absolut vermeidbar gewesen wäre, hatten Salami, Käse und Butter sich nicht nur im Fußraum, sondern auch auf den Armaturen und dem Lenkrad gemütlich gemacht.

Ein Lkw-Fahrer überraschte uns hingegen mit seiner Körperpflege. Beim Überholen konnten wir im Fahrerfenster einen nackten Fuß auf Höhe des Lenkrades erkennen. Er war augenscheinlich dabei, sich die Fußnägel zu schneiden. In der Kontrolle gab sich der Fahrer äußerst uneinsichtig. Man könne hinter dem Steuer doch wohl machen, was man wolle. Mit dieser Annahme liegt der Herr nicht so ganz richtig. Auch wenn er es trotz eines Verwarngeldes bis jetzt nicht eingesehen haben dürfte. Obwohl es nicht explizit im Gesetzestext der Straßenverkehrsordnung aufgeführt ist, haben Fahrzeugführer(innen) nach §23 StVO trotzdem die Pflicht, alles zu unterlassen, was die Konzentration auf den Straßenverkehr stark beeinträchtigt.

Bei der nächtlichen Bestreifung von abgelegenen Parkplätzen stoßen wir auch nicht selten auf leicht ruckelnde und von innen beschlagende Fahrzeuge. Die Kopulation scheint dabei manchmal so intensiv zu sein, dass man den Schein von Taschenlampen und die zwei Beamten erst nach einem leichten Anklopfen an die Scheibe bemerkt. Umso lustiger sind dann die erschreckten und peinlich berührten Gesichter.

Richtig peinlich wurde es dabei schon mal für einen Kollegen und eine Kollegin. Diese hatten sich nach der Spätschicht auf einem Wanderparkplatz unweit der Polizeiwache getroffen und waren sich im Auto anscheinend ein bisschen näher gekommen. Zumindest solange, bis die Scheinwerfer eines Streifenwagens die Zweisamkeit unterbrachen. Auch als Polizist ist man vor solch einer Begegnung nicht gefeit.

Übrigens ist es gesetzlich nicht »normiert«, also nicht strafbar, sich im Adamskostüm im Auto aufzuhalten oder dieses zu führen. Das gilt allerdings nur so lange, bis sich jemand davon massiv belästigt fühlt. Dann käme theoretisch eine Ordnungswidrigkeit in Betracht.

100. GRUND

Weil Polizisten ständig etwas zu lachen haben (Teil 1)

Löst bei Ihnen auf der Arbeit eine kaputte Kaffeemaschine oder ein defekter Computer schon einen Ausnahmezustand aus? Ist Ihr

Arbeitsalltag so vorhersehbar wie das Weihnachtsfest und von festen Routinen geprägt? Dann sind Sie definitiv nicht bei der Polizei. Denn als Polizist oder Polizistin gehören, egal ob auf der Straße oder hinter dem Schreibtisch, Kuriositäten und Ausnahmesituationen zu Ihrem Arbeitsalltag. Bereits nach wenigen Arbeitsjahren könnten Sie mit den erlebten Geschichten ganze Bücher füllen. Für mich machen genau diese Unvorhersehbarkeit und ständige Abwechslung, gepaart mit allerhand lustigen Gegebenheiten, den Polizeiberuf aus. Auch wenn Sie nicht damit rechnen, schaffen es die Leute immer wieder, Sie zu überraschen. Selbst wenn der Einsatzanlass an sich überhaupt nicht lustig ist, gibt es immer Mitbürger, die einem trotzdem ein erstauntes Lächeln ins Gesicht zwingen.

Auf der Suche nach einem seit Tagen verschwundenen jungen Mädchen ist einem eigentlich nicht nach Lachen zumute. Die Stimmung im Polizeiauto ist gedrückt, und die Kollegen sind eher in sich gekehrt. Auch wenn wir versuchen, Einsätze emotional nicht an uns herankommen zu lassen, lässt es sich bei spurlos verschwundenen Kindern nicht wirklich verhindern.

»Arnold 15/31. Wir haben einen Anruf erhalten. Ein Mann hat angeblich den Standort des vermissten Mädchens ermittelt. Bitte überprüft das mal.«

»Verstanden.«

An der Wohnungstür des Anrufers erwartete uns bereits ein Mann im Bademantel mit einer Klopapierrolle und einem Tablet-PC in der Hand. Der Anblick war in Korrelation mit dem eigentlichen Einsatzanlass so bizarr, dass wir ein ungewolltes Lächeln nicht unterdrücken konnten.

»Guten Tag. Sie wissen, wo das Mädchen ist?«

»Ja, mir ist es eben gelungen, den Aufenthaltsort zu ermitteln.«

»Das wäre super. Wo ist sie denn, und wie haben Sie den Ort ermittelt?«

»Hier. Schauen Sie.«

Er hielt uns seinen Tablet-PC unter die Nase.

»Ich habe die drei großen Seen im Umkreis genommen, und anhand des Lochs der Klopapierrolle lässt sich der Bereich dann eingrenzen.«

»Also die Klopapierrolle auf Ihrem Tablet zeigt uns, wo sie ist?«

»Ja, genau. Es ist kein Zufall, dass das Loch der Rolle genau auf diesen Punkt hier zeigt.«

Es fiel uns schwer, ernst zu bleiben und nicht zu grinsen.

»Vielen Dank. Wir werden diese Örtlichkeit sofort absuchen. Danke.«

Der Mann zeigte sich sichtlich glücklich darüber, dass wir seinem Hinweis nachgingen. Gefunden haben wir sie dort allerdings nicht, leider. Vielleicht muss die Klopapierrolle seines Ortungssystems nicht nur zweilagig, sondern vierlagig sein, damit es klappt.

Es sind nicht immer nur die Erwachsenen, die uns in den Einsätzen zum Schmunzeln und Staunen bringen. So manches Mal verblüfft einen auch der schon früh entwickelte Weitblick einiger Kinder und Jugendlicher.

Bei einer nächtlichen Kontrolle eines zwölfjährigen Jungen, der alleine in einer Wohngegend unterwegs war, fanden Henry und ich in seinem Rucksack mehrere Packungen mit insgesamt über 50 Kondomen:

»Was hast du denn mit diesen ganzen Kondomen vor?«

Ohne rot zu werden, antwortete uns der Junge:

»Für den Notfall, man weiß ja nicht, was passiert.«

Sehr löblich, der junge Herr. Auch wenn er vielleicht etwas früh dran war.

101. GRUND

Weil manche dümmer sind, als die Polizei erlaubt

Dumm und Dümmer sind jetzt auch als Verbrecher unterwegs und beeindrucken dabei vorzugsweise durch ihre Cleverness. Man könnte fast meinen, sie hätten ihr Handwerk von der Pike auf gelernt. Nur die Fächer »Unauffälligkeit« und »Alibi« scheinen die beiden geschwänzt zu haben.

Neben seiner beruflichen Tätigkeit als kleiner Drogendealer hat Herr »Dumm« eine Vorliebe für modische Accessoires. Diese trägt er dann auch gerne mal in unpassenden Momenten. Vielleicht sind Ihnen nachts in der Altstadt mal die »coolen Gangsta« mit ihren Sonnenbrillen aufgefallen? Genau ein solcher ist »Herr Dumm«.

Während es draußen dunkel wird und die Straßenlaternen schon ihren Dienst verrichten, schlendert uns »Herr Dumm« im Trainingsanzug mit einer großen Sonnenbrille auf den Augen und einer Plastiktüte in der Hand entgegen. Nachdem er nur noch knappe 15 Meter von uns entfernt war, zuckte er plötzlich zusammen und machte ruckartig kehrt. Im nächsten Hauseingang begab sich dann ein unbekanntes Flugobjekt in Form einer Plastiktüte auf den Weg in das Gebüsch.

»Polizei, bleiben Sie stehen!«

Er ging »unauffällig« weiter und beschleunigte seine Schritte nochmals.

An der nächsten Straßenecke bekam mein Kollege ihn dann am Kragen seiner Trainingsjacke zu fassen.

»Hey, was wollen Sie von mir? Was soll das?«
»Polizei, du sollst stehen bleiben.«
»Was? Ich habe Sie gar nicht gesehen.«
»Komisch, bei deiner Sonnenbrille.«
»Was möchten Sie denn von mir?«
»Deinen Ausweis sehen. Was hast du eben weggeworfen?«

»Ich? Ich habe gar nichts weggeworfen!«

»Und warum hast du dich ruckartig umgedreht, als du uns gesehen hast?«

»Ich habe Sie gar nicht gesehen. Mir ist nur eingefallen, dass ich was zu Hause vergessen habe.«

»Auf deinem Ausweis steht, dass deine Wohnung in der anderen Richtung ist. Genau dort, wo du eben deine Tüte in den Eingang geworfen hast.«

»Wie kommen Sie eigentlich darauf, mich zu kontrollieren?«

»Möchtest du darauf wirklich eine Antwort?«

»Ja!«

»Du drehst dich um, wenn du die Polizei siehst, wirfst dann etwas weg und trägst im Dunkeln eine Sonnenbrille.«

»Ich darf doch wohl eine Sonnenbrille tragen, wann ich will?«

»Na klar. Aber ist schon komisch, nachts eine Sonnenbrille zu tragen, oder? Nimm die Brille mal ab.«

Widerwillig nahm Herr Dumm seine Sonnenbrille ab. Es blickten uns zwei wässrige rötliche Augen mit stecknadelgroßen Pupillen an.

»Jetzt wissen wir auch, warum du deine Sonnenbrille trägst. So sieht man nicht sofort, dass du auf Drogen bist.«

»Ich habe gar nichts genommen!«

Erstaunlicherweise war die weggeworfene Plastiktüte prall gefüllt mit Marihuana, sodass man sie schon aus mehreren Metern Entfernung riechen konnte.

»Es ist immer noch nicht meine Tüte! Und wenn Sie jetzt auf die Idee kommen, ich hätte in meiner Bude noch was, dann liegen Sie falsch.«

Aus unserer Sicht lagen wir damit vollkommen richtig. Dank seiner geschickten Aussage nahmen wir kurze Zeit später seine »Bude« auch noch genauer unter die Lupe und wurden fündig. Neben knapp 500 »Sicherungskopien« von aktuellen Kinofilmen konnte der Drogenspürhund im Sofa noch drei weitere Plastiktüten mit Gras finden.

Hätte »Herr Dumm« mal besser nicht die »Verbrecherschule« geschwänzt!

Auch »Mr Dümmer« stellte sich bei seinem Vorhaben nicht unbedingt besser an. Schon vor längerer Zeit hatte er sich auf das Aufbrechen von Autos spezialisiert. In dieser Nacht ließen die Objektauswahl und die Ausführung des Aufbruchs allerdings stark zu wünschen übrig:

In einer schneeweißen Winternacht hatten wir unseren Streifenwagen in der Zufahrt zu einem Wohngebiet abgestellt, um es fußläufig möglichst lautlos bestreifen zu können. Lediglich das Knirschen des Schnees unter unseren Füßen war in der sternklaren Nacht zu hören. Nach einer Runde durch das Wohngebiet machten wir uns wieder auf den Weg zu unserem Auto.

»Guck mal da, hier sind frische Fußspuren, die zu unserem Streifenwagen führen«, mein Kollege deutete auf den Boden vor uns. Die Schuheindrücke waren nicht von uns, und wir beide hatten bisher keine Menschenseele gesehen.

Ein dumpfes Geräusch durchbrach in diesem Moment die Stille.

Wir beide guckten uns an:

»Das kann ja wohl nicht wahr sein. Ich glaube es nicht ...«

Das Geräusch kam aus der Richtung, wo wir unser Polizeiauto abgestellt hatten.

Wir rannten los und trauten unseren Augen nicht, als wir die Zufahrt des Wohngebietes erreichten. Dort steckte tatsächlich ein kräftiger Mann kopfüber im Seitenfenster auf der Beifahrerseite unseres Autos. Pech für ihn, dass unser Polizeiauto auch etwas von Festnahmen verstand, und so steckte er nun wortwörtlich im Seitenfenster fest. Auch wir bekamen ihn nicht mehr herausgezogen. Erst die Feuerwehr konnte ihn einige Zeit später mit vereinten Kräften aus seiner leicht misslichen Lage befreien. Die Frage, warum er ein Polizeiauto aufgebrochen hatte, konnte er sich im Anschluss selbst nicht beantworten. Er habe nur das Handy – was in der Realität eigentlich ein Funkgerät gewesen war – aus der Mittelkonsole klauen wollen. Dass es ein Polizeiauto gewesen sei, wäre ihm nicht aufgefallen. Na gut, das Blaulicht auf dem Dach und die Beschriftung auf dem Auto kann man schon mal übersehen, oder?

Manche Verbrecher sind wirklich dümmer, als die Polizei erlaubt.

102. GRUND

Weil dem Promillewert nach oben keine Grenzen gesetzt sind

»Ob ich wohl noch Auto fahren darf? – Es war ja eigentlich nicht so viel Alkohol.«

Diese Frage hat sich wahrscheinlich jeder schon einmal gestellt. An dieser Stelle Daumen hoch für alle, die in dieser Situation das Auto haben stehen lassen. Dennoch werden die meisten wohl auch nach einem Bierchen ihr Vehikel noch im Straßenverkehr bewegen. Natürlich steht dann genau auch die Polente an der Straße und macht eine Alkoholkontrolle. Und da kommt auch schon direkt die altbekannte Frage:

»Guten Abend, Polizei. Wir führen gezielte Alkoholkontrollen durch. Haben Sie im Laufe des Abends alkoholische Getränke zu sich genommen?«

Was soll man jetzt darauf antworten? – Hier scheint guter Rat teuer.

Aber im Grunde ist es ganz einfach: Wenn Sie ein Bierchen getrunken haben, seien Sie offen und ehrlich. Ein Atemalkoholtest – umgangssprachlich auch »Pusten« genannt – tut nicht weh und geht schnell. Sollten Sie eh einen über den Durst getrunken haben, ist Ihre Antwort eigentlich auch egal. Sofern wir Anhaltspunkte dafür haben, dass jemand unter Alkoholeinfluss Auto fährt, ist unsere Frage nur obligatorisch. An weiteren Maßnahmen kommen Sie dann ohnehin nicht mehr vorbei. Neben dem »freiwilligen« Pusten vor Ort sind ein weiterer Atemalkoholtest auf der Polizeiwache oder eine Blutprobenentnahme durch einen Arzt möglich. Auch wenn Sie sich dagegen wehren, werden Sie notfalls auch zwangsweise zur Ader gelassen.

»Don't drink and drive«, dann brauchen Sie sich auch um solche Sachen keine Sorgen zu machen.

Häufig kommt auch die Frage auf, wie viel Alkohol einen bestimmten Promillewert ausmacht. Diese Frage lässt sich nicht beantworten. Die Wirkung des Alkohols ist bei jedem anders und von vielen Faktoren abhängig. Auch die körperlichen Ausfallerscheinungen sind verschieden. Während Profitrinker auch bei 3,5 Promille noch deutlich sprechen und gerade laufen, liegt Otto Normalverbraucher schon bei 1,5 Promille regungslos unter dem Tisch. Es wird aber davon ausgegangen, dass man durchschnittlich 0,1 Promille pro Stunde abbaut, sofern man sich nicht weiter den guten Hopfen in den Rachen kippt.

In den wenigen Jahren als Polizist sind mir allerdings schon einige Promillehighlights in Erinnerung geblieben. So ist ein Lkw-Fahrer mit geschmeidigen vier Promille zwar etwas langsam gefahren, aber dennoch zielsicher. Ein anderer Berufskraftfahrer hatte es dann aber so weit übertrieben, dass er bei einem Atemalkoholtest nach einem Auffahrunfall unser Gerät in die Knie zwang. Anstatt einen Wert anzuzeigen, waren anstelle der Zahlen nur noch nach oben gerichtete Pfeile zu sehen. Der später durch eine Blutprobe ermittelte Wert lag knapp unter fünf Promille. Ein Wert, bei dem ich bereits tot gewesen wäre.

Ich bin immer wieder überrascht, was der Körper bei manchen Menschen alles aushält.

103. GRUND

Weil es anders kommt, als man denkt

Kennen Sie den Spruch »Erstens kommt alles anders und zweitens als man denkt«?

Falls nicht, werden Sie gleich wissen, was damit gemeint ist.

Ein Polizist oder eine Polizistin hat in Einsätzen immer den Anspruch, die Lage ständig unter Kontrolle zu haben. Manche Leute verblüffen uns allerdings durch ihr Verhalten so sehr, dass wir auch kurzzeitig mal das Heft aus der Hand geben und uns die Szene einfach nur verblüfft angucken können.

Zusammen mit zwei Kollegen war ich nachts in einem Wohngebiet unterwegs. Die Bürgersteige waren erwartungsgemäß um diese Uhrzeit »hochgeklappt«, und so war, bis auf ein paar gierige Marder unter den Autos, weit und breit niemand zu sehen.

Als wir nach einer knappen Stunde gerade das Wohngebiet mit unserem Streifenwagen verlassen wollten, fiel uns vor einem schicken Einfamilienhaus ein Mann in einer dunklen Motorradkombi auf. Er entfernte sich gerade ohne Helm in der Hand von dem abgestellten zweirädrigen Vehikel.

»Komisch«, flüsterte der Kollege von der Rückbank, »seit über einer Stunde ist hier doch kein Motorrad durch das Wohngebiet gefahren.«

In der Tat war uns kein motorisiertes Gefährt entgegengekommen. Was machte er also dort?

Mit eingeschaltetem Suchscheinwerfer und Blaulicht fuhren wir auf den Mann zu.

Als wir uns ihm näherten, merkten wir schnell, dass irgendetwas nicht stimmte. Aber was?

Wir hatten uns auf eine kleine Verfolgungsjagd eingestellt, doch der Herr blieb nach einer kurzen Ansprache ohne große Regung stehen und blickte uns an.

»Ja bitte?«
»Sind Sie gerade mit dem Motorrad gekommen?«
»Ich, ähm … nein.«
»Ist das Ihr Motorrad?«
»Nein.«
»Und was machen Sie dann mit den Motorradklamotten um diese Uhrzeit hier draußen? Können Sie in dieser Lederkombi überhaupt atmen? Sieht ziemlich eng aus.«
»Also ich … Es sind eigentlich keine …«
In diesem Moment prustete mein Kollege vor Lachen los.
»Jetzt weiß ich, was uns hier so komisch vorkommt …«
Er deutete auf den Rücken des Mannes.
Auch ich konnte mir ein Lachen nicht verkneifen. Die vermeintliche »Motorradkombi« aus Leder war hinten mit Ketten und Schlössern zugezurrt worden.
»Jetzt weiß ich auch, warum Sie nicht atmen können. Was machen Sie denn damit hier draußen?«
»Also … Es ist ein Rollenspiel. Ich wollte nur einmal um den Häuserblock gehen und dann als eine Art fremder Mann wieder anklingeln.«
Anstatt einen Einbrecher zu fangen, waren wir hier unverhofft in ein Rollenspiel geraten …
Neben dieser überraschenden Anekdote haben uns auch die Bewohner eines Wohnhauses mit ihrem Grips ganz schön alt aussehen lassen:
Während einer Spätschicht waren wir am frühen Abend zusammen mit der Feuerwehr zu einem Wohnungsbrand geschickt worden. Laut einem Melder käme schon deutlicher Rauch aus den Fenstern im Erdgeschoss. Für uns war also höchste Eile geboten. Der Einsatzort war nicht zu verfehlen. Schon von Weitem konnten wir den Rauch sehen. Noch während wir weiträumig alles mit Flatterband absperrten, begann die Feuerwehr mit der Evakuierung der Anwohner. Wir nutzten die Zeit, um die Personalien der herausgebrach-

ten Bewohner festzustellen. Neben mir stand gerade die aus Vater, Mutter, Großvater, Großmutter, Onkel und zwei Kindern bestehende Großfamilie der betroffenen Wohnung, als zwei Feuerwehrmänner mit einem glühenden Holzkohlegrill aus dem Rauch ins Freie traten.

»Hier der Brandherd. Der Grill stand im Wohnzimmer der Wohnung.«

Ungläubig und sprachlos blickten alle Einsatzkräfte auf die Familie.

Mein Dienstgruppenleiter fand zuerst seine Worte wieder:

»Sind Sie wahnsinnig? Sie bringen sich damit um!«

Der Vater der Familie schien sich der Gefahr nicht bewusst zu sein:

»Wieso? Wir wollten doch nur ein paar Würstchen mit der Familie grillen. Draußen war es so kalt. Wir haben extra die Fenster aufgemacht.«

Da man die Kohle ja auch irgendwie zum Glühen bekommen musste, hatte man geschickt einen Haufen Altpapier aus dem Flur genommen und diesen einfach oben auf der Kohle angezündet.

Sowohl die Kollegen der Feuerwehr als auch wir standen für ein paar lange Sekunden einfach nur fassungslos da.

Wissen Sie jetzt, was ich mit dem Spruch in Bezug auf die Polizeiarbeit gemeint habe? Seien Sie immer auf alles vorbereitet, es könnte anders kommen, als Sie denken.

104. GRUND

Weil Trunkenbolde lustige Dinge tun (Teil 1)

Wenn unsere Gesellschaft mit einer Sache kein Problem hat, dann mit zu viel Alkohol. Was wäre eine Party oder ein Feierabend ohne einen guten Tropfen? Schließlich kann man ja auch ohne Alkohol keinen Spaß haben. Zugegeben, auch auf den legendären Polizeifeiern und Blaulichtpartys – die übrigens sehr zu empfehlen sind – wird reichlich Fusel konsumiert.

Doch nicht nur in der Freizeit, auch im Dienst kann Alkohol richtig Spaß machen. Denn unsere Einsätze sind immer öfter alkoholbedingt.

Nach einer langen Samstagnacht waren wir leicht übermüdet auf dem Rückweg zur Wache, als in einer scharfen Rechtskurve etwas auf die Fahrbahn ragte. Schuhe ... Beine ... Mein Kollege machte eine Vollbremsung. In der Kurve hatte es sich ein junger Kerl gemütlich gemacht. Vollkommen regungslos und kerzengrade mit angelegten Armen hatte er sich mit dem Oberkörper auf den Gehweg und mit den Beinen auf die Straße gelegt. Er wirkte wie ein Brett, das man hatte liegen lassen.

Weder auf das Rütteln an der Schulter noch auf jegliche Ansprache zeigte er eine Reaktion. Lediglich ein leichter Schmerzreiz führte langsam zu einem leichten Grinsen. Nach ein paar Sekunden öffneten sich dann langsam erst das eine und dann das andere Auge.

»Hallo, die Polizei hier. Alles okay bei dir?«

Wortlos schaute er in den sternklaren Nachthimmel.

Irgendetwas veranlasste den jungen Herrn dazu, sich urplötzlich und weiterhin kommentarlos aufzusetzen, um dann sprungartig aufzustehen – zumindest kurzzeitig. Scheinbar sah sein Gleichgewichtssinn dieses Vorhaben als unnötig an. Weiterhin steif wie ein Brett, kippt er nach vorne um. Die Berührung seines Gesichts mit dem Asphalt konnten wir gerade noch verhindern.

»Wie heißt du denn? Weißt du, wo du gerade bist?«

»Joa, na klar.«

Kaum zu glauben, aber sein Sprachzentrum schien, wenn auch nur auf Sparflamme, noch zu funktionieren.

»Hast du einen Ausweis dabei?«

»Na klar. Hier. Ich habe nur kurz Pause gemacht.« Etwas grobmotorisch fischte er ein Smartphone aus seiner Tasche, entsperrte es und öffnete den Chatverlauf mit einer »Bianca«.

»Hier.«

»Aber das ist dein Handy.«

»Na klar!« Mit diesen Worten steckte er sein Handy wieder in die Tasche, um es zwei Sekunden später wieder hervorzuholen, zu entsperren und uns erneut den Chatverlauf mit Bianca zu präsentieren.

»Hiaaaa ist mein Ausweis.«

»Es ist immer noch dein Handy.«

»Na klar!«

Bevor er uns erneut sein Handy zeigte, halfen wir ihm, sein Portemonnaie zu finden. Aus diesem zog er zielsicher zwei Karten heraus und übergab sie uns.

»Na klar. Hier!«

Immerhin stand auf der EC- und der Kreditkarte schon mal sein Name.

Der nächste Versuch führte dann schließlich zum Ziel. Und so stellte sich heraus, dass den jungen Mann knapp 200 Meter vor seiner Haustür die Kräfte verlassen hatten, ärgerlich. In Begleitung eines Kollegen meisterte er dann aber schlussendlich auch noch diese Hürde. An der Wohnungstür verabschiedete er sich mit dem einzigen Satz, den sein Sprachzentrum momentan konsequent generieren konnte:

»Na klar.«

Ob er es schlussendlich noch ins Bett geschafft hat, wer weiß.

Auf dem Weg zur Wache lächelte uns dann noch ein Einkaufswagen von dem Dach eines Bushaltestellenhäuschens entgegen. Wie der wohl dahingekommen war?

Der übermäßige Alkoholkonsum hat allerdings auch seine Schattenseiten. Wenn der Alkohol selbst nicht schon zu körperlichen Schäden führt, dann tut es spätestens die verringerte Gehirnaktivität im engen Zusammenspiel mit einer verminderten Koordinationsfähigkeit. Frei nach dem Motto »Aber voll da bin ich toll« sind einige gefühlt zu allem imstande. Zumindest so lange, bis die Nase gebrochen ist und man beduselt am nächsten Morgen in der Zelle aufwacht.

»Aber wie komme ich bloß hierhin? Ich war doch eben noch auf der Party?«

In der Zwischenzeit sind einige Stunden vergangen. Hatte man doch auf der Feier noch mit seinem besten Kumpel um die Gunst einer Dame gebuhlt. Leider war man deswegen in eine handfeste Auseinandersetzung geraten und hatte sich dann noch mit der Polizei schlagen wollen. Eine mittelmäßig gute Idee.

Die ständige Konfrontation mit netten »Schnapsleichen« wirkt besser als jede Alkoholentzugstherapie. Mit zunehmender Dienstzeit verändert sich dadurch dann das eigene Trinkverhalten, meistens zum Positiven!

105. GRUND

Weil manche sich um Kopf und Kragen reden

»Es gibt keine Lügen, sondern nur kreative Informationen zum Sachverhalt der Realität zum Zweck mittelfristiger Stressvermeidung.«

Angeblich lügen Menschen 2,9 Mal pro Gespräch und kommen so am Tag auf stolze 200 Unwahrheiten.

Sie können sich denken, wie stark die Anzahl der Lügen in einem Gespräch mit einer Polizistin oder einem Polizisten ansteigt. Gefühlt ist es da einfacher, die Zahl der Wahrheiten zu zählen. Neben den »normalen« Lügen und Ausreden gibt es einige Kandidaten, die sich durch besondere »Brillanz« auszeichnen und sich dabei sprichwörtlich »um Kopf und Kragen« reden.

Während meine Kollegen und ich mal wieder wild mit der Laserpistole um uns schossen, ging uns bei den Geschwindigkeitsmessungen ein besonders rücksichtsloser Raser ins Netz. Mit deutlich über 60 km/h in einer 30er-Zone hatte er die zulässige Geschwindigkeit um mehr als das Doppelte überschritten. Bei einer solchen Geschwindigkeitsüberschreitung wäre er ungebremst in ein Hindernis, zum Beispiel in ein plötzlich auf die Straße laufendes Kind, gefahren – das Kind hätte keine Überlebenschance mehr gehabt. Doch anstatt dass sich der Verkehrssünder etwas einsichtig und reumütig zeigte, setzte er mit seinem Verhalten noch ein Sahnehäubchen auf:

»Haben Sie das Schild mit der Geschwindigkeitsbegrenzung nicht gesehen?«

»Hören Sie mal, halten Sie mich für blöd? Ich wohne hier! Natürlich kenne ich das Schild. Dahinten ist sogar noch eins.«

»Warum fahren Sie dann in einer 30er-Zone mit über 60 km/h?«

»Habe ich schon immer so gemacht. Bis jetzt hat es niemanden gestört. Außerdem sind Geschwindigkeitsbegrenzungen nur für Fahranfänger.«

»Und was ist mit dem Kindergarten und der Grundschule dort? Wenn ein Kind …«

»Ja genau, da muss ich ja jetzt meine Kinder abholen. Deswegen habe ich es eilig.«

Was soll man dazu noch sagen?

Beim »Lasern« gibt es aber noch einen weiteren Klassiker als Antwort auf die Frage, ob man das Verkehrsschild nicht gesehen habe:

»Wie bitte? Soll ich jetzt bei dem Tempo auch noch Verkehrsschilder lesen? Man sieht sie doch eh kaum noch!«

In einigen Fällen reiten sich unsere »Delinquenten« aber auch selbst immer weiter in ihr Verderben. Ohne deren Zutun wären sie wahrscheinlich mit deutlich weniger Minus auf dem Konto davongekommen. Besonders hart hat es einen Herrn mittleren Alters mit einem »Bring mich Werkstatt«-Mobil (BMW) erwischt. Nachdem er während der Fahrt mit seinem Smartphone telefoniert hatte, fand er sich nun in einer Verkehrskontrolle wieder und ergötzte uns mit seiner Sicht der Dinge – wohlgemerkt hatte er währenddessen die gesamte Zeit über sein Handy zwischen den Beinen liegen:

»Ich habe nur ein schwarzes verkohltes Brötchen in der Hand gehabt und es mir an mein juckendes Ohr gehalten. Mein Hund frisst die Brötchen immer gerne. Gucken Sie, hier in der Tüte habe ich noch weitere ...«

Noch während er die Brötchentüte vom Rücksitz nahm, fielen mehrere kleine durchsichtige Plastiktütchen mit grünem körnigen Inhalt heraus.

»Jetzt sind wir aber gespannt«, lächelte mein Kollege, »mag Ihr Hund auch gerne Marihuana?«

»Ich sage jetzt gar nichts mehr!«

»Dann geben Sie uns doch mal Ihren Führerschein.«

»Der ist ... nicht hier.«

Wie sich herausstellte, war der Führerschein noch nie vorhanden gewesen.

In seinem Auto fanden wir noch einige weitere Tütchen mit Gras.

Und wenn Sie denken, das wäre schon alles gewesen – es kommt noch besser.

Einige Monate später hatten mein Kollege und ich zwei Ladungen des zuständigen Gerichtes in unserem Fach liegen. Allerdings nicht, wie wir erwartet hatten, wegen des Grases und des fehlenden Führerscheins, sondern wegen der Handybenutzung während der Fahrt. Vor Gericht kam es dann zu meinem bisherigen Highlight im Gerichtssaal. Nachdem ich aufgerufen und als Zeuge belehrt worden war, bat mich der Richter nach vorne. Dort zeigte man mir – Sie können es sich denken – ein schwarzes verkohltes Brötchen. Der Angeklagte hätte ein »Beispielbrötchen« als Beweismittel vorgelegt.

»Frau Richter, ist es möglich, dass Sie das Handy mit einem schwarzen Brötchen verwechselt haben?«

»Wenn ich davon ausgehen muss, dass man sich für gewöhnlich ein Brötchen ans Ohr hält, während das Handy auf dem Sitz zwischen den Beinen liegt, vielleicht.«

Sowohl ich als auch Richter und Staatsanwalt konnten sich ein Lächeln nicht verkneifen.

Geholfen hat der Einfallsreichtum dem Bösewicht am Ende dann doch nicht, verurteilt wurde er nämlich trotzdem.

Manchmal ist es wohl besser, seinen Fehler einzugestehen und sich nicht sein eigenes Grab zu schaufeln. Wie sagte mein Dienstgruppenleiter immer: »Einfach mal Klappe halten!«

106. GRUND

Weil täglich Märchenstunde ist

Willkommen in der Welt der Märchen. Wenn Sie alte unwahre Geschichten mögen, sind Sie als Polizist gut geeignet. Der Beruf hat nämlich den charmanten Vorteil, dass man Omas alte Märchenbücher nicht mehr braucht, um seinen Kindern Geschichten erzählen zu können. Man sollte es kaum glauben, dennoch bekommt man jeden Tag unzählige solcher netten Märchen präsentiert. Wenn es um das Erfinden von Geschichten geht, sind viele unheimlich kreativ. Allerdings wird dabei gerne vergessen, dass Polizisten keine Kinder, sondern erwachsene Mitmenschen sind und auch nicht mehr in Lebkuchenhäuschen wohnen.

Ein sehr raffinierter Vertreter aus der Zunft der Handysünder hat in seiner netten Geschichte sprichwörtlich die Rechnung ohne den Wirt gemacht. Nachdem er in seinem coolen 3er BMW lässig mit dem Handy am Ohr an uns vorbeigerauscht war, fand er sich nun in einer Verkehrskontrolle wieder. Allein daran war schon bemerkenswert, dass der getunte BMW überhaupt über eine funktionsfähige Warnblinkanlage verfügte. Normalerweise ist für die »Blinker« als »optionale Zusatzausstattung« am Ende ja kein Geld mehr vorhanden.

»Hey jo, was geht?«

»Gerade steht alles, danke. Wir haben Sie angehalten, weil Sie während der Fahrt telefoniert haben.«

»Ich? Jou hör mal. Ich besitze gar kein Handy. Daher habe ich auch nicht telefoniert.«

»Okay, notieren wir so. Die Anzeige müssen wir trotzdem schreiben.«

»Na klar, Mann. Machen Sie das.«

»Okay, ich notiere mir eben Ihre Personalien. Haben Sie eine »telefonische Erreichbarkeit« – wieder eine oft benutzte Formulierung von Polizisten –, wo der Sachbearbeiter Sie gegebenenfalls kontaktieren könnte?«

»Check. Na klar. Ich gebe Ihnen am besten meine Handynummer: 0176XXXXXX.«

Nachdem er so freundlich war, uns seine Handynummer zu geben, wählte mein Streifenpartner doch kurz mal die Nummer – nicht dass sich nachher ein Zahlendreher eingeschlichen hat ...

Wenige Sekunden später rappte der Beifahrersitz des 3er BMW einen kleinen Song:

»I'll take you to the candy shop. I'll let you lick the lollipop ...«

Schlagartig wurde der Kopf unseres Rappers uncool rot.

»Macht Ihr Beifahrersitz zwischendurch immer mal alleine Musik? Nicht schlecht.«

Lügen haben ja bekanntlich kurze Beine oder auch mal einen coolen Sound.

Auch ein weiterer Märchenheld hat uns in seiner netten Geschichte das Blaue vom Himmel gelogen:

Nach dem nächtlichen Notruf einer besorgten Mitbürgerin, es male jemand mit Kapuze und einer »Flasche« in der Hand etwas an einen Brückenpfeiler, machten wir uns mit Blaulicht auf den Weg zum Einsatzort. Auf der Anfahrt kam uns dann auch prompt ein Mann mit Kapuzenpulli entgegen, der sich beim Erblicken des Polizeiautos auffällig unauffällig wegdrehte. Wir stoppten das Polizeiauto auf seiner Höhe. In diesem Moment gab das junge Kerlchen Fersengeld. Weit kam er allerdings nicht, denn die Kollegen standen »leider« bereits an der nächsten Straßenecke. So fand er sich kurzerhand bäuchlings in Bodenlage in gewollt verkrampfter Situation wieder. Immerhin durfte er sich direkt über »kostenlosen« Handschmuck freuen.

»Mal verliert man, und mal gewinnen die anderen«, grinste mein Kollege.

Noch während die Handfesseln mit einem »Klick« einrasteten, fiel unser Blick auf die teils blau besprühten Hände.

»Oha. Wie kommt denn die blaue Farbe an Ihre Hände?«

Mit dieser Frage nahm unsere nächtliche Märchenstunde dann ihren Lauf.

Es war einmal ein junger Mann, der hatte wirklich nichts gemacht. Doch leider glaubten ihm die bösen Wachtmeister nicht …

»Ich habe nichts gemacht. Ich habe nur einem Kumpel beim Streichen geholfen und bin auf dem Weg nach Hause.«

»Und dein Kumpel streicht mit Spraydosen? Oder wie kommt die gesprühte blaue Farbe an Ihre Hände?«

»… Mhm, ja. Er hat sein Zimmer blau angesprüht.«

»Bestimmt. Und wie bist du hierhergekommen? Du wohnst doch in einer anderen Stadt?«

»Natürlich mit meinem Auto, ähm, ne, ich meine mit der Bahn.«

»Ah ja, und wo ist dein Auto?«

»Ich sage gar nichts mehr!«

Obwohl wir schnell einen Autoschlüssel in seiner Hosentasche gefunden hatten, war das Auto wie vom Erdboden verschluckt. Auch von einem Personalausweis fehlte jede Spur. Daher durfte er uns auf die Wache begleiten.

Während wir unseren vermeintlichen Künstler zur Wache chauffierten, betrachteten die anderen am Tatort das Kunstwerk. An einem Brückenpfeiler prangte in Blau der Schriftzug »Hannah, ich liebe dich!«. Darunter war ein kreisförmiges Logo gesprayt worden. Das Ganze war insgesamt nicht schön, nicht originell, aber immerhin als Botschaft klar verständlich.

Dankenswerterweise hatte man uns im direkten Umfeld noch ein paar leere Spraydosen mit Fingerabdrücken hinterlassen.

Auf der Polizeiwache wurde unser tatverdächtiger Trunkenbold inzwischen immer kooperativer. Drogen und Alkohol schienen langsam ihre Wirkung zu entfalten. Neben seinem Namen hatte er auch das Kennzeichen seines Autos ausgeplaudert, wofür er sich im nächsten Moment selbst ohrfeigte. Die Handfesseln hatten wir ihm inzwischen abgenommen. Trotzdem blieb er bei seiner Geschichte, dass er lediglich einem Freund beim Streichen geholfen habe und zu Fuß auf dem Weg nach Hause sei.

»Wir haben das Auto gefunden. Es steht auf dem Parkplatz eines Supermarktes in der Nähe des Tatortes«, dröhnte es aus den Lautsprechern unseres Funkers.

»Mal sehen, ob er gleich wieder zurück zu seinem Auto geht«, warf ein Kollege ein. Nachdem wir alle erforderlichen Daten von unserem Sprayer hatten und er uns mehrmals versicherte, sich auf dem schnellsten Wege mit Bus und Bahn in Richtung Heimat aufzumachen, entließen wir ihn an der Polizeiwache.

Wie nicht anders zu erwarten, tapste er langsam, aber unsicher an seiner künstlerischen Wirkungsstätte vorbei in Richtung des Parkplatzes. Und siehe da, sein Schlüssel passte doch tatsächlich in den alten heruntergekommenen Golf.

Ärgerlich nur, dass wir bereits auf ihn gewartet hatten und ihn so gebührend in Empfang nehmen konnten. Die Kamera und Speicherkarten mit Graffitibildern, die nur durch Zufall das gleiche runde Logo wie auf dem Brückenpfeiler aufwiesen, sowie unzählige blaue leere Spraydosen gehörten natürlich auch nicht ihm. Irgendjemand, vielleicht ja schon das Christkind als Vorabweihnachtsgeschenk, hatte ihm doch tatsächlich alles einfach in sein Auto gelegt, was ihm auch eigentlich nicht gehören wollte. Mit einer Anzeige und ohne Bilder endete an dieser Stelle für ihn das Märchen in dieser Nacht.

»Und wenn er nicht eingefahren ist, so sprayt er noch heute ...«

107. GRUND

Weil Trunkenbolde lustige Dinge tun
(Teil 2)

Alleine mit den lustigen Geschichten der Trunkenbolde könnte man wahrscheinlich ganze Bücher füllen. Die unfreiwilligen Protagonisten überraschen dabei immer wieder mit einer erstaunlichen Logik. So auch eine junge Dame, die uns in einer lauen Sommernacht auf Trab hielt:

»Hallo, ich brauche Sie hier dringend. Ich versuche meine Schwester seit Stunden vergeblich in ein Taxi zu bekommen.«

Der Notruf des Jugendlichen ließ selbst den älteren Kollegen neben mir schmunzeln:

»Vielleicht kann sie ja Kickboxen.«

Doch an unserem Einsatzort in der Nähe einer Diskothek erwartete uns alles andere als eine Kampfsportlerin im Schwergewicht. Uns stand ein zierliches Mädchen Anfang 20 gegenüber. An einen Poller gelehnt, guckte sie uns mit glasigen Augen an. Direkt dahinter stand ein sportlicher junger Mann an einem Taxi.

»Ich bin der Bruder und habe Sie angerufen. Meine Schwester ist komplett voll und wurde von den Türstehern aus der Disco geschmissen. Seitdem versuche ich sie in ein Taxi zu bekommen. Sie will aber einfach nicht. Mein Rücken ist schon komplett zerkratzt und mein T-Shirt zerrissen.«

In der Tat glich sein Oberteil eher zwei Stofffetzen als einem T-Shirt.

»Eishoki. Isch hab ni vieel getrunken. Isch wart hia auf meine Freundin«, meldete sich das Mädchen.

»Wo ist denn deine Freundin?«

»Daaaa drinne …«

Sie deutete in Richtung der Diskothek und fiel dabei um. Ihr Bruder bekam sie glücklicherweise noch zu fassen.

»Seit über zwei Stunden stehen wir schon hier, Herr Polizist«, warf der Bruder ein.

»Du bis nua aaifersichtig, dass isch da bessr' Abi hab. Deswegen machsu datt hia.«

»Du kannst hier nicht alleine bleiben. Erstens kannst du kaum noch stehen, und zweitens kannst du in diesem Zustand nicht mehr auf dich aufpassen. Dein Bruder hat vollkommen recht. Steig bitte in das Taxi.«

»Ich kann woll stähen.«

»Nein. Woher kommen deine blutigen Knie?«

»Weiß ni.«

»Siehst du. Entweder du fährst jetzt im Taxi mit deinem Bruder nach Hause, oder du kommst mit uns auf die Wache.«

»Nix. Isch blaib hia. Meine Freundin kommt bestimmt glai.«

Nur schwer ließ sich die junge Schnapsdrossel davon überzeugen, in den Streifenwagen zu steigen und die Nacht nicht in einer einsamen Seitengasse zu verbringen. Auf dem Weg zur Wache brach sie dann plötzlich in Tränen aus.

»Was soll isch denn jetzt machn? Isch wollt doch Medizin studieren. Warum nehmt ihr mich fest?«

»Du bist nicht festgenommen. Wir sorgen nur dafür, dass du sicher zu deinen Eltern und in dein Bett kommst. Du wirst gleich auf der Wache abgeholt.«

»Isch will nich in die Zelle!«

»Kommst du auch nicht. Deine Mutter holt dich gleich ab, und du kannst in deinem eigenen Bett schlafen.«

»Naaaain!«

Ihr Ausruf endete in einem Meer aus Tränen und einem schwarz verschmierten Gesicht.

»Aber wenn iha mi in maaine Akte einwaist, kann i kain Medizn studieren …«

»Es gibt keine Akte von dir, und du wirst auch nicht eingewiesen.«

»Doch, ihr habt mich fesnommen – festgenommen.«

Das Gespräch setzte sich im gleichen Stil noch knappe 30 Minuten fort, ohne dass man weitergekommen wäre. Es stellte sich dabei allerdings heraus, dass die Gute noch gar kein Abitur gemacht hatte. Bei einem Atemalkoholwert von knapp unter zwei Promille sei ihr der kleine Aussetzer mal verziehen.

Mit einem »Wirsing«, was wohl »auf Wiedersehen« bedeuten sollte, verabschiedete sie sich dann schließlich und verließ weinend mit ihrer Mutter die Wache.

Was wäre auch die eigene Jugend, wenn man nicht mal betrunken von einer Polizeiwache abgeholt werden müsste?

108. GRUND

Weil der Bürger einem seine Arbeit jeden Tag aufs Neue erklärt

Jeder kennt sie, und jeder liebt sie ... nicht: Klugscheißer.

Wenn man ein solch »nettes Geschöpf« nicht direkt schon im Freundeskreis hat, dann gibt es spätestens im Job jemanden, der diese Rolle übernimmt. Die Polizei ist an dieser Stelle ein Sonderfall: Ausnahmslos jeder Polizist und jede Polizistin sind Klugscheißer – mit dem einzigen Unterschied, dass manche ein bisschen mehr Klugscheißer sind als andere. Als wäre das aber noch nicht genug, werden wir Berufskorinthenkacker mit einem noch schlaueren Wesen konfrontiert – dem »Besserwisser«. Der Besserwisser ist ein mündiger Bürger – dieser Ausdruck wird übrigens auch häufig bei der Polizei verwendet –, der Polizisten täglich gerne erklärt, wie sie ihre Arbeit zu machen haben und was genau ihre Aufgabe ist. Ihm ein Knöllchen zu schreiben oder ihn in die Schranken zu weisen, ist es nämlich nicht. Vielmehr solle man sich um das »wahre Verbrechen« kümmern. Die Definition von richtigen »Verbrechern«

ist dabei variabel und sehr individuell. Verkehrssünder schimpfen auf die Schläger, diese wiederum auf die Einbrecher und diese auf die Mörder. Und wenn alles nicht mehr hilft, hat die Polizei einfach ihren Job falsch gemacht. Auch unter den Besserwissern gibt es zwei Arten: Die einen sind einfach unbelehrbar und verstehen es nicht, die anderen hingegen fallen unter die Kategorie »Wutbürger« und verleihen ihrer Sicht der Dinge mit lauter heißer Luft und wildem Rumgetobe Nachdruck – sie versuchen es zumindest.

Dazu zwei Beispiele:

In die Kategorie »Unbelehrbar« fällt sicherlich ein dem Konsum von Betäubungsmitteln nicht abgeneigter Jugendlicher, der uns in einem Stadtpark begegnet ist. Mit einer Basecap inklusive Hanfblatt-Aufdruck, einer Hose in den Kniekehlen und einer Bauchtasche mit der Aufschrift »A.C.A.B.« umgeschnallt, schlenderte er uns erst entgegen und machte dann plötzlich kehrt. Ärgerlich, dass die anderen zwei Kollegen schon hinter ihm waren. Abgesehen von den paar Tütchen »Gras« in seiner Bauchtasche, versuchte ihm ein Kollege erfolglos zu erklären, dass er die Tasche mit der Aufschrift »A.C.A.B.« – die Abkürzung für »All cops are bastards« – nicht tragen dürfe:

»Du darfst die Tasche nicht tragen.«

»Aber isch Laden. Mit Rechnung.«

»Auch mit Rechnung nicht.«

»Is nich geklaut. Isch hab 'ne Rechnung.«

»Das spielt keine Rolle.«

»Der Mann im Laden hat gesagt, ich darf das.«

»Machst du immer das, was andere Leute sagen?«

»Alta! Isch hab Rechnung.«

Diese Unterhaltung führte auch nach weiteren fünf Minuten nicht zum Ziel und einzig und allein dazu, dass dem Kollegen der Hemdkragen geplatzt ist.

Ein gutes Beispiel für den »Besserwisser« der Kategorie »Wutbürger« ist ein älterer Herr. Dieser fuhr mit einer deutlich zu hohen

Geschwindigkeit in einer Spielstraße und fand sich deshalb unweit von einem Kindergarten in unserer Verkehrskontrolle wieder.

»Kümmern Sie sich gefälligst um die richtigen Verbrecher!«

»Wie Sie sehen, mache ich das just in diesem Moment.«

»Brüllen Sie mich nicht so an!«

»Sie brüllen. Wären Sie so freundlich und würden mir Ihren Führerschein und Fahrzeugschein aushändigen?«

»Ich komme Ihnen gleich da raus!«

»Machen Sie das, gerne.«

Nachdem der gute Herr mir dann doch seine Papiere gegeben hatte, notierte ich mir im Polizeiauto die Personalien. Nach knappen 30 Sekunden klopfte es dann gegen die Seitenscheibe.

»Ich will meine Papiere zurück!«

»Wie Sie sehen, schreibe ich mir gerade Ihre Personalien auf.«

»Ich habe keine Zeit für diesen Mist hier. Fangen Sie lieber richtige Verbrecher.«

»Mit Ihnen habe ich doch den Richtigen. Sie sind auf dem besten Wege dahin.«

Dem knallroten Kopf nach zu urteilen, schien der Blutdruck schon seinen Maximalbereich erreicht zu haben. Ob es Zufall oder die passende Bestrafung gewesen war, weiß ich nicht, aber nach dem Ende der Verkehrskontrolle kam der ältere Herr mit seinem Mercedes nur bis zur nächsten Straßenecke. Mit einem lauten Krachen hatte sich dort das Getriebe wortwörtlich verabschiedet. Wie sagt man so schön, die Strafe folgt auf dem Fuße?

Egal ob Berufsdummschwätzer, Privatklugscheißer oder Besserwisser, beliebt sind sie alle gleichermaßen, wie Fußpilz.

109. GRUND

Weil Polizisten ständig etwas zu lachen haben (Teil 2)

Viele unserer Einsätze wirken im ersten Moment alles andere als lustig und kurios. Doch so manches Mal sorgen die Akteure für eine überraschende und unerwartete Wende …

Während eines Nachtdienstes schickte uns die Einsatzleitstelle zu einem älteren Mann, der auf einem Balkon in der ersten Etage stand und um Hilfe rief. Mit Blaulicht und Horn eilten wir zum Einsatzort. Die Hilferufe des Mannes hallten deutlich durch die Nacht.

»Hilfe, ich werde hier festgehalten! Helfen Sie mir! Ich bin eine Geisel.«

Das Wort »Geisel« ist ein Stichwort, bei dem wir besonders hellhörig und vorsichtig werden.

Dank der aufmerksamen Nachbarn gelangten wir in das Treppenhaus des Mehrfamilienhauses. An der Wohnungstür war bis auf die Hilferufe nichts zu hören.

»Können Sie uns in Ihre Wohnung lassen?«, bat die Kollegin den nur leicht bekleideten älteren Herrn auf dem Balkon. Bis auf eine Unterhose und ein weißes Unterhemd hatte er nichts an.

Auf Bitte der Kollegin verschwand der Mann in der Wohnung.

»Machen Sie bitte die Wohnungstür auf«, bat ich ihn dann nochmals im Hausflur.

»Ich kann nicht. Ich wurde hier eingeschlossen und werde gefangen gehalten. HILFE!«

»Ist noch jemand in der Wohnung?«

»Nein, ich bin alleine.«

»Steckt ein Schlüssel im Schloss?«

»Na klar! Aber ich bin eingeschlossen.«

»Drehen Sie den Schlüssel bitte mal so, als würden Sie aufschließen.«

Wie von Zauberhand öffnete sich nach einem Klicken die Wohnungstür.

Vor mir stand der ältere Herr in seinem weißen Unterhemd und blickte mich misstrauisch an.

»Was machen Sie an meiner Tür?«

»Sie haben um Hilfe gerufen. Darf ich reinkommen?«

Zusammen mit der Kollegin, die inzwischen auch im Hausflur war, betrat ich seine Wohnung.

»Ist noch jemand hier?«

»Nein, ich glaube nicht.«

Nachdem wir uns vergewissert hatten, dass niemand in der Wohnung war und ihn bedrohte, präsentierte er uns stolz seine Wohnung. Im Wohnzimmer zeigte er uns die Bilder seiner Familie und seiner verstorbenen Frau. Noch während er sprach, liefen ihm Tränen über die Wange.

Meine Kollegin versuchte, ihn zu beruhigen.

»Wir sind für Sie da. Können wir jemanden für Sie anrufen? Ihre Kinder?«

»Ich weiß nicht. Ich kann mich einfach nicht erinnern«, antwortete er traurig.

Doch plötzlich schien seine Laune umzuspringen. Mit einem Grinsen guckte er uns an:

»Kommen Sie. Ich habe da etwas für Sie, schöne Frau.«

Er grinste die Kollegin an.

»Ich habe es vor meiner Tochter versteckt. Sie weiß nicht, dass ich es mir heimlich gekauft habe.«

Im Schlafzimmer kramte er eine Metalldose hervor.

»Ein Geschenk für Sie.«

Strahlend überreichte er meiner Kollegin einen Fertigkuchen von Dr. Oetker.

»Oh, vielen Dank. Das kann ich doch nicht annehmen.«

»Doch. Der ist extra für Sie. Gucken Sie, was ich noch alles habe.«

Er öffnete die Schrankwand und zeigte uns seine Anzüge.

»Alles aus besten Materialien.«

Über die Wahlwiederholung in seinem Telefon gelang es uns, seine nicht erfreute Tochter ausfindig zu machen.

Wütend stand sie wenige Minuten später in der Wohnung.

»Mensch Papa! Ich habe da echt keine Lust mehr drauf. Ständig machst du so einen Unsinn.«

»Ich habe nichts gemacht.«

»Ach ja. Und wer ist dann hier gerade in deiner Wohnung? Erkennst du, was für Leute hier sind?«

Der augenscheinlich demente ältere Herr zwinkerte uns mit einem verschmitzten Lächeln zu:

»Aber ja. Die Feuerwehr natürlich.«

Während seine Tochter einem Tobsuchtsanfall nahe war, kicherte er leise vor sich hin und wandte sich zu uns:

»Hihi. Ich veralbere meine Tochter. Natürlich weiß ich, dass Sie von der Polizei sind.«

Mit gemischten Gefühlen verließen wir einige Minuten später die Wohnung. Einerseits mussten wir über den kleinen Spaß und das Geschenk des älteren Mannes schmunzeln, andererseits stimmte die Situation uns traurig. Die Tochter schien mit ihm komplett überfordert zu sein.

Es ist schon seltsam, wie sich die Einsätze manchmal entwickeln.

110. GRUND

Weil es einfach der schönste und fesselndste Beruf der Welt ist

Egal wie viele Geschichten man über den Polizeiberuf hört, liest und sieht, die wahre Schönheit des Berufes erlebt man erst, wenn Uniform, Knöllchen, Polizeiautos und Verfolgungsjagden ein Teil des eigenen Lebens geworden sind. Deshalb haben wir zum Abschluss als kleines Bonbon für Sie unsere Arbeitskolleginnen und -kollegen gefragt, was für sie den Polizeiberuf ausmacht und warum sie ihn lieben. Denn wer könnte die Reize des schönsten Job's der Welt besser beschreiben als Polizistinnen und Polizisten selbst. Da wir alle eine große Familie und ein TEAM sind, hat der Kollegenkreis in diesem Buch auch das letzte Wort.

Ich liebe den Polizeiberuf, weil ...
»... es ein Job ist, der Anerkennung verdient.«
»... ich gerne Knöllchen verteile.«
»... du stellst mir vielleicht Fragen ... ich jeden Monat meine Gehaltsmitteilung bekomme.«
»... ich mit vielen unterschiedlichen Menschen zusammenarbeite und bei uns KAMERADSCHAFT großgeschrieben wird. Außerdem ist kein Tag wie der andere, und ich brauche keine Zukunftsängste zu haben. Es ist ein sicherer Job.«
»... kein Tag ist wie der andere.«
»... mich lange die Tatsache über Wasser gehalten hat, dass ich zumindest ein wenig dazu beitrage, dass die Mitmenschen sich einigermaßen sicher und im Rahmen der Einsatzbewältigung gut aufgehoben fühlen. Wenn ich dafür hin und wieder tatsächlich ein ehrliches ›Danke‹ von Herzen bekomme, weiß ich, warum ich diesen Job mache.«
»... ich Menschen helfen kann.«
»... er jeden Tag für eine Überraschung gut ist.«
»... mir meine Überstunden und mein Gehalt ermöglichen, die schönsten Orte der Welt zu bereisen!«
»... er sehr abwechslungsreich ist und ich anderen Menschen helfen kann.«
»... Frauen auf Uniformen stehen, er vielfältig ist und neue Herausforderungen bereithält und man jeden Tag unterschiedliche Menschen kennenlernt.«
»... ich etwas für die Gemeinschaft tue.«

»… ich spannende und aufregende Einsätze erlebe. Außerdem macht es mir Spaß, mit vielen verschiedenen Menschen zu arbeiten.«
»… ich mich verwirklichen kann.«
»… es das Beste ist, was mir hat passieren können.«

KAPITEL 11

DIE 11 BONUSGRÜNDE

BONUSGRUND 1

Weil die Polizeifamilie am Ende eben doch zusammenhält

Wenn Sie an Ihre engen Bekannten, Freunde oder die Familie denken, werden Sie wahrscheinlich facettenreiche und äußerst unterschiedliche spontane Gedankengänge haben. Angefangen von freudigen Familienereignissen wie Geburten, Schulabschlüssen, Hochzeiten und Geburtstagen über Urlaube oder nette Sommerabende im Garten bis hin zu Momenten voller Trauer und Schmerz. Situationen, in denen Sie von einem geliebten Menschen Abschied nehmen durften und alle anderen Dinge um Sie herum, zumindest für eine kurze Zeit, nichtig oder sogar irrelevant waren.

Meist zeigt sich genau in diesen Momenten, wie stark eine Familie zusammengewachsen ist, und oft werden wir dadurch wieder an die wichtigen Dinge im Leben erinnert. Egal, welche Diskussionen, Streitigkeiten oder sonstigen Zerwürfnisse es zuvor in der Familie gegeben hat, in diesem Moment zählen nur zwei Dinge:

Zusammenhalt und die Solidarität.

Das zeichnet für mich eine Familie aus. Nur wer in schwerster Stunde zusammenhält, kann sich auch darauf verlassen, immer wieder aufgefangen zu werden. Es gibt einem Kraft, Mut und Sicherheit.

Und das sollen mir meine Kollegen wirklich bieten?

Viele können es sich wahrscheinlich nicht vorstellen oder werden es sogar belächeln. Doch genau das macht eben den Unterschied aus, den Unterschied zwischen einem Job und einer Berufung.

Dass bei der Polizei der Zusammenhalt innerhalb einer Dienstgruppe oder einer Wache meist stark ausgeprägt ist, haben Sie ja bereits erfahren.

Ich möchte Ihnen nun aber anhand einer persönlichen Geschichte zeigen, dass die Polizeifamilie über diesen Punkt noch weit hinausgeht:

Vor wenigen Monaten in der Karnevalszeit saß ich mit meiner Familie nachmittags gemütlich auf dem Balkon, als mich ein Kollege anrief:
»Hey Henry, sitzt du?«
»Warum?«
Noch während mein Kollege sprach, blieb die Welt für einen kurzen Moment stehen. Ein junger Arbeitskollege meiner Dienststelle war auf tragische Weise ums Leben gekommen. Obwohl mein Kontakt zu ihm zugegebenermaßen nicht sehr eng war, hatte man sich doch häufig gesehen, zusammengearbeitet und sich geschätzt. Kennen Sie Menschen, die immer ein offenes Ohr haben, wirklich aus Überzeugung couragiert sind und immer positive Energie verbreiten?

Genauso ein Mensch war er.

Warum erzähle ich Ihnen diese Geschichte?

Eine solche Situation ist für Angehörige, Freunde und Kollegen wie ein schwarzes Loch, man verliert den Boden unter den Füßen und sucht nach Halt. Und genau diesen Halt finden wir in unserer Familie:

Wenige Wochen nach dem tragischen Tod gab es einen Gottesdienst – eine Gedenkfeier für ihn, auf der auch gelacht werden durfte. An dieser nahmen neben der Familie auch Hunderte von Kolleginnen und Kollegen aus verschiedenen Bundesländern in Uniform teil.

Ein Moment, der einem Gänsehaut bereitet.

Ein Zeichen der Solidarität, des Respekts, der Anerkennung und des Zusammenhalts.

Eine Familie.

BONUSGRUND 2

Weil man immer der Sündenbock sein darf

»Er hat ein Messer! Hilfe, der will uns umbringen!«

Viele Leuten stehen dicht gedrängt auf dem Marktplatz. Mitten unter ihnen, direkt neben verängstigten Kindern, ein Mann mit kaputten Klamotten und einer alten Basecap auf dem Kopf. Auf seinem T-Shirt steht der Schriftzug: »Do it. Just do it.« Mit der rechten Hand hält er ein Fleischermesser in die Höhe. In der linken ist eine halbleere Bierflasche. Plötzlich drehen sich die Augen nach hinten weg, sodass die Polizisten nur noch in das Weiße des Augapfels gucken. Eine bizarre Situation. Sie stehen knappe zwei Autolängen von ihm entfernt und haben ihre Pistole auf ihn gerichtet, 6 Meter. Sie wissen, kommt er näher, wird er sie lebensgefährlich verletzen können, egal ob Sie noch schießen, mit dem Schlagstock zuschlagen oder nicht. Er wird Sie erreichen.

Was würden Sie tun?

Warten Sie ab und lassen ihn näher kommen? Schießen Sie ihm ins Bein und riskieren, dass er trotzdem noch weiterläuft und jemanden lebensgefährlich verletzt oder Sie gar vorbeischießen? Zielen Sie auf den Oberkörper?

Egal, für was Sie sich entscheiden, Sie werden am Ende vor Gericht stehen, sich verantworten müssen und einem »Shitstorm« in den sozialen Netzwerken ausgesetzt sein. Ergo: Sie können nur die falsche Entscheidung treffen. Schießen Sie in den Oberkörper und er stirbt, werden Sie alle als Mörder beschimpfen. Man hätte ihm ja schließlich auch ins Bein schießen können. Hätten Sie dies allerdings getan und er verletzt dann noch jemanden oder gar Sie selbst, wird man kritisch fragen, warum Sie ihn denn nicht erschossen haben. Und warum haben Sie eigentlich nicht den Schlagstock eingesetzt? Wenn Sie ehrlich sind, keine angenehme Situation. Sie werden verlieren. Sie werden der Sündenbock sein.

Würden Sie sich freiwillig einer solchen Situation aussetzen oder es zumindest in Kauf nehmen, dass Sie in eine solche Situation kommen könnten?

Wahrscheinlich nicht.

Dennoch gibt es Menschen, die bereit sind, für andere ihr Leben zu riskieren und genau in diesen Fällen da sind. Das ist der Punkt: Polizisten sind auch Menschen. Menschen mit Gefühlen und Ängsten.

Wäre es nicht traurig, wenn nach solchen Situationen sich keiner dafür interessiert, wie es Ihnen wohl geht, ob Sie das Ganze verkraften und mit Ihrer Entscheidung leben können?

Und dennoch ist dieser Umstand ein Grund dafür, Polizist zu sein. Denn gäbe es niemanden, der dazu bereit wäre, würde unsere heutige Gesellschaft in dieser Form nicht existieren.

Ganz schön schwere Kost, ich weiß. Natürlich ist diese Situation nicht alltäglich, zum Glück. Aber trotzdem lässt sie sich auch auf die täglichen Einsätze übertragen. Egal, wo die Polizei einschreitet oder agiert, irgendjemandem wird es am Ende nicht gefallen. Und wer ist schuld?

Genau, Sie.

Sie als Polizist.

Glücklicherweise sind Sie ein allwissender Polizist, die höchste Stufe der Evolution – zumindest wird es von Ihnen erwartet.

BONUSGRUND 3

Weil alles Formsache ist

Lieben Sie es, wenn alles seine Ordnung hat, sortiert ist und in bestimmten Schemata ablaufen muss? Geben Ihnen feste Handlungsabläufe Sicherheit?

Dann sind Sie mit Sicherheit der geborene Polizist. Warum?

Ganz einfach, bei der Polizei ist alles in Konzepte, Verordnungen, Organigramme, Dienst- und Handlungsanweisungen und feste Strukturen gegossen. Fast alle Eventualitäten sind im Vorfeld durchgespielt und geplant worden. Egal, ob ein Kugelschreiber im Schreibraum fehlt, ein Beamter Urlaub nehmen möchte, die Uniform dank der Donuts zu klein geworden ist, die Panzerknacker einen Bankraub begehen, der LKW-Fahrer Heinz auf der Autobahn die Kontrolle über sein Gefährt verliert und einen größeren Unfall verursacht, Oma Erna in die falsche Bahn gestiegen ist und vermisst wird oder ob es zu anderen großen »Schadensereignissen« kommt, die Polizei hat bereits einen Plan, ein Handlungsmuster oder ein leicht verständliches Formular in der Schublade.

»Pah, das ist mir alles zu bürokratisch! Ich würde kaputtgehen.« – Ging Ihnen genau dieser Ausruf gerade durch den Kopf? So lustig, langweilig oder penibel es sich nun vielleicht auch anhören mag, die Bürokratie ist elementar und auch überlebenswichtig. Dass bis ins kleinste Detail alles bei uns geregelt ist, mag für manch einen nervig oder eine unnötige Hürde sein. Zugegeben, ich habe mich auch schon häufig über meiner Meinung nach unnötige Formulare aufgeregt und mich gefühlt, als würde ich wie bei Asterix und Obelix sinnlos von einer Stelle zur anderen mit dem Passierschein A38 durch das Polizeipräsidium rennen. Doch wenn die kleinsten Dinge nicht genau geregelt werden, wie sollen dann die großen Situationen schnell und einfach gemeistert werden? Gäbe es keine vorgefertigten Strukturen, dann wüsste Beamter Himpel schon nicht, was er denn jetzt tun sollte, um die Panzerknacker nach dem Bankraub dingfest zu machen, geschweige denn, was Polizist Pimpel gerade tut. Die Folge? Absolutes Chaos. Am Ende würden sich die Panzerknacker ein schönes Leben machen und die Polizei immer noch sinnlos umherfahren.

Sie sehen also, am Ende machen diese festen Strukturen nicht nur Sinn, sie schaffen auch Sicherheit. Ihre Sicherheit. Wenn Sie also das nächste Mal ein für Sie absolut sinnloses Formular ausfüllen, regen Sie sich gerne kurz darüber auf und erinnern sich dann an den Grund, der vielleicht dahinterstecken könnte.

Zum Abschluss vielleicht noch ein kleiner Tipp, falls Sie beim Ausfüllen eines Formulars am Rande der Verzweiflung stehen: Aus den gräulichen Formularen lassen sich übrigens auch Papierflieger mit hervorragender Aerodynamik basteln.

BONUSGRUND 4

Weil Polizisten keine Abzocker sind

»Na super! Schon wieder geblitzt worden. Das ist schon das dritte Mal dieses Jahr. Überall stehen diese Hampelmänner rum und blitzen!«

So oder so ähnlich muss Wolfgang im Auto geschimpft haben, als er mit 70 km/h in einer 30-Zone von einem Polizisten herausgewunken wird. Beim Heranfahren erkennt Wolfgang den Polizisten, es ist Kalle. Sie kennen sich von den Elternabenden in der Schule. Ihre Kinder gehen gemeinsam in eine Klasse.

Kalle ging mit seinem Block zur Fahrerseite von Wolfgangs Auto.

»Kalle? Du bist Polizist?« Wolfgang war irritiert von der Uniform und rutschte tiefer in seinen Fahrersitz. Jetzt hatte ihn doch tatsächlich der Vater aus der Schule erwischt, der immer so höflich und freundlich war.

»Hallo Kalle, seltsam, dass wir uns so wiedersehen.«

»Hallo Wolfgang«, erwiderte Kalle ohne eine Gesichtsregung.

»Ich sehe, du hast mich erwischt. Ich habe es eilig, nach Hause zu kommen. Meine Frau und meine Kinder warten, ich möchte sie gerne noch sehen.«

»Ja, so ist das.« Die Stimme von Kalle war ruhig, wirkte aber leicht unsicher.

»Ich bin in den letzten Tagen erst sehr spät aus dem Büro gekommen und war in Gedanken schon beim morgigen Familienausflug. Das verstehst du doch sicher, oder? Mit wie viel hast du mich erwischt?«

»Mit siebzig.«

»Ach Kalle, warte einen Moment.«

Wolfgang schaute noch mal auf den Tacho und wurde leicht ungehalten. »Ich habe sofort auf den Tacho geschaut, es waren maximal 65 km/h.«

Kalle schrieb währenddessen fleißig auf seine Notizzettel.

»Willst du meine Papiere denn gar nicht sehen?«

Kalle blickte nicht auf.

Was auch immer der Grund war, es würden einige Elternabende vergehen, bis Wolfgang sich wieder mit Kalle unterhalten würde.

»Mensch, es liegt doch wohl in deinem Ermessen. Du kannst doch mal ein Auge zudrücken!«

Kalle schrieb weiter, riss dann den Zettel ab und reichte ihn Wolfgang durch das geöffnete Fahrerfenster.

»Danke!« Wolfgang konnte seine Wut kaum unterdrücken.

Ohne ein Wort zu verlieren, ging Kalle wieder zurück zum Streifenwagen.

Wolfgang wartete und schaute ihm im Rückspiegel nach, während er wütend auf das Lenkrad schlug. Jetzt musste er schon wieder blechen! Zu seinem Erstaunen stand auf dem Zettel Folgendes:

»Lieber Wolfgang. Ich hatte einmal eine kleine Tochter. Als sie sechs Jahre alt war, starb sie bei einem Verkehrsunfall. Richtig geraten, der Mann ist zu schnell gefahren und konnte nicht mehr bremsen. Eine Strafanzeige, ein Bußgeld und einige Monate auf Bewährung. Das war es. Er war frei und konnte seine beiden Töchter weiter in den Arm nehmen. Tausende Male habe ich versucht, diesem Mann zu vergeben. Vielleicht habe ich es inzwischen geschafft, aber ich muss immer wieder daran denken. Auch jetzt! Fahr bitte vorsichtig, Wolfgang. Mein

Sohn, der zusammen mit deinen Kindern auf eine Schule geht, ist alles, was ich noch habe.

Gruß Kalle.«

Wolfgang musste mehrmals schwer schlucken, blieb noch einige Minuten regungslos sitzen und fuhr dann langsam nach Hause. Dort schloss er zur Verwunderung seiner Frau und seiner Kinder alle fest in die Arme.

Polizisten sind keine Unmenschen und überwachen den Verkehr nicht, um andere zu ärgern. Sie möchten nur, dass jeder jeden Abend seine Liebsten wieder in die Arme schließen kann.

BONUSGRUND 5

Weil Dankbarkeit Kraft gibt

Finde dich selbst
Versuche nicht ständig,
wie andere zu sein,
finde dich selbst,
entdecke deine Kraft
und bleibe dir treu.
Du bist du,
auch nur ein Mensch,
hast deine Schwächen,
arbeite daran, werde stark,
lass deine Seele nicht zerbrechen.
(ALICE TÖLLER, GELEBTES LEBEN, 2008)

Nein, ich bin nicht unter die Dichter und Denker gegangen. Dennoch haben diese Verse für mich etwas mit tiefer Dankbarkeit zu tun.

Ich war zum Zeitpunkt dieses Einsatzes knapp ein Jahr mit meinem Studium fertig und mit einem Kollegen zusammen unterwegs, der in seinen Dienstjahren bereits einiges an Routine gesammelt hatte. Über Funk bekamen wir den Auftrag, zu einer bettlägerigen älteren Dame zu fahren. Ihrer Pflegekraft sei das Portemonnaie gestohlen worden. Vor Ort machte uns eine aufgelöste junge Frau die schwere Holztür des Herrenhauses auf. Sie versuchte, uns direkt auf Polnisch alles zu erklären. Leider verstanden wir kein Wort. Mein Kollege verdrehte schon leicht die Augen. »Das kann ja was werden, warum kommen die nicht einfach zur Wache …«, murmelte er. Sie brachte uns zum Schlafzimmer, wo die ältere Dame in ihrem Bett lag. Körperlich schien sie ziemlich angeschlagen zu sein, doch vom Kopf her war sie topfit. Sie erklärte uns, dass Olga – so hieß die junge Dame – erst vor wenigen Tagen nach Deutschland gekommen sei und sich hier nicht auskenne. Sie bat uns darum, ihr bei der Anzeige und den Formalitäten zu helfen. Ihr wäre es leider nicht möglich, da sie das Bett schon seit mehr als zwei Jahren nicht mehr ohne massive Hilfe kurzzeitig verlassen könne.

Obwohl es vielleicht unüblich war, konnte ich meinen Kollegen überreden, zusammen mit Olga noch mal den Laden aufzusuchen, wo das Portemonnaie gestohlen worden war. Es war ein Lebensmitteldiscounter. Die Chancen standen also schlecht, dass es vielleicht dort noch zu finden war. Im Eingangsbereich stand, wie eigentlich jeden Tag, Manfred, ein Verkäufer der Obdachlosenzeitung *FiftyFifty*. Er war vom Filialleiter akzeptiert und gehörte inzwischen fast so fest dazu wie die Einkaufswagen vor dem Laden. Er winkte uns hektisch zu und deutete aufgeregt auf den Kassenbereich. Man hatte uns offenbar schon gesehen und zusammen mit Olga wurden wir von einer Angestellten erwartet. Sie brachte uns ins Büro:

»Manfred draußen hat ein Portemonnaie gefunden und es uns netterweise reingebracht.« – Es war Olgas, mit dem gesamten Geld und allen Dokumenten.

Wir brachten Olga zurück zu dem Haus der älteren Dame und wurden nochmals reingebeten. Während mein Kollege ein Formular ausfüllte, erzählte ich der Dame kurz, was passiert war. Sie war sichtlich erleichtert und bat mich, ihr einen kleinen Karton, der neben ihrem Bett stand, zu reichen. Sie öffnete ihn und gab mir ein kleines quadratisches rosa Buch, das die Größe einer Geldbörse hatte und etwa 20 Seiten dick war.

»Für Sie, ich bin Ihnen sehr dankbar. Wissen Sie, ich komme nicht mehr oft hier raus, dennoch liebe ich mein Leben. Genießen Sie jede Minute.«

Ich steckte das Buch in meine Hemdtasche und bedankte mich. Kurze Zeit später verabschiedeten wir uns und fuhren zum nächsten Einsatz. Nach meiner Schicht fiel mir das Buch wieder in die Hände.

Es war ein kleines Gedichtbuch, mit vielen kurzen Gedichten, die offenbar ihr Leben beschrieben und ihre Freude daran zum Ausdruck brachten. Sie hatte es erst vor wenigen Monaten geschrieben und trotz ihrer Krankheit die Lebensfreude nicht verloren.

Es ist vielleicht keine weltbewegende oder spannende Geschichte, aber sie hat mich wieder daran erinnert, dass wir dankbar sein sollten. Dankbar für unsere Gesundheit, unseren Job und jede Minute, die wir erleben dürfen. Egal wie sehr wir uns auch zwischendurch ärgern, diese Dinge sind trotzdem nicht selbstverständlich, im Gegenteil. Sind Sie dankbar für Ihren Beruf?

Ich bin es.

BONUSGRUND 6

Weil Einsätze unter die Haut gehen

Es gibt Situationen, die brennen sich in das Gedächtnis ein und man vergisst sie wahrscheinlich nie wieder. Manche davon gehen richtig unter die Haut.

Es war ein entspannter Nachtdienst unter der Woche und in knapp 30 Minuten war Schichtwechsel. Das Bett schien also schon zum Greifen nahe. Entsprechend entspannt war auch unsere Stimmung.

»10/73! Henry und René! Sofort raus. Vermutlicher Suizidversuch.«

Auf einen Schlag war der Körper aus dem Ruhemodus herausgerissen worden und voller Adrenalin. Normalerweise nutzten wir die Anfahrt, um weitere Informationen einzuholen und uns abzusprechen. Dafür war allerdings keine Zeit. Der Einsatzort war ein Wanderparkplatz am Waldrand, unweit der Wache. Uns blieb nur eine knappe Minute.

Das Einzige, was wir wussten: Ein Mann hatte beim Morgenspaziergang auf dem Parkplatz eine junge Dame bei laufendem Motor regungslos in ihrem Auto sitzen sehen.

Das Bild vor Ort wirkte surreal. Die Sonne ging gerade über dem Feld und dem angrenzenden Wald auf. Der Parkplatz war leer bis auf einen alten roten Opel Corsa, der mit laufendem Motor in Richtung Wald geparkt war.

Auf dem Fahrersitz saß eine junge Dame Mitte zwanzig mit schwarzen schulterlangen Haaren regungslos nach vorne gebeugt. Ihr Kopf lag auf dem Lenkrad.

Ich klopfte mit der Taschenlampe gegen die Fensterscheibe. Keine Reaktion. Beim Blick in den Fußraum sah ich etwa an der Stelle, wo die Oberschenkel auf dem Sitz aufliegen, direkt an der Fahrertür eine dünne Gasflasche, ähnlich einer kleinen Campinggasflasche. Instinktiv schreckten wir zurück. Während mein Kollege die Leitstelle kontaktierte, um auch den noch nachrückenden Rettungswagen zu informieren, schlug ich mehrmals energisch mit der Taschenlampe gegen die Seitenscheibe. Plötzlich hob sie den Kopf. Sie blickte mich schlaftrunken an. In diesem Moment erkannte ich das Gesicht. Es war die Frau, die vor wenigen Monaten bei einem schweren Motorradunfall in unserem Wachbereich ihr linkes Bein verloren hatte und nur dank der Kollegen der Feuerwehr überlebte. Nach einigen Sekunden öffnete sie langsam die Fahrertür.

»Entschuldigung, ich bin eingeschlafen. Ich habe so starke Phantomschmerzen, dass ich nachts nicht zu Hause schlafen kann. Ich fahre dann immer hierher, drehe die Musik laut auf und versuche, mich zu entspannen.«

Während sie sich erklärte, fiel mein Blick auf die vermeintliche Gasflasche. Es war mir sichtlich peinlich. Es war alles andere als eine Gasflasche. Es war eine hydraulische Prothese, welche ihr gesamtes linkes Bein ersetzte.

Nachdem wir uns mit ihr noch ein bisschen unterhalten hatten und uns sicher waren, dass es ihr gut ging, stiegen wir erleichtert wieder in den Streifenwagen.

»Was für ein Schreck am frühen Morgen«, murmelte René.

»Leitstelle, wir brechen hier vor Ort ab. Der Dame geht es gut.«

Auch wenn viele Einsätze zur Routine werden, es gibt Situationen, die werden Sie nie vergessen.

BONUSGRUND 7

Weil alles eine Sache der Perspektive ist

Kennen Sie den Film *8 Blickwinkel*, in welchem ein Anschlag aus 8 verschiedenen Perspektiven immer wieder neu gezeigt wird und am Ende eine komplette Handlung ergibt?

Wie oft wünscht man sich auf der Arbeit eine andere Position, andere Arbeitskollegen, eine andere Tätigkeit. Aber doch bleibt die Angst vor dem Neuen: Lohnt es sich, seinen Job für das Ungewisse aufzugeben?

Bei der Polizei brauchen Sie da keine Sorge haben. Sie fallen in jedem Fall weich und haben trotzdem die Möglichkeit, fast jährlich – sofern Sie das wollen – Ihren Blickwinkel zu ändern.

So kommt es vor, dass Sie beim Besuch eines Staatsoberhauptes in einem Jahr noch mit der Hundertschaft komplett aufgerüstet in Uniform und voller Montur in vorderster Reihe innerhalb der sogenannten »red zone« – der roten Zone – stehen und keinen an der Sperrstelle vorbeilassen dürfen. Im nächsten Jahr hingegen sind Sie vielleicht schon komplett in Zivil in der Menschenmenge unterwegs, wo Sie (bestenfalls) niemand mehr als Polizist erkennt und Sie so potenzielle Gefahren sofort unterbinden können. Vielleicht sind Sie inzwischen aber auch bei den Spezialeinheiten, liegen als Präzisionsschütze auf einem Dach und müssen binnen Bruchteilen von Sekunden eine lebenswichtige Entscheidung treffen? Wenige Jahre später sitzen Sie mit im Lagezentrum, koordinieren und überwachen die Veranstaltung, die Sie zuvor mit geplant haben. Und schließlich könnten Sie irgendwann auch »Polizeiführer« und damit verantwortlich für die ganze Lage sein.

Egal, welchen Blickwinkel Sie einnehmen, Sie sind immer mit für die Sicherheit verantwortlich – eben nur aus einer anderen Perspektive und mit einem anderen Auftrag.

Vielfältiger und spannender könnte ein Beruf kaum sein. Von einer tatkräftigen operativen Einheit in Uniform oder Zivil bis hin zum gehobenen Management, es steht Ihnen alles offen.

Sie entscheiden.

BONUSGRUND 8

Weil die Gewohnheit schon immer über den gesunden Menschenverstand gesiegt hat

Sie wissen ja bereits, dass wir Polizisten auch in unserer Freizeit um so manch ein Einschreiten nicht herumkommen und unser Fulltime-Job auch nach einer Arbeitswoche mit sieben Schichten in Folge nicht endet. Insbesondere dann nicht, wenn der gesunde Menschenverstand Pause hat und die Gewohnheit siegt:

Ich genoss nach einer langen Woche und einigen Renovierungsarbeiten den Abend in einem eher gemütlichen, man könnte auch sagen einem standesgemäßen »Gammel-Outfit« (zu großer Pullover und Jogginghose). Gegen 00:15 Uhr war es dann Zeit für mich, den Heimweg in die alte Wohnung anzutreten. Outfit? Egal, wen sollte ich unter der Woche nachts schon treffen? Mich sieht echt keiner …

Falsch gedacht! Da hatte ich die Rechnung wortwörtlich ohne den Wirt gemacht. Denn genau dieser beschloss, sich in seinem Auto vor mir durch die kleine beschauliche Ortschaft zu schlängeln.

An einer roten Ampel vor einer scharfen Rechtskurve hielt ich – nichtsahnend – hinter einem älteren Mercedes. Die Ampel wurde grün und wie in Trance trat ich langsam auf das Gaspedal. »Ach du sch…«, ich wurde aus meinen Gedanken gerissen. Mein Vordermann hatte augenscheinlich entweder schlechte Augen, konnte wohl noch nicht mal ein Dreirad fahren oder war schlichtweg betrunken. Er hatte es geschafft, die 90°-Kurve fast ohne Einlenken und mit einer leichten Berührung des gegenüberliegenden Bordsteins zu meistern. Wäre da nicht diese Krümmung gewesen. Behutsam begann er mit 10 km/h die gesamte Straßenbreite auf den nächsten Metern zu vermessen.

Wo hatte ich nur mein Handy? – Nein! Natürlich im Rucksack. Und dieser war, natürlich, im Kofferraum.

Nachdem ich bei der nächsten Gelegenheit angehalten sowie mein Handy ganz unten aus dem Rucksack geholt hatte und – zugegeben – mit leicht überhöhter Geschwindigkeit dem Trunkenbold hinterhergefahren war, hatte der anscheinend dem Alkohol nicht abgeneigte Herr es für gut befunden, den mittig mit Büschen bepflanzten Kreisverkehr ohne jegliche Lenkbewegung zu durchfahren. Respekt!

Während des Gespräches mit der Leitstelle ging die Fahrt weiter auf einer relativ stark abschüssigen Landstraße, welche er bravourös ohne einen Zusammenstoß mit einem Baum oder dem Gegenverkehr meisterte. Ich folgte mit einigem Abstand. Vermutlich ging der Biervorrat zur Neige, weshalb er an der nächsten Tankstelle für Nachschub sorgen musste. Das Einparken neben der Zapfsäule endete mit einer starken Delle im Frontbereich. Auch das hektische Rückwärtsfahren führte nur mit zusätzlichen Designveränderungen im Heckbereich zur Parkposition mittig in einem Zaun.

»Gut, jetzt oder nie.« Sobald er aussteigt, muss ich ihn wohl ansprechen. Aber wo war der Dienstausweis noch mal? – Stimmt, natürlich im Rucksack. Doch wie das so ist, ich fand ihn natürlich nicht. Ok, also musste es auch ohne gehen.

»Guten Abend, Polizei. Ich bin hinter Ihnen hergefahren.«

»Hä? Wer ›bissu‹? Ich muss nur kurz in die Tankstelle, dann komm ich wieder.«

»Nein, Sie bleiben hier. Wie heißen Sie? Haben Sie Ihren Führerschein oder Ähnliches dabei?«

Erstaunlicherweise schien er mich wirklich für einen Polizisten zu halten. Ganz im Gegensatz zu den Jugendlichen, die mich misstrauisch von der anderen Seite beäugten. Ein Polizist ohne Ausweis und im »Gammeloutfit« ist in der Tat nicht so ganz alltäglich.

»Gut, Herr Uhland, ich belehre Sie jetzt …«

»Ich hab nicht getrunken!«

Doch, das riecht man 2 Meilen gegen den Wind! Was haben Sie denn getrunken?

»Nur ein paar Bier. Aber mehr sag ich nicht.«

»Und nach ein paar Bier fahren Sie so Auto?«

»Neee, ich habe ja eigentlich Grauen Star und kann schlecht bis kaum gucken. Aber jetzt war das Bier alle und ich brauchte neues Bier.«

»Macht Sinn und dann fahren Sie einfach mal eine Runde in der Dunkelheit zur Tankstelle?«

»Ja, es fährt ja nachts eh keiner.«

»Fast, ja.«

Zum Glück waren wenige Sekunden später die uniformierten Kollegen vor Ort.

Aus den paar Bier schienen doch ein paar mehr geworden zu sein, über 2 Promille pustete der gute Herr. In Verbindung mit dem Grauen Star eine nicht ganz unbeachtliche Beeinträchtigung.

Ein Führerschein weniger und hoffentlich ein bisschen Menschenverstand mehr.

BONUSGRUND 9

Weil Bernd Stromberg Realität wird

»Jaaaa, dasss äh läuft ... Dein Urlaubsantrag? Ja, der ist ... äh ... ja das klappt.« – Genau, tut es eben nicht.

Sie denken, in Ihrem Büro ist Krieg? Dann haben Sie aber noch nicht im Behördendschungel gearbeitet.

Sicherlich kennen Sie den vorbildlichen Chef Herrn Stromberg aus der gleichnamigen Serie. Zu genial, um wahr zu sein?

Sollte man meinen. Ich hätte es auch nicht erwartet, bis ich auf einer neuen Dienststelle mitten in diese Comedyserie geriet.

Es war wirklich eins zu eins wie Stromberg live in Aktion. Sogar viele Charaktere der Serie fanden sich wieder:

»Ernie« der eigenwillige, aber motivierte und kompetente Arbeitskollege, der optisch mit sehr individueller Mode und Körperhaltung auffiel, bot immer wieder eine gute Zielscheibe für Kollegenspäße. Allerdings war er auch der eine Kollege, der immer am Ende von langen Besprechungen, wo alle einfach nur noch nach Hause wollten und froh waren, dass es vorbei war, immer noch ein bis zwei »unnötige« Fragen stellte. Sie können sich sicherlich vorstellen, wie sehr sich alle gefreut haben. Dafür trat er damit allerdings auch wieder oft genug ins Fettnäpfchen. Am Ende musste man ihn einfach wegen seiner Art gernhaben, wie einen kleinen Teddybären.

»Ulf« und »Tanja« als ein kleines geheimes Liebespärchen durften natürlich auch nicht fehlen. Bei jeder Gelegenheit fand man die beiden zusammen im Streifenwagen, im Schreibraum oder beim Sport – unzertrennlich.

»Erika« aus dem Innendienst hatte immer etwas Leckeres zu essen für die Pause dabei und hielt die Truppe mit Köstlichkeiten sowie guten Restauranttipps zusammen. Die Arbeitsbelastungsgrenze war allerdings mit wenigen Dingen wie dem Entgegennehmen von Telefonanrufen oder dem Weitergeben von Beschaffungsanträgen schon mehr als überschritten und endete immer mit einem hochroten Kopf – genau das machte sie aber auch so liebenswert.

Auch unser Kollege »Becker« versuchte wie in der Serie vergeblich Ordnung in das Chaos unseres Chefs zu bringen. Er plante Einsätze, machte die Dienstvorplanung und regelte alles mit der Führungsetage, nur um am nächsten Tag im gleichen Chaos zu sitzen. »Burnout« war da nur noch eine Frage der Zeit. »Stromberg« hatte nämlich bei einem Kaffee einfach dem nächstbesten Kollegen irgendwelche Arbeitsaufträge unabhängig von der Zuständigkeit gegeben. Ganz nach seinem Prinzip: »Arbeit bedeutet Probleme und diese muss ich so schnell wie möglich loswerden«, oder wie Stromberg es sagen würde: »Verantwortung ist wie Grippe – am besten haben sie die anderen.« Also wurde sie einfach sofort ungefiltert weitergegeben oder gar nicht bearbeitet. Blöd nur, wenn man in der Nähe sitzt und mitbekommt, wie die Aufträge doppelt und dreifach vergeben werden. Deswegen sollte man Orte wie den Aufenthaltsraum dringend meiden. Einer der Highlights war hier die Ausarbeitung eines rechtlichen Themas, welche drei Kollegen unabhängig voneinander in stundenlanger Arbeit erledigt hatten, um dann in der großen Besprechung festzustellen, dass zwei Kollegen sich die Mühe hätten sparen können.

Natürlich fehlte bei uns auch nicht der Kollege »Turçulu« mit türkischer Abstammung und einem ganz anderen Arbeitsverständnis als unser Chef. Während er gerne alles akkurat, in geordneten Bahnen und mit einem guten Betriebsklima erledigen wollte, war unserem Herrn Stromberg es anscheinend eher egal. Hauptsache, die Arbeit lag nicht bei ihm: »Mach deinen Beruf zum Hobby…« Sie können sich die Verhältnisse sicherlich vorstellen.

Natürlich habe ich alles etwas überspitzt dargestellt. Aber Sie können sich dennoch ausmalen, dass die Arbeit hier mit einem Wechselbad der Gefühle zwischen Spaß, Wut und Unmut verbunden war. Trotz alledem war es irgendwie auf seine eigene Art und Weise auch eine kleine liebenswerte Truppe, mit all diesen unterschiedlichen und eigentlich nicht miteinander harmonierenden Charakteren.

Die Frage ist nur, wie man persönlich aus dem Krieg im Behördendschungel hervorgeht.

BONUSGRUND 10

Weil die Polizei immer Reserven hat

Ein Polizist kommt selten allein. Oder wie schon Jan Böhmermann passend in seinem Lied *Ich bin Polizei* gesungen hat:

>»*Hast du was dagegen? Ruf doch Polizei!*
>*Ich geh auf Streife, du wechselst Straßenseite*
>*Schlägst du mich kaputt, komm' 25 neue*
>*[...]*
>*Einmal kurz gefunkt, Tatütata Verstärkung da*
>*[...]*«

Ist Ihnen mal aufgefallen, dass Polizisten immer in Rudeln auftreten? Worüber sich einige mit Sprüchen wie »Ah, brauchst du wieder deine Kollegen, um dich stark zu fühlen?« oder »Alleine bist du nichts! Hast du wieder deine Freunde mitgebracht?« lustig machen, steckt für die Polizei eine überlebenswichtige Taktik. Es mag auf den ersten Blick in der Tat so wirken, als wären wir wie ein Ameisenhaufen. Wo eine ist, sind die anderen nicht weit. Doch worin besteht der Sinn? Und übertreiben wir es nicht vielleicht auch?

Ja, tun wir bestimmt. Bis zu einer gewissen Grenze ist das aber auch gut so. Lassen Sie es mich an einem kleinen selbst erlebten Beispiel erläutern:

In der Stadt Köln gab es eine Geiselnahme in einem Kindergarten mit unbekanntem Hintergrund. Jetzt bleiben nur zwei Möglichkeiten: Entweder die Polizei entsendet einige Einsatzkräfte oder man löst eine landesweite Alarmierung aus, hält sich viele Beamte in der Hinterhand und kann auf mögliche »Lageentwicklungen« adäquat reagieren. Was meinen Sie?

In diesem Fall wurden wir aus fast ganz Nordrhein-Westfalen zusammengezogen und nach Köln geschickt. Als wir an der Kräftesammelstelle ankamen, empfanden auch wir es damals als ein wenig übertrieben. Knapp 25 Streifenwagen standen bereits auf dem Parkplatz – ein Meer aus Blau-Weiß. Und es wurden noch einige mehr.

Über zwei Stunden tat sich nichts. Wir saßen gelangweilt rum und ärgerten uns zugegebenermaßen ein bisschen.

Doch plötzlich ging es los. Binnen weniger Minuten verließen fast alle Streifenwagen mit Blaulicht und Martinshorn den Parkplatz. Die Lage war nicht nur mobil geworden, auch unbeteiligte Bürger mischten sich plötzlich ein und versuchten, die Situation mit einer Art Bürgerwehr selbst zu regeln. Eine Entwicklung, die innerhalb weniger Minuten viele Einsatzkräfte erforderte. Jetzt hätte man ganz schön dumm dagestanden, wenn die Streifenwagen erst noch aus den umliegenden Städten hätten anfahren müssen, oder? Die Situation wäre dann vollkommen eskaliert.

Hätte sich die Geiselnahme anders entwickelt, wären vielleicht gar keine zusätzlichen Kräfte erforderlich und wir damit umsonst vor Ort gewesen.

Aber, wer weiß das schon?

Deswegen gilt bei der Polizei eigentlich in allen Lagen der Leitsatz: »Erst mal Reserven schaffen« – das trifft übrigens auch auf die manchmal nicht ganz so durchdachten »Verpflegungsbeutel« zu.

BONUSGRUND 11

Weil man auch mal stundenlang »nichts« tun muss

Sie haben doch bestimmt in Filmen schon mal gesehen, wie die Polizei Personen observiert und »beschattet«, oder?

Ein Auto mit zwei unauffällig gekleideten Polizisten steht mit geöffnetem Fenster direkt gegenüber der Haustür des Delinquenten und ein Haufen Erdnussschalen liegt neben dem von Zigarettenrauch umhüllten Fahrzeug. Nach wenigen Minuten kommt der Bösewicht aus dem Haus, sieht die Kollegen natürlich nicht und fährt mit seinem Fahrzeug los. »Unauffällig« klebt man dann an seine Stoßstange und fährt so »unerkannt« durch die ganze Stadt. Selbstverständlich begeht der Bösewicht auch direkt eine Straftat, sodass die beiden Kollegen ihn gekonnt zu Boden bringen und fesseln.

Die Sache hat nur einen Haken. Sie entspricht leider absolut nicht der Realität und ist ungefähr so weit davon entfernt, wie die Erde vom Mond. Wirklich professionell durchgeführte Observationen erfordern viele Einsatzbeamte, ein gutes Training, viel Vorbereitung, extrem ausgeprägtes Sitzfleisch und einen gut trainierten Rücken.

Was in Filmen immer als extrem spannend dargestellt wird, ist ein Geduldsspiel. Sie sitzen nämlich mitunter stunden- oder tagelang alleine in Ihrem Auto und es passiert – richtig geraten – überhaupt nichts. Man sollte meinen, dass man sich in der Zeit ja gut entspannen kann – bedingt. Zum einen sollte ja ständig jemand auf die Haustür gucken und zum anderen kann es im Auto durchaus innerhalb kürzester Zeit sehr heiß beziehungsweise kalt werden. Wenn Sie schon einmal in der prallen Sonne oder im Winter länger im Auto saßen und den Motor nicht haben laufen lassen, wissen Sie, was ich meine. Da hilft Ihnen auch die beste Klimaanlage nicht weiter. Sie können ja kaum in einem Wohngebiet oder auf einem Parkplatz stundenlang mit laufendem Motor und eingeschaltetem Tagfahrlicht stehen, ohne das die Anwohner oder der Bösewicht auf Sie aufmerksam werden. Daher bleibt nur, Motor aus, Fenster zu und durchhalten.

Nachdem tagelang überhaupt nichts passiert ist, die Augen schon zufallen und sie innerlich eingeschlafen sind, geht es plötzlich los. Sie müssen nun in Bruchteilen von Sekunden hellwach und konzentriert sein. Da passiert es auch mal, dass der ein oder andere Kollege plötzlich wach wird und feststellt, dass sich alle Kollegen mit dem Delinquenten bereits in einer anderen Stadt befinden. Guten Morgen! Wenn Sie also einmal einen Schlafsack hinter dem Lenkrad auf dem Fahrersitz sitzen sehen, der mit seinem Auto wie ein »bekloppter« durch die Straßen rast, ist es vielleicht ein Kollege, der kurzzeitig eingeschlafen war.

Sie merken, »nichts tun« klingt erst mal angenehm, kann aber auch ganz schön kräftezehrend und unangenehm sein. Spätestens dann, wenn sich Ihr Rücken meldet.

Aber etwas Positives muss es natürlich auch haben: Sie können sich sehr intensiv auf das Trinken von flüssigem schwarzen Gold, des Beamten Lieblingsheißgetränks, konzentrieren und kennen nach wenigen Wochen das gesamte Netflix-Angebot. Alternativ werden viele Kollegen zum Bücherwurm. Was auch immer Sie bevorzugen, Sie können der Freizeitbeschäftigung vieler ganz nebenbei während der Arbeit nachgehen – irgendwie doch entspannt oder?

Nachwort

GIBT ES EINEN GRUND, KEIN POLIZIST ZU SEIN?

Ja, gibt es. Aber sind wir mal ehrlich, in welchem Beruf gibt es das nicht? – Wer behauptet, sein Job sei perfekt, der lügt schlichtweg. Allerdings gibt es wohl kaum einen Beruf, der so zwiespältig betrachtet wird und immer im Fokus der Öffentlichkeit steht.

Hört man sich im Kollegenkreis und im Freundeskreis um, scheint es oberflächlich und auf den ersten Blick betrachtet mindestens genauso viele Gründe zu geben, kein Polizist zu sein. Wenn Sie dieses Buch aufmerksam – auch zwischen den Zeilen – gelesen haben, wissen Sie, was für uns die Faszination und die Liebe zu diesem Beruf ausmacht. Dennoch werden natürlich auch wir mit den negativen Seiten unseres Berufes konfrontiert und möchten diese auch nicht verschweigen. Doch was wirft ein so negatives Licht auf unseren Beruf? Was beschäftigt eine Polizistin und einen Polizisten?

In vielen Gesprächen mit Kolleginnen und Kollegen waren es oftmals sehr unterschiedliche und subjektive Dinge, die für die Einzelne oder den Einzelnen ein negatives Licht auf den eigenen Beruf geworfen haben. Dabei gab es einige Themen, die von einem Großteil als problematisch angesehen werden und Gründe sein könnten, kein Polizist zu sein.

Auf Platz 1 steht hier bei vielen der Schichtdienst. Dass dieser, egal wie er aufgebaut und gestaffelt wird, auf Dauer der Gesundheit nicht zuträglich ist, dürfte keine Überraschung sein. Trotzdem kann die Polizei nachts und an Feiertagen nicht einfach die Tür abschließen und den Anrufbeantworter einschalten:

»Die Polizeiwache ist heute Nacht geschlossen. Bitte melden Sie sich zu unseren Geschäftszeiten Montag bis Freitag von 8:00 bis 16:00 Uhr.«

Dennoch gilt auch hier: Keine Nachteile ohne Vorteile. Wie Sie im Buch gelesen haben, bietet der Schichtdienst auch ein paar nette Vorzüge.

Für viele – uns eingeschlossen – ist die zunehmende Respektlosigkeit und Gewaltbereitschaft ein großes Problem. Wir Polizisten finden uns nämlich häufig in einem Dilemma wieder: Einerseits wollen und müssen wir helfen, andererseits werden wir im gleichen Atemzug beschimpft, bespuckt und angegriffen. Menschen, die uns in Demonstrationen mit Steinen bewerfen, erwarten später von uns in Notsituationen trotzdem Hilfe und einen fairen sowie respektvollen Umgang. Und genauso handeln wir. Irgendwie paradox, oder?

In den Medien und in der Öffentlichkeit wird der Polizei häufig ein Fehlverhalten vorgeworfen, und schnell ist man dabei, die eingesetzten Beamten zu verurteilen und ihnen die Schuld zuzuweisen. Die Polizei hat hier, die Polizei hat da … richtig! Haben wir. Aber wofür machen die Polizistinnen und Polizisten das? – Genau, für Sie und Ihre Familie. Damit Sie nachts ruhig schlafen können. Bevor Sie die Polizisten verurteilen oder uns in einer Verkehrskontrolle anschreien, denken Sie darüber nach, was wir eventuell kurz vorher für einen Einsatz bewältigt haben könnten. Eine Vergewaltigung, einen Selbstmord, ein misshandeltes Kind … Wir sind auch nur Menschen, mit Fehlern, Ängsten, Sorgen und Wünschen, die genau wie Sie nach der Arbeit gesund zurück zu unseren Familien nach Hause kommen wollen.

Trotz all dieser Widrigkeiten können wir uns keinen besseren und schöneren Beruf vorstellen. Wir gehen jeden Tag gerne zur Arbeit, schlüpfen mit Stolz in unsere Uniformen und leisten damit einen wichtigen Beitrag für unsere Gesellschaft. Eine solche Mischung aus Freude, Spannung, Action und Zusammenhalt werden

Sie woanders kaum finden. Und was gibt es heutzutage in Zeiten von Lug und Trug noch Schöneres als ein ehrliches »Danke« von ganzem Herzen von jemandem, dem Sie geholfen haben?

Wir alle, die wir hier in Deutschland zusammen leben, brauchen gute, gerechte, solide und transparente Polizeiarbeit. Doch das Ganze funktioniert nur mit gegenseitigem Respekt und Toleranz. Einseitig, egal von welcher Seite, kann und wird das nicht funktionieren!

DANKE

Wir möchten uns herzlichst bei unseren Familien, Freunden und dem Kollegenkreis für die Mithilfe und Ideen bedanken. Ein besonderer Dank gilt dabei Udo, Edith, Silke, Barbara, Robert, Lars und Finn. Ohne euch wäre das Buch nicht möglich gewesen.

Weiterhin möchten wir auch Herrn Brinkmann für seine Mühen – auch in schwierigen Momenten – danken. Wahrscheinlich hätten wir das Projekt sonst nicht realisieren können.

Unser Dank gilt natürlich auch unserem Fotografen Andreas für das gelungene Autorenfoto.

ANN-KATHRIN RICHTER und HENRY HAACK begannen ihre Laufbahn im gehobenen Polizeidienst der Polizei Nordrhein-Westfalen in den Jahren 2010 und 2008. Seit dem Abschluss des Studiums sind beide als Kommissare im Streifendienst dem Verbrechen auf der Spur. In ihrem Internetblog www.polizei-storys.de gewähren sie Einblicke in eine Welt voller Kuriositäten und spannender Einsätze aus dem Leben zweier junger Polizisten.

Ann-Kathrin Richter und Henry Haack
110 GRÜNDE, POLIZIST ZU SEIN
Eine Hommage an den schönsten Beruf der Welt
Aktualisierte und erweiterte Neuausgabe mit elf Bonusgründen

ISBN 978-3-86265-709-4
© Schwarzkopf & Schwarzkopf Verlag GmbH, Berlin 2018
Vermittelt durch die Literaturagentur Brinkmann, München | Alle Rechte vorbehalten. Dieses Werk ist urheberrechtlich geschützt. Jede Verwendung, die über den Rahmen des Zitatrechtes bei korrekter und vollständiger Quellenangabe hinausgeht, ist honorarpflichtig und bedarf der schriftlichen Genehmigung des Verlages. Coverfotos: Anhaltekelle: © Kzenon/depositphotos.de; Hund: @ fotokostic/depositphotos.de; Handschellen: © krasyukdepositphotos. de; Blaulicht: © alexroz/depositphotos.de | Autorenfoto: © Andreas Uhlemann | Fotos im Innenteil: S.13 © Jelle van der Wolf/depositphotos.de, S.45, 185: © Hackman/depositphotos.de, S.61: © S_Kohl/depositphotos.de, S.75, 149, 269: © mattomedia/depositphotos.de, S.93: © Frank Gaertner/depositphotos.de, S.131, 205, 231: © Kzenon/depositphotos.de

VERLAG
Schwarzkopf & Schwarzkopf Verlag GmbH
Kastanienallee 32, 10435 Berlin
Telefon: 030 – 44 33 63 00
Fax: 030 – 44 33 63 044

INTERNET | E-MAIL
www.schwarzkopf-schwarzkopf.de
www.facebook.com/schwarzkopfverlag
info@schwarzkopf-schwarzkopf.de